广州城市智库丛书

广州综合城市功能的评价分析与提升路径

郭艳华 周晓津 阮晓波 ◎著

中国社会科学出版社

图书在版编目(CIP)数据

广州综合城市功能的评价分析与提升路径 / 郭艳华，周晓津，阮晓波著. —北京：中国社会科学出版社，2020.12
(广州城市智库丛书)
ISBN 978 - 7 - 5203 - 7653 - 2

Ⅰ.①广… Ⅱ.①郭…②周…③阮… Ⅲ.①城市发展战略—研究—广州 Ⅳ.①F299.276.51

中国版本图书馆 CIP 数据核字(2020)第 257204 号

出 版 人	赵剑英
责任编辑	喻　苗
责任校对	王　龙
责任印制	王　超

出　　版	中国社会科学出版社
社　　址	北京鼓楼西大街甲 158 号
邮　　编	100720
网　　址	http://www.csspw.cn
发 行 部	010 - 84083685
门 市 部	010 - 84029450
经　　销	新华书店及其他书店

印　　刷	北京明恒达印务有限公司
装　　订	廊坊市广阳区广增装订厂
版　　次	2020 年 12 月第 1 版
印　　次	2020 年 12 月第 1 次印刷

开　　本	710×1000　1/16
印　　张	14.75
字　　数	201 千字
定　　价	85.00 元

凡购买中国社会科学出版社图书，如有质量问题请与本社营销中心联系调换
电话：010 - 84083683
版权所有　侵权必究

《广州城市智库丛书》
编审委员会

主　任　张跃国
副主任　朱名宏　杨再高　尹　涛　许　鹏

委　员（按拼音排序）
　　　　白国强　蔡进兵　杜家元　郭昂伟　郭艳华　何　江
　　　　黄石鼎　黄　玉　刘碧坚　欧江波　孙占卿　覃　剑
　　　　王美怡　伍　庆　杨代友　姚　阳　殷　俊　曾德雄
　　　　曾俊良　张　强　张赛飞

总　　序

何谓智库？一般理解，智库是生产思想和传播智慧的专门机构。但是，生产思想产品的机构和行业不少，智库因何而存在，它的独特价值和主体功能体现在哪里？再深一层说，同为生产思想产品，每家智库的性质、定位、结构、功能各不相同，一家智库的生产方式、组织形式、产品内容和传播渠道又该如何界定？这些问题看似简单，实际上直接决定着一家智库的立身之本和发展之道，是必须首先回答清楚的根本问题。

从属性和功能上说，智库不是一般意义上的学术团体，也不是传统意义上的哲学社会科学研究机构，更不是所谓的"出点子""眉头一皱，计上心来"的术士俱乐部。概括起来，智库应具备三个基本要素：第一，要有明确目标，就是出思想、出成果，影响决策、服务决策，它是奔着决策去的；第二，要有主攻方向，就是某一领域、某个区域的重大理论和现实问题，它是直面重大问题的；第三，要有具体服务对象，就是某个层级、某个方面的决策者和政策制定者，它是择木而栖的。当然，智库的功能具有延展性、价值具有外溢性，但如果背离本质属性、偏离基本航向，智库必会惘然自失，甚至可有可无。因此，推动智库建设，既要遵循智库发展的一般规律，又要突出个体存在的特殊价值。也就是说，智库要区别于搞学科建设或教材体系的大学和一般学术研究机构，它重在综合运用理论和知识分析研判重大问题，这是对智库建设的一般要求；同时，具体到一家智库个体，又要依据自身独一无二的性质、类型和定位，塑造独特个性和鲜明风格，占据真正属于自己的空间和制高点，这是智库独立和自立的根本标志。当前，智库建设的理论和政策不一而足，实践探索也呈现出八仙过海之势，这当然有利于形成智库界的时代标签和身份识别，但在热情高涨、高歌猛进的大时代，也容易盲目跟风、漫天飞舞，以致破坏本就脆弱的智库生态。所以，我们可能还要保持一点冷静，从战略上认真思考智库到底应该怎么建，社科院智库应该怎么建，城市社科院智库又应该怎么建。

广州市社会科学院建院时间不短，在改革发展上也曾经历曲折艰难探索，但对于如何建设一所拿得起、顶得上、叫得响的新型城市智库，仍是一个崭新的时代课题。近几年，我们全面分析研判新型智库发展方向、趋势和规律，认真学习借鉴国内外智库建设的有益经验，对标全球城市未来演变态势和广州重大战略需求，深刻检视自身发展阶段和先天禀赋、后天条件，确定了建成市委、市政府用得上、人民群众信得过、具有一定国际影响力和品牌知名度的新型城市智库的战略目标。围绕实现这个战略目标，边探索边思考、边实践边总结，初步形成了"1122335"的一套工作思路：明确一个立院之本，即坚持研究广州、服务决策的宗旨；明确一个主攻方向，即以决策研究咨询为主攻方向；坚持两个导向，即研究的目标导向和问题导向；提升两个能力，即综合研判能力和战略谋划能力；确立三个定位，即马克思主义重要理论阵地、党的意识形态工作重镇和新型城市智库；瞄准三大发展愿景，即创造战略性思想、构建枢纽型格局和打造国际化平台；发挥五大功能，即咨政建言、理论创新、舆论引导、公众服务、国际交往。很显然，未来，面对世界高度分化又高度整合的时代矛盾，我们跟不上、不适应的感觉将长期存在。由于世界变化的不确定性，没有耐力的人常会感到身不由己、力不从心，唯有坚信事在人为、功在不舍的自觉自愿者，才会一直追逐梦想直至抵达理想的彼岸。正如习近平总书记在哲学社会科学工作座谈会上的讲话中指出的，"这是一个需要理论而且一定能够产生理论的时代，这是一个需要思想而且一定能够产生思想的时代。我们不能辜负了这个时代"。作为以生产思想和知识自期自许的智库，我们确实应该树立起具有标杆意义的目标，并且为之不懈努力。

智库风采千姿百态，但立足点还是在提高研究质量、推动内容创新上。有组织地开展重大课题研究是广州市社会科学院提高研究质量、推动内容创新的尝试，也算是一个创举。总的考虑是，加强顶层设计、统筹协调和分类指导，突出优势和特色，形成系统化设计、专业化支撑、特色化配套、集成化创新的重大课题研究体系。这项工作由院统筹组织。在课题选项上，每个研究团队围绕广州城市发展战略需求和经济社会发展中重大理论与现实问题，结合各自业务专长和学术积累，每年年初提出一个重大课题项目，经院内外专家三轮论证评析后，院里正式决定立项。在课题管理上，要求从基本逻辑与文字表达、基础理论与实践探索、实地调研与方法集成、综合研判与战略谋划等方面反复打磨锤炼，结项仍然要经过三轮评审，并集中举行重大课题成果发布会。在成果转化应用上，建设"研究专报+刊物发表+成果发布+媒体宣传+著作出版"组合式转化传播平台，形成延伸转化、彼此补充、互相支撑的系列成果。自 2016 年以来，广州市社会科学院已组织开展 40 多项重大课题研究，积累了一批具有一定学术价值和应用价值的研究成果，这些成果绝大部分以专报方式呈送市委、市政府作为决策参考，对广州城市发展产生了积极影响，有些内容经媒体宣传报道，也产生了一定的社会影响。我们认为，遴选一些质量较高、符合出版要求的研究成果统一出版，既可以记录我们成长的足迹，也能为关注城市问题和广州实践的各界人士提供一个观察窗口，是很有意义的一件事情。因此，我们充满底气地策划出版了这套智库丛书，并且希望将这项工作常态化、制度化，在智库建设实践中形成一条兼具地方特色和时代特点的景观带。

感谢同事们的辛勤劳作。他们的执着和奉献不但升华了自我，也点亮了一座城市通向未来的智慧之光。

广州市社会科学院党组书记、院长

张跃国

2018 年 12 月 3 日

前　言

2016年，国务院在《广州市城市总体规划（2011—2020年）》的批复文件中指出，广州是广东省省会、国家历史文化名城，我国重要的中心城市、国际商贸中心和综合交通枢纽。2018年6月，广东省委十二届四次全会要求广州建设全球城市、创新中心城市、文化中心城市，这是对广州更高的定位和期望。2018年10月，习近平总书记视察广东，要求广州提升综合城市功能，实现老城市新活力，在增强综合城市功能上出新出彩。为认真贯彻落实习近平总书记视察广州重要讲话精神，2019年1月，广州市委十一届六次全会提出，要坚定不移推动综合城市功能出新出彩，着力建设科技创新强市、先进制造业强市，提升门户枢纽能级，大力建设幸福广州、平安广州、美丽广州，不断提升城市能级和核心竞争力。

综合城市功能成为广州新一轮发展的主要定位，这既是习近平总书记对广州发展的要求，也是广州市近期各项工作谋篇布局的总抓手。新时代广州的历史使命和城市功能将发生根本性变化，要求在更大范围、更高层次上乃至更多领域里发挥强大的辐射、服务和带动作用，培育和提升综合城市功能成为广州市委、市政府关注的战略焦点和城市综合竞争力的关键因素。

深入研究广州综合城市功能，着力推出具有现实指导意义、决策参考价值的高水平成果，对于认真贯彻习近平总书记视察广州重要讲话精神，推动广州国际大都市建设全面上新水平，推动广州在粤港澳大湾区建设中更好发挥核心引领作用，提供思想保障和智力支持，促进广州城市功能转换，落实城市发展新定位，实现老城市新活力具有重大的理论和现实意义。

为更好完成本书研究，广州市社会科学院经济研究所课题组开展了深入的调查研究，研究人员先后赴国内先进城市北京、上海、南京、杭州、湖州、成都、遂宁、深圳、珠海、中山等开展调研，赴广州市规划和自然资源局、广州市城市规划勘测设计研究院、广州市工业和信息化局、广州市商务局、广州市空港委等部门调研与座谈，并召开广州增强综合城市功能出新出彩学术论坛，充分听取专家学者对广州增强综合城市功能的思路与建议。选取32位对城市功能有深入研究的专家，进行广州综合城市功能指标对广州的重要性和适应性问卷调查，并对问卷调查结果进行分析，为本书提供基础性支撑。

本书研究有九个部分：
（1）综合城市功能的理论分析、指标体系与实践验证。（2）综合城市功能比较与评价：经济总量、人口与劳动力。（3）综合城市功能比较与评价：知识创新与先进产业。（4）综合城市功能比较与评价：资源配置枢纽功能。（5）综合城市功能比较与评价：文化引领功能。（6）综合城市功能比较与评价：国际交通枢纽功能。（7）广州综合城市功能的总体评价。（8）提升广州综合城市功能的战略思路。（9）提升广州综合城市功能的对策措施。

希望通过本书研究，确立广州作为综合城市的功能定位，科学认识广州与综合城市功能要求的差距，提出缩短和消除差距、实现跨越发展的对策措施，供决策部门参考，以促进广州加快提升城市功能能级和竞争力。

目 录

第一章 综合城市功能的理论分析、指标体系与实践验证 ………………………………………………（1）
  一 城市的基本功能阐释 ………………………………（1）
  二 国内外城市功能演变及启示 ………………………（9）
  三 综合城市功能评价指标体系 ………………………（19）

第二章 综合城市功能比较与评价：经济总量、人口与劳动力 …………………………………………（27）
  一 城市 GDP 及其占全国比重 …………………………（27）
  二 人口和劳动力及其潜力 ……………………………（29）

第三章 综合城市功能比较与评价：知识创新与先进产业 ……………………………………………（40）
  一 知识创新 ……………………………………………（40）
  二 先进制造业 …………………………………………（53）
  三 高端服务业 …………………………………………（60）

第四章 综合城市功能比较与评价：资源配置枢纽功能 ………………………………………………（70）
  一 《财富》世界 500 强 …………………………………（70）
  二 金融中心指数 ………………………………………（76）

三　地方财税收入 …………………………………………（81）
　　四　金融业增加值 …………………………………………（85）

第五章　综合城市功能比较与评价：文化引领功能 ………（91）
　　一　文化是综合城市功能的放大器 ………………………（92）
　　二　城市文化创新指数 ……………………………………（96）
　　三　文化产业增加值 ……………………………………（100）

**第六章　综合城市功能比较与评价：国际交通枢纽
　　　　　功能** ……………………………………………（103）
　　一　城市轨道交通 ………………………………………（104）
　　二　民用航空 ……………………………………………（107）
　　三　高铁网络 ……………………………………………（115）
　　四　海洋运输 ……………………………………………（125）

第七章　广州综合城市功能的总体评价 ………………（128）
　　一　广州综合城市功能的基础及优势 …………………（128）
　　二　广州综合城市功能的短板与不足 …………………（133）
　　三　新时代广州面临的外部挑战 ………………………（138）

第八章　提升广州综合城市功能的战略思路 …………（143）
　　一　战略思路 ……………………………………………（143）
　　二　实现路径 ……………………………………………（144）

第九章　提升广州综合城市功能的对策措施 …………（159）
　　一　进一步优化城市功能布局 …………………………（159）
　　二　大力推进"互联互通"，构建大交通体系 …………（162）
　　三　强化广州作为粤港澳大湾区核心城市的空间网络
　　　　枢纽功能 ……………………………………………（170）

四	着力形成对外开放新格局	(173)
五	提高创新驱动发展能力	(176)
六	坚定不移地继续发展先进制造业	(179)
七	着力扶持本土民营高技术企业做大做强	(184)
八	促进更高层次的对外开放	(189)
九	推进行政服务创新,为企业提供健全的服务体系	(190)
十	营造良好的营商环境	(194)
十一	促进城乡区域协调发展	(197)

附录 《广州综合城市功能的评价分析与提升路径》调查问卷分析处理结果 ……………………………… (201)

参考文献 ……………………………………………………… (218)

后　记 ………………………………………………………… (221)

第一章 综合城市功能的理论分析、指标体系与实践验证

一 城市的基本功能阐释

(一) 城市的基本功能及等级

城市是"城"与"市"的组合词。从形成历史来看,"城"主要是为了防卫,并且用城墙等围起来的地域;"市"则是指进行交易的场所。城市是具有相当面积、经济活动和住户集中,在私人企业和公共部门产生规模经济的连片地理区域。是一个坐落在有限空间地区内的各种经济市场,包括住房、劳动力、土地、运输等,相互交织在一起的网络系统。城市一般包括住宅区、工业区和商业区,并且具备行政管辖功能。城市的行政管辖功能可能涉及较其本身更广泛的区域,其中有居民区、街道、医院、学校、公共绿地、写字楼、商业卖场、广场、公园等公共设施。

城市因为其所具有的功能而存在和发展,城市功能由于满足其居民发展的需要而不断演化。《雅典宪章》提出,城市具有居住、工作、游憩和交通四大基本功能。居住功能就是城市应该为人们提供舒适健康的居住环境;工作功能就是城市应当规划好工作区域,提供较好的劳动条件;游憩功能就是城市应当为人们提供工作之余的休闲娱乐设施;交通功能就是要在前三种功能区域之间建立必要的联系而发挥作用。1915 年,英国的格迪斯首次提出"世界城市",之后不断有学者践行研究与补充。路易斯·芒福德(1961)则提出了关于城市"容器、磁体

与文化"三大重要功能的观点。弗里德曼（1986）认为世界城市是全球经济系统的中枢或者组织节点，是全球资本用来组织和协调其生产和市场的基点，是国际资本汇集的主要地点，是大量国内和国际移民的目的地，集中控制和指挥世界经济的各种战略性功能。萨森（1991）则认为综合城市不仅是协调的节点，还是从事某种特定工作的场所。乔尔·科特金（Joel Kotkin, 2005）认为，城市一直扮演着三种不同的重要功能，一是构建神圣的空间，二是提供基本的安全保障，三是拥有一个商业市场。此外，城市还具有精神层面的凝聚力。

城市根据一定条件划分等级。第一级是世界城市：能全世界（或全球）配置资源的城市，也称"全球化城市"。通常，城区人口1000万以上、城市及腹地GDP总值达世界3%以上的城市，能发展为世界城市。纽约、东京、伦敦已建成世界城市。第二级是国际化城市：能在国际上许多城市和地区配置资源的城市，也称"洲际化城市"。通常，城区人口500万以上、城市及腹地GDP总值达3000亿美元以上的城市，能发展为国际化城市。芝加哥、大阪、柏林、首尔等已建成国际化城市。第三级是国际性城市：能在国际上部分城市和地区配置资源的城市。通常，城区人口500万以上、腹地较小的城市，以及人口2000万以上新省区的省会城市均有望发展为国际性城市。第四级是区域中心城市：能在周边各城市和地区配置资源的城市。通常，城区人口300万以上、腹地人口千万以上的城市均有望发展为区域中心城市。第五级是地方中心城市：主要在本城市、本地区配置资源的城市。通常，城区人口300万以下、腹地人口千万以下的城市只能发展为地方中心城市。

（二）综合城市的功能分析

1. 最具有决定意义的是综合城市的定义

综合城市是国家城镇体系的顶端城市，必须在全国具备引领、辐射、集散功能,这种功能表现在政治、经济、文化等各个方面。因此,建设部(2005)把综合城市定义为全国性或区域性的经济中心、政治中心、文化中心、科教中心和对外交往中心。2008年年底,国务院批准《珠江三角洲地区改革发展规划纲要(2008—2020)》,广州正式定位为综合城市。2010年2月,国家住房和城乡建设部发布的《全国城镇体系规划(草案)》明确提出建设五大国家级中心城市,广州是华南地区唯一的综合城市。2016年国务院对广州市城市总体规划的批复,定位广州是广东省省会、国家历史文化名城、我国重要的中心城市、国际商贸中心和综合交通枢纽。2019年2月发布的《粤港澳大湾区发展规划纲要》中广州的定位是充分发挥国家中心城市和综合性门户城市引领作用,全面增强国际商贸中心、综合交通枢纽功能,培育提升科技教育文化中心功能,着力建设国际大都市。从上述对广州城市功能定位的演变趋势看,广州作为一个综合城市,既是自身功能不断完善的过程,也是国家战略布局的要求所在。

2. 综合城市的基本功能

城市功能经历了从简单到复杂、从单一到多维的发展过程。城市最初只是简单的交易中心和人口集聚,随着工业的发展和工业化进程的推进,逐渐发展成为工业生产中心。伴随着生产功能的不断强化,商业交易和贸易功能逐渐增强,又逐渐发展成为商业中心。随着金融业的发展中心、科技文化的导入,以及作为区域经济中心作用的加强,城市进一步发展成为金融中心、科技中心、交通中心等,有些城市由于与全球联系紧密及较高的服务水平,发展成为国际经济中心,成为具有多种功能的国际城市。

综合城市的基本功能是集聚和扩散,其基本功能的内涵特征不同于一般中心城市,即在资源集散的各个方面都要优于一般中心城市,居国内最高水平。

综合城市比一般中心城市集散更多的高端资源和优势资源，综合城市可以得到更多的自主权和政策制定权，这增加了对资源的吸引力，更多的高端资源和优势资源被吸引集聚到综合城市。高端资源和优势资源的集聚促进综合城市产业向高端化发展，拥有高端产业的综合城市通过产业结构调整升级和产业链延伸，辐射渗透到周边腹地区域，成为区域经济发展的龙头。可见，综合城市功能的集散是高端集散。

综合城市在引领区域发展上比一般中心城市具有更强的控制力。因为在区域经济布局上，综合城市占据产业链高端，通过产业联系辐射周边区域，而且由于高端资源的集聚，综合城市在信息、创新、经验积累等各个方面都是产业的源头，综合城市每个方面的变化和演进无疑都会在以市场机制为基础的各种渠道的传导下对区域发展产生影响，或者成为区域发展的示范。综合城市也就成为区域发展的"指挥部"和"方向盘"。中央党校陈江生教授在论述综合城市功能时指出，综合城市"是国家的经济控制中心和国家文明的辐射源"。显然，综合城市的集散功能具有控制性。

综合城市比一般中心城市有更大的辐射区域，往往要跨越省级行政区划，甚至在某方面是全国的，是广域性的；而且在全球化的当今世界，作为综合城市，又具有代表国家参与全球竞争，决定国家的国际地位和形象的作用，因此综合城市在影响范围上也是国际性城市。如伦敦、巴黎、纽约、东京、北京、上海、首尔等这些城市都是其本国的综合城市，是其国家综合实力在空间上的集中体现，起着配置资源、主导发展和连接国内外市场的重要作用，其辐射力和影响力远远超出了本国的范围，是代表国家参与国际竞争的国际性城市。综合城市功能辐射和影响范围可以概括为三大层面：一是承担国家赋予的带动大区域发展的重任，二是某项或某几项功能的影响和辐射范围是全国，三是代表国家参与国际市场竞争，这突出地显示了综合城市集散功能的广域性。

3. 综合城市的核心功能

在城市功能结构和体系中，最具有决定意义的是城市的核心功能。城市核心功能是指对城市的形成发展起决定性作用的那些功能。全球城市理论研究表明，城市的扩散功能极其重要，而扩散功能的形成与生产及服务高度相关。总而言之，综合城市是具有多功能的综合体系，一般具有工业生产中心、贸易中心、交通中心、金融中心、文化中心、科技中心等多重功能，而且城市规模越大，人口越多，城市功能越趋向多元化和复杂化，因而综合城市本身就是具有多功能的经济和文化中心，表现出多种功能的高度集中。多种功能的集聚是综合城市的一般性特征，这些功能的作用范围可能是区域性的，也可能是全国性的，甚至是全球性的。

综合城市的核心功能是指在城市功能体系中能够体现城市优势的，在区域资源配置中具有控制性作用，对周边区域影响力强大，能够引导并推动区域发展的功能。例如，每个国家的首都都是所在国家的政治中心，政治功能是首都城市的主导功能，是其他任何中心城市都无法替代的，涉及国家的安全、经济发展、体制改革等各个方面的政令都是由首都城市传递辐射到全国范围的。上海是我国最大的经济中心城市，经济、金融、航运和贸易功能是其核心功能，通过这四大核心功能，上海对长三角经济发展和资源流动产生强大的控制性作用，甚至影响全国的经济发展。

不同的综合城市其核心功能是不同的。自《珠江三角洲地区改革发展规划纲要》实施以来，关于广州综合城市的核心功能定位一直被广泛关注和讨论。综合城市是国家或国家主要经济区域内经济活动组织和资源配置的枢纽，是国家科技文化创新中心，也是国家综合交通和信息网络枢纽，起着配置国家资源、引导经济社会发展和连接国内外的重要作用。作为综合城市的核心功能定位，其提法在分类标准上尽可能一致，指向性要比较明确。在这一认识基础上，综合城市功能的内涵，考虑当前时代特征和城市发展实际，结合上述关于广州综合城市功能的提法，笔者认为，广州综合城市的核心功能主要体现为"四中心、两枢纽"六个方面：国际经济中心、知识创新中心、文化引领中心、国际交往中心、资源配置枢纽、国际交通枢纽。从履行完成国家赋予广州综合城市使命来看，广州在当前及未来较长时期，都应该加快提升这六大核心功能。

4. 基本功能与核心功能的联系

基本功能是指功能发挥的最一般的表现形式，只要中心城市与其周边腹地区域发生联系，不论是政治、经济还是文化，在形式上都表现为集聚和扩散。这对任何中心城市而言都是一种规律。综合城市也是一样，而与一般中心城市的不同之处在于，综合城市的集聚和扩散在一国范围内处于最高层次，表现为高端性、广域性和控制性特征。核心功能是指中心城市的主要优势功能对周边地区的集聚和扩散，在功能上是有选择的，而不是全部功能。每个中心城市的核心功能也是不一样的，从资源集散角度看，集散的资源主要集中在与核心功能相联系的产业上。

例如，作为综合城市，上海在经济、金融、航运和贸易上表现为"高端性、广域性和控制性的集散"，北京在政治、经济、文化等方面表现为"高端性、广域性和控制性的集散"。显然，本书提出广州发展六大核心功能，就是作为国际中心城市，广州要在经济发展、知识创新、文化引领、国际交往、资源配置和交通枢纽上发挥"高端性、广域性和控制性的集散"功能。

（三）综合城市核心功能

在信息技术推动下的全球化的深度发展，使得综合城市配置资源内容与方式也随之发生动态变化，进而影响综合城市的功能内涵。综合城市研究建立了更多元的指标体系，以评价综合城市的资源配置力和影响力。综合城市核心功能演变也呈现出一定的趋势，更加彰显节点管控性，更加突出绿色可持续发展，更加重视科技创新，更加强调文化创意等。

城市功能是城市在一定区域范围内政治、经济、文化、社会等活动中所具有的能力和所起的作用。城市在全球治理中发挥三个方面的作用：城市参与有关各类议题的最优方法、政治文化以及标准规范的传播；城市不断加入跨国网络、国际协会中，在全球性论坛上发声；城市和其他亚国家单位在促进国家的全球竞争力、推进全球化的进展方面，越来越发挥重大作用。也有学者认为，伴随着全球经济结构转型，城市被赋予了一种作为某些特定生产、服务、市场和创新场所的重要性，综合城市不仅是协调过程的节点，还是专业化服务的供给基地、金融创新产品和市场要素的生产基地，这大大提高了其在全球经济中的重要作用。

综合城市的功能特征一是强大的全球资源配置能力和全球综合服务功能，二是自我更新、自我革命的内在机制和创新能力，三是以人文环境和人力资源为核心的城市软实力。现代意义上的综合城市是全球经济系统的中枢或世界城市网络体系中的组织节点，是在全球经济协调与组织中扮演关键角色的现代化国际大都市。衡量全球性城市有7项标准，即全球金融中心、跨国公司总部所在地、国际性机构的集中度、商业服务部门的高度增长、重要的制造业中心、重要的交通枢纽、城市人口达到一定的标准。国外也有学者认为，世界性城市应具有7个特征：政治权力中心、金融中心、国际贸易中心、专业人才聚集中心、信息中心、重要的人口中心、国际娱乐休闲中心。

综合城市是指对全球政治、经济、文化等具有较强控制力与影响力的城市，全球控制力和全球影响力是综合城市的两大基本功能与核心功能。综合城市的控制力主要指对全球战略性资源、战略性产业和战略性通道的占有、使用、收益和再分配的能力，全球控制力主要表现为把控权、主动权和决定性作用的力量。凡是有利于强化城市性质和发展目标的功能，都属于综合城市的核心功能，如金融、航运、制造、科创以及文化等。综合城市本质上是提供各类要素流动和配置的平台，使不同要素通过高效率的组织扩散到全球，产生集聚辐射效应。综合城市相对于非综合城市的地位变化，体现为拥有战略性的全球资源配置能力，其核心功能具有联通性、枢纽性和节点性等特征。

战略性资源是指与国家、城市的运转、发展、壮大息息相关的重要条件和能够带来巨大回报的关键要素，可以是硬性的资源、能源、资金等，也可以是软性的政策、人才、信息等。战略性产业包括战略性支柱产业和战略性新兴产业。战略性支柱产业首先表现为很强的竞争优势，对经济发展具有重大贡献，同时又直接关系经济社会发展全局和国家安全，对带动经济社会进步、提升综合国力具有重要促进作用。比较而言，战略性新兴产业更多地表现为具有市场需求前景，具备资源能耗低、带动系数大、就业机会多、综合效益好的特征，包括新能源、新材料、生命科学、生物医药、节能环保、信息网络、空间、海洋开发、地质勘探等产业。战略性通道就是以战略性区位优势为依托，以港口、航空、公路、铁路等现代化、立体化的综合交通体系为基础，构建面向全球的资源要素流通和产业梯度转移通道，这都是涉及全球政治安全和经济发展的长期性、全局性、关键性问题。

综合城市有三个方面的基本特征：一是具有雄厚的经济实力。主要表现为经济总量大，人均GDP程度高，以现代产业体系为核心的后工业化经济结构明显，国际总部集聚度强。二是具有巨大的国际高端资源流量与交易市场。从某种意义上说，综合城市就是一个面向知识社会创新形态的流动空间、流动过程。这种国际高端资源的流量与交易主要表现为高端人才的集聚，信息化水平，科技创新能力，金融国际竞争力和现代化、立体化的综合交通体系。三是具有全球影响力。影响力是软实力的外在表现，是引领时代潮流的主导力量。综合城市的影响力既有文化和舆论的力量，也有组织和制度的力量。主要表现为城市综合创新体系、国际交往能力、文化软实力和全球化的治理结构。

二　国内外城市功能演变及启示

（一）综合城市功能演变及启示

1. 纽约世界经济中心的形成

1626年荷兰人从印第安人手中买下曼哈顿岛开辟为贸易站。由于具有天然的海港，围绕着这个贸易据点，其他殖民地迅速增加，这种情形一直持续到17世纪中期。到1650年，纽约港已经变得非常繁荣，同时也是荷兰人对外贸易的前站。1664年英国打败荷兰，纽约成为英国的殖民地，出口农产品，进口工业制品，带动当地经济的发展。17世纪下半叶，纽约成为区域商业和贸易中心，这种情况一直延续到独立战争的爆发。独立战争后，由于位于大西洋沿岸和伊利运河口岸，优越的地理位置和欣欣向荣的出口贸易使纽约经济功能得以迅速发展。移民从世界各地涌入这个城市，随之而来的还有资金、商品和产业投资。1825年伊利运河修成时，纽约已粗具商业、工业和金融中心的规模。由于美国是"一战"的受益国，由债务国变成债权国，美元代替英镑成为最主要的世界货币。自19世纪末起美国成为世界最大的工业国，而工业生产的1/3集中在以纽约为中心的大西洋中部各州，奠定了纽约成为国际贸易中心的基础。摩根财团和洛克菲勒财团均以纽约为基地开展活动，使纽约成为经济控制与决策中心，并最终发展成为国际经济中心城市。"二战"结束后，美国在世界经济体系中的地位达到顶峰，纽约也进入了鼎盛时期。现在是国际级的经济、金融、交通、艺术及传媒中心,更被视为都市文明的代表,而且因联合国总部设在此地,还成为国际政治中心城市。

2. 伦敦金融中心城市的功能演变

公元43年,罗马人征服伦敦,将这个定居点作为运输农产品和矿石的基地,奠定了伦敦作为贸易中心的发展基础,贸易的发展使伦敦人口、产业得到发展,城市规模不断扩大。公元5世纪罗马军队撤离后,伦敦城市功能一度衰落,但此后又慢慢发展起来,公元12世纪成为英格兰的首都。16世纪,第一批大型贸易公司和第一个商品交易所在伦敦建成,极大地推动了经济增长。从罗马人建城到工业革命前夕,伦敦经过多次战争、瘟疫、火灾的重创,但由于良好的区位条件、人口聚居和贸易发展,伦敦一直承担着英国的军事、政治和商业中心的功能。工业革命使伦敦的工商业在18世纪和19世纪急速发展。作为大英帝国的心脏,伦敦发展成为世界贸易的中心。1851年,首届世博会在伦敦举行,确立了大不列颠第一工业大国的地位。从工业革命到20世纪初,作为世界性帝国——大英帝国的首都,伦敦因其在政治、经济、人文文化、科技发明等领域上的卓越成就,而成为全世界最大的都市。20世纪爆发的两次世界大战给伦敦造成了严重的破坏,战后移民到伦敦的外来人口明显减少,城市的资源集散功能减弱,丧失了世界最大中心城市地位。战后伦敦重整经济实力,现在作为英国首都及其金融、商业、文化、政治中心。近几年来,伦敦的创意产业发展举世瞩目,并且吸引了越来越多的投资,在增强伦敦集散功能上形成了新增长点。

伦敦城市的第二次转型是从金融之都向创意之都的转变。文化创意产业作为伦敦支柱产业之一,是推动城市经济发展的重要动力。据伦敦市政府报告,伦敦文化创意产业每年约创造470亿英镑的产值,超过15%的伦敦市民从事与文化创意产业相关的工作。2017年,伦敦文化创意产业增加值522.3亿英镑,占英国文化创意产业增加值的比重达到51.4%。通过发展数字技术,为艺术家和创意工作者提供实习机会或就业帮助,培养市民文化素养等政策扶持和推动,伦敦文化创意,在增强文化软实力,提高城市国际吸引力和影响力等方面发挥重要作用。[①]

3. 东京中心城市的功能演变

1457年江户城建立,之后日本进入连年征战的战国时期。人口的集聚和商业发展,使这里成了日本关东地区的商业中心,江户城在建成后的100多年主要发挥军事防御和商业集散功能作用。1603年,德川家康取得胜利,开始了以江户城为据点的德川幕府统治时期,江户城迅速发展成为全国的政治中心,同时人口增多和物质集散使江户城成为当时的经济中心,而且政治和经济的发展进一步造就了江户城文化的兴盛,最终使江户城成为当时日本的政治、经济和文化中心。1868年德川幕府被推翻,日本进入明治维新时期。江户改名东京,在明治政府实行现代化政策下,积极吸收并引进西方的科技与文化,东京逐渐朝向现代化以及国际都市化方向发展。"二战"后日本迅速进行重建工作,到20世纪60年代进入城市的高速发展期,东京的政治、经济、金融、文化影响力不断提高,城市功能全面增强。1964年东京奥运会举办,标志着东京正式跻身国际大都市行列。现在东京是日本最大的工业城市,亚洲第一大城市,世界第二大城市,全球最大的经济、金融中心之一。

在东京城市功能培育过程中,科技创新扮演着极其重要的角色。科技创新是推动东京迈入21世纪城市的重要推动力。在创新能力方面,全球城市创新能力报告显示,2018年东京位列全球创新城市第1位,是极其重要的创新节点城市。据世界知识产权组织统计,2013—2017年,东京—横滨城市群专利申请

---

① 贺菁伟:《国际首都城市特色功能建设经验及启示》,《中国统计》2020年第3期。

量和科学出版物总量分别为10.9万件和14.5万件，占全球（100个城市群）比重分别为10.9%和1.7%，分别位列全球城市第1位和第2位。在创新合作方面，积极推进产学研合作体系，如批准大学内部设立技术转移机构（TLO），实现学术研究成果产业化。同时，通过专利费减免、专利集成等政策，保障研究者利益，提高研究活力，形成产学闭环。[①]

4. 巴黎综合城市功能的演变

公元前52年罗马人征服巴黎，但直到公元358年才在这里修建城墙。罗马时期政治中心在里昂，巴黎只是一个小规模城市，主要起到军事防御的功能。公元508年法兰克王国定都巴黎，此后一直到13世纪初，巴黎已发展到塞纳河两岸，教堂、建筑比比皆是，作为法国的首都，吸引了越来越多的人口，经济和贸易活动得以扩张。到17世纪末18世纪初的路易十四统治时期，巴黎在政治、经济和文化上影响力扩展到整个欧洲，成为当时西方的政治、经济和文化中心。大革命结束后，巴黎迎来快速发展，拿破仑对巴黎进行了新的扩建工作，政治、经济和文化功能得到恢复和增强，但此后巴黎又经过几次战争，到拿破仑三世时期，城市已经破败不堪。之后城市进行更新改造，但此后1870年普法战争和1871年巴黎公社期间，巴黎再一次遭到战争的破坏。巴黎经历了第二次大规模发展时期。1900年世界博览会，巴黎成为国际大都市。第一次世界大战和第二次世界大战期间，巴黎都没有遭到严重破坏，战后巴黎继续向四周发展，如今巴黎是法国最大的工商业城市，也是法国文化、教育事业的中心，是世界文化名城，同纽约、伦敦和东京一起被公认为世界四大都市之一。

近年来，巴黎重点打造会展之都，增强城市的吸引力。巴黎是世界上公认的会议之都和展会城市。在会议方面，2018年，

---

① 贺菁伟：《国际首都城市特色功能建设经验及启示》，《中国统计》2020年第3期。

巴黎共举办212个国际会议,位列全球城市第1位,比第2位的城市维也纳多40多个。在展会方面,巴黎各展览场馆的室内面积合计达到68万平方米(2015年),每年举办400多场展览,拥有13个通过国际展览联盟认证的国际性著名展会项目。依托巴黎工商会等行业组织和协会间相互合作,巴黎会议会展从分散经营向品牌管理迈进,凭借会展之都,巴黎的旅游吸引力和国际要素凝聚力也得到提升。2017年,巴黎入境旅游者达到1600万人次,联合国教科文组织、经济合作与发展组织等具有国际影响力的国际组织总部聚集于此,城市功能不断增强,城市特色不断彰显。

5. 上海综合城市的形成

1292年,元朝设上海县,开始了上海作为城市的历史。明朝时,上海逐渐兴盛,为抵倭寇还建筑了上海城,政治稳定和区域优势加快了经济发展,上海发展成为全国最大的棉纺中心,并以此为主体促进了商业贸易的繁荣。近代以前上海城市的作用主要表现在行政管理、安全防御和商业贸易集散功能上。1843年上海开辟为中国五个对外通商口岸之一,这使上海迅速发展成为亚洲最繁华的国际化大都市,远东最繁荣的港口和经济、金融中心。在国民政府时期,上海因为地理优势,也承担了全国经济金融中心的功能。此后一直到1949年解放,虽然遭受战争的影响,但上海以其建立起来的经济地位,一直是远东第一都市和全球三大金融中心之一,股票、黄金、外汇等金融市场规模雄踞亚洲之冠。解放前后到1956年,由于外资金融机构撤离、公私合营和实行计划经济,上海的国际贸易、金融功能的国际地位被削弱,但由于其坚实的经济基础以及国家发展工业的重视,一直到实行对外开放政策,上海都是全国的经济中心。经过计划经济阵痛后的上海,在改革开放后,尤其是20世纪90年代浦东开发以来,利用国家支持、区位和政策优势,加快发展并迅速与国际接轨。现在,上海已经在经济、金融、贸易和航运方面恢复其国际地位，上海已发展成为国际化大都市，是我国经济、金融、贸易和航运中心，并正致力于建设成为国际金融中心和航运中心。

(二) 核心功能演变

1. 制造功能的演变

传统制造业正从中心城市陆续迁出。1950年，纽约制造业的就业人数为103.9万人，占整个非农产业就业人数的30%；2001年制造业的就业人数仅为23万人，占整个非农产业就业人数的6.2%。伦敦传统制造业目前已经所剩无几，且主要集中于少数几个行业，包括食品制造、印刷及相关产业、基础金属制造、化工行业、药物及试剂产品等。制造业转向更加个性化的生产模式，呈现高精尖和服务化趋势。纽约服务业崛起与城市在后工业化阶段的产业格局调整密切相关，其中时尚产业是具有鲜明特点和个性的行业。纽约市政府专门支持创建了链接本地设计师和本地生产中心的电子系统，使更多纽约本土设计师选择当地工厂进行时装生产。东京也出现了一批创新型中小企业，从而保持了东京主导工业的发展态势。例如，以大田区为中心的产业综合体是重要的技术创新核心区。随着日本经济从"贸易立国"逐步向"技术立国"转换，东京"城市型"工业结构进一步调整，以新产品的试制开发和研究为重点，重点发展知识密集型"高精尖新"工业，并促使工业逐步向服务业延伸，实现产业融合。

2. 金融功能的演变

长期以来，各类金融机构和金融资产交易平台越来越集中于纽约、伦敦等全球金融中心城市。纽约是众多资产管理公司、信托基金、对冲基金的总部所在地。纽约货币市场在世界各主要货币市场中交易量排名第一，纽约外汇市场也是除美元以外所有货币的第二大交易市场，纽约证券交易所、纳斯达克的股票交易量长期居于全球前列。近年来纽约的国际化程度进一步提高，有多达133家外国银行在纽约设立了分支机构。伦敦是欧洲美元的清算中心，逐步成为全球第一的综合性离岸金融中心。高科技企业成为支撑综合城市金融功能的主要力量，以IT为基础的金融科技创新成为市场交易的主要手段。

3. 科技创新功能的演变

综合城市逐渐成为科创企业的聚集区。2008—2018年，纽约新增了1000多家初创企业，它们大多集中在互联网应用技术、社交媒体、智能手机及移动应用软件等新兴科技领域；其中至少500家获得过投融资，有许多都已成为美国的知名企业和上市公司。现在纽约有7000家科技创业公司。谷歌、脸书、推特、微软、雅虎等一批原先以硅谷为重心的高科技巨头也纷纷慕名而来，在纽约开设研发机构和业务中心。近年来，纽约市政府围绕人才、资本、信息三大要素分别推进不同的政策和行动，出台多项政策吸引人才集聚，积极参与科技投资计划，纽约市政府致力于在基础设施、科技公司成长等领域进行较大规模投资，以更好地支持创新经济发展。纽约市政府建立世界上最大的免费公共Wi-Fi网络，以及推出"数字纽约"平台。东京也集中了日本约30%的高等院校和40%的大学生，拥有全日本1/3的研究和文化机构，东京大学等研究型大学将积极推进跨学科研究作为充分实现其自身发展和促进社会繁荣的自觉行为。

4. 文化功能的演变

随着创意产业的发展，综合城市逐渐由传统历史文化中心转型为全球文化创意中心。国际多元文化中心、创意城市建设是伦敦世界城市软实力构成的核心。在东京，作为城市文化创意产业和城市文化的重要内容，动漫在推动城市现代转型发展、活跃城市文化氛围、拉动城市经济增长和塑造城市文化形象等方面具有积极作用。英国文化媒体和体育部于2017年7月发布的统计数据显示，英国创意产业就业人数近200万，比上年增长5%，而英国整体劳动力同比增速为1.2%，创意产业就业人数增速是英国整体就业增速的4倍。全球对英国文创商品和服务的需求也在持续增长。为推动东京城市文化的发展，2011年东京推出《十年后东京2011行动计划》，指出要将动漫文化和其相关的节庆、会展、观光、旅游等行业作为提升东京文化魅力和产业能力，促进东京城市文化软实力发展的重要手段。动漫产业在东京的发生与发展，构成了东京城市文化外在显现的重要表征，展示了东京城市文化的多样性和国际前沿的文化视野。[①]

（三）借鉴与启示

综合城市演化的各种变量的未来发展趋势，无论从宏观的全球化和信息化、经济长周期和世界经济格局变动，到中观的国家经济发展态势、国家战略安排，乃至微观的城市发展水平和基础设施建设等，都决定了综合城市演化并不能单纯为我们主观使然。通过对纽约、伦敦、东京等综合城市核心功能内部演变、集聚和强化以及城市非核心功能疏解的分析和总结，未来在推进综合城市核心功能演变、建设卓越的综合城市过程中，可以得到以下几点启示。

1. 升级强化核心功能，保持综合城市资源配置力

应借鉴纽约、伦敦的有益经验，促进金融、科技、文化等高度融合发展，打造战略性的核心功能，有选择地吸引和聚集关键资源，将传统的商业中心转变为高级商务中心，将服务城市本身转变为辐射整个都市圈，着力强化商务、金融、信息、文化、会展、科技创新等核心功能，使中心区成为引领区域经济发展的中央商务区。综合城市核心功能在约束条件变化后，

---

① 王林生：《动漫节庆产业对城市发展的文化意义——以日本东京为例》，《同济大学学报》（社会科学版）2014年第1期。

核心功能影响力、控制力会弱化，只有通过转型升级的方式才能生存并得以继续发展。以伦敦的金融中心功能为例，在"二战"结束后的相当长时间内，伦敦传统的国际金融中心地位被纽约取代，为了夺回这一地位，伦敦采取了积极金融改革措施，与纽约形成错位竞争，伦敦也逐渐由传统国际金融中心发展为全球综合型离岸金融中心：主要交易的是离岸货币和以离岸货币计价的金融产品和金融衍生产品。疏解非核心功能也非常重要，"非核心功能"是指综合城市功能中除去核心功能的那部分功能，它们对强化综合城市资源配置能力不起主导性作用。在强化核心功能的同时，纽约、伦敦把工业、居住、一般零售等非核心功能转移出去，目的正是解决由于功能过于叠加而造成的"城市病"问题，为城市发展腾出更多空间和人力、财力。

2. 始终保持优势须有持续的创新能力

城市功能的强弱不是一成不变的，只有功能强大的城市才能够成为中心城市。要在功能上保持强大的优势，只有通过不断创新为城市注入创造力，使中心城市对其腹地的带动和控制力始终保持强势。持续的创新能力是城市功能不断强化、加快集聚高端要素创造财富、加强经济竞争力和扩大区域影响力的保证。因此，创新始终是综合城市保持持续竞争力的重要手段，创新不仅使技术迭代的周期加快，引领新产业新业态出现，更能让城市不断焕发活力，为城市持续增添发展新动能，而这也是城市发展和进步的根本动力源泉所在。

3. 发挥规划引领作用，推进核心功能演变

综合城市核心功能的演变是城市分工专业化和信息化发展的内在要求和必然结果。源于对有效支配全球流动资本的需求，综合城市在全球经济发展中扮演协调和控制的角色（Friedmann，1986）。首先，以创新的金融工具为手段，以高效的信息通信为渠道，综合城市通过掌握生产要素的支配权来实现对全球生产的协调和控制。其次，以网络联结为特征的服务业对以规模经

济为基础的制造业的替代,引发传统工业城市在政治、经济和社会结构上的巨大转变。除了经济、科技因素外,在综合城市核心功能演变中,城市规划和政策创新也发挥着十分积极的作用。综观纽约、伦敦、东京的发展历史,科学及时的城市规划在核心功能强化,尤其在非核心功能疏解中起到了独特的作用。为了强化科创中心功能,综合城市纷纷出台战略规划促进科创中心建设。例如,美国借助新科技革命带来的先发优势,于2012年制定了打造"东部硅谷"的宏伟蓝图,力图使纽约成为全球科技创新领袖。英国于2010年启动实施"伦敦科技城"国家战略,试图将东伦敦地区打造为世界一流的国际技术中心。东京政府通过实施多轮"首都圈整备规划"和政府主导下的区域性行政协调机制,带动了整个日本首都圈的繁荣。可见,功能疏解和多中心构建实质上是政府对市场失灵的纠正。这是一项系统工程,涉及利益广,没有强力的政府引导往往难以取得成功。因此,在推进综合城市建设过程中,必须扎扎实实全面落实好城市总体规划,并重视对具体领域子规划的组织设计和实施,以更好地促进城市核心功能的形成和完善。

4. 发达的交通和通信设施是引领发展的必要条件

一切有形资源的集聚和扩散是通过中心城市与周边腹地之间的公路、铁路、港口、机场等交通运输设施实现的;一切无形资源的集聚和扩散是通过电话、传真、电视、网络等通信基础设施实现的,随着现代信息技术的迅猛发展和对经济社会的全面渗透,通信基础设施建设对于城市功能的发挥越来越重要。要想取得对周边腹地的强大影响力,仅仅功能强大是不够的,只有通过快捷的交通和信息通道才能使中心城市的集散功能得以发挥。国际大都市一般都有发达的交通和通信设施。中心城市功能的提升、加强对区域资源的集散、扩大区域发展的影响力和带动力在很大程度上取决于城市的交通和信息设施建设水平以及与周边腹地的通达性。

5. 重视综合城市区域的分工协作

综合城市区域是多核心城市扩展联合的空间结构，综合城市区域的空间战略，一般是将综合城市中心城区打造成承载核心功能的载体，强化综合城市核心功能；将周边城市纳入都市圈，作为部分核心功能的布局以及非核心功能梯度疏解的载体。核心城市与周边各城市之间是一种网络型的关系，而非传统的"中心—外围"关系。它们通过多个中心之间形成基于专业化的内在联系，各自承担着不同的角色，既相互合作，又相互竞争，在空间上形成一个极具特色的城市区域，为核心功能—非核心功能体系提供地域空间基础。综合城市区域的形成，也是全球网络契约关系跨市域边界向周边腹地伸展的空间重组过程。核心城市应制定聚焦于跨区域分工和协作的空间政策，形成多节点城际网络化、功能互补型的综合城市区域。

6. 重视科创和文化等功能的培育

当前，综合城市定义的边界还在不断延展，逐渐由经济层面拓展到更多的非经济层面，涉及科技、文化、生态、空间治理等多方面。与此相适应，综合城市核心功能更加多元，社会、文化、科技创新、生态包容发展成为综合城市软实力的重要体现，城市的宜居性更为人们所看重。未来，综合城市将是知识、信息和人才意义上的流量枢纽和控制节点，其中，人才流动方向的主要决定因素将由生产转变为消费，政策打造对全球人才具有吸引力的高质量生活环境显得至关重要，以健康医疗、教育服务、文化创意为主导的高端消费性服务业无论在就业还是产值占比上都会有较快提升，这些行业在营造城市良好生活环境中将扮演更重要的角色。

三 综合城市功能评价指标体系

城市综合评价指标体系一般包含三个方面：一是经济实力

(经济总量、人均 GDP、后工业化经济结构、国际总部聚集度强);二是国际高端资源流量与交易(高端人才的集聚、信息化水平、科技创新能力、金融国际竞争力和现代化、立体化的综合交通体系);三是全球影响力(城市综合创新体系、国际交往能力、文化软实力和全球化的治理结构)。

(一) 日本城市战略研究所——全球城市综合竞争力指标体系

日本森纪念财团城市战略研究所是 2008 年以来全球城市排名研究的新兴权威机构。该机构自 2008 年开始每年公布"全球城市综合竞争力排行榜"。该排行榜通过建立一套综合指标来对全球城市进行排名,该排名的调查方法是对全球的代表城市,在经济、研究与开发、文化与交流(包括运动设施、就餐与购物以及对海外游客的吸引力等内容)、宜居与环境、空间与交通便利、文化交流 6 个方面的 68 项指标进行评定(图 1-1)。

(二) 广州市社科院课题组——综合城市功能评价指标体系

刘江华等人(2011)认为,作为综合城市,一般应在财富增值、知识创新、资源配置、文化引领、国际交流、国际交通等功能上起到中心枢纽和较强的引领带动作用。该课题组建立的综合城市功能评价指标体系同样也是一种全球城市综合评价指标体系(图 1-2)。值得注意的是,该指标体系更多地从城市硬实力的角度来进行评价,且相关文化引领指标过于国内化,应用时很难找到国外城市相关指标。

(三) 北大汇丰商学院海闻课题组——深圳国际化城市指标体系

北京大学汇丰商学院院长海闻教授领导的课题组建立了一

第一章 综合城市功能的理论分析、指标体系与实践验证 21

套深圳国际化城市建设指标体系。该指标体系尤其是四大项一级指标的确立主要借鉴英国《财富报告》《世界级城市名册》《全球化城市指数》等当今世界最新的最有影响力的国际化城市

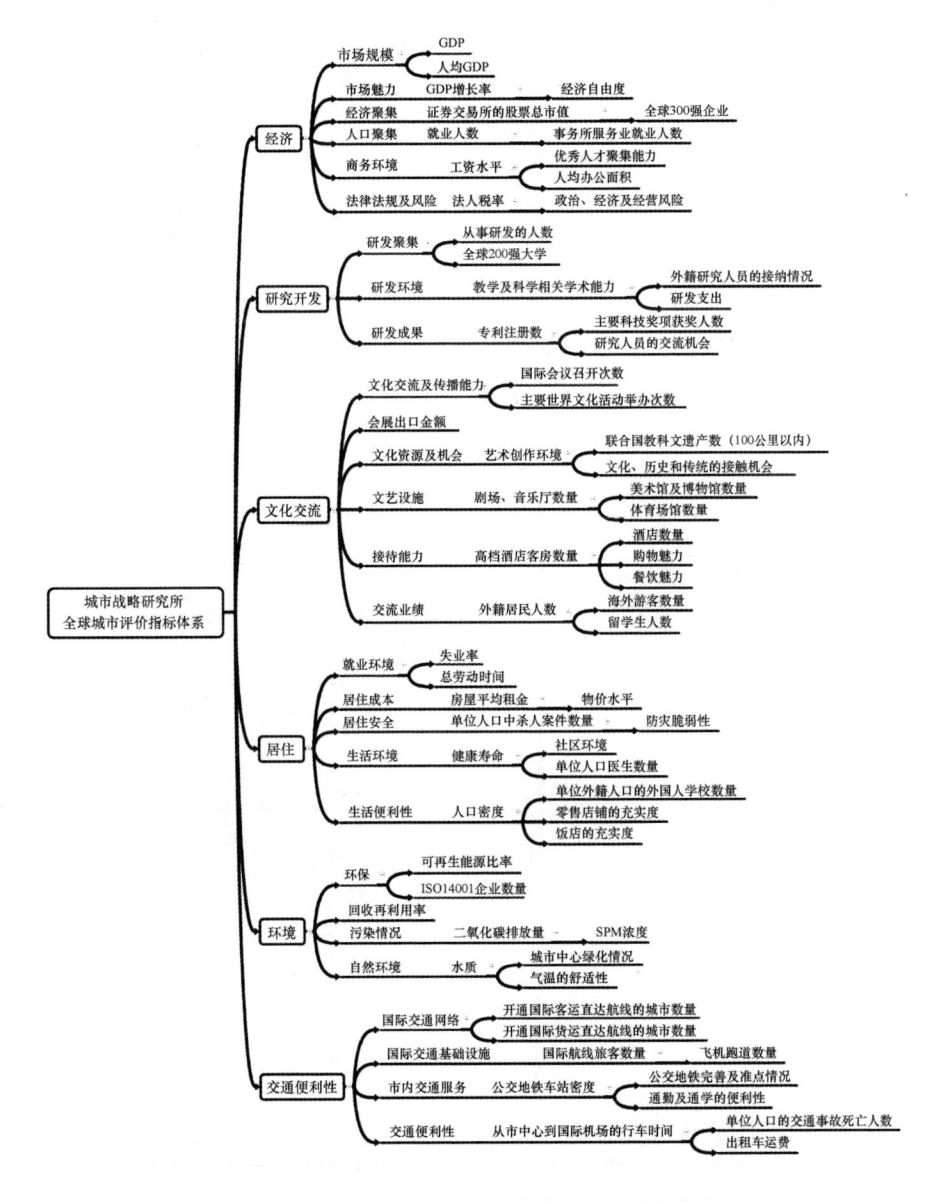

图1-1 日本城市战略研究所全球城市评价指标体系

22 广州综合城市功能的评价分析与提升路径

市社科院课题组 国家中心城市功能评价指标体系

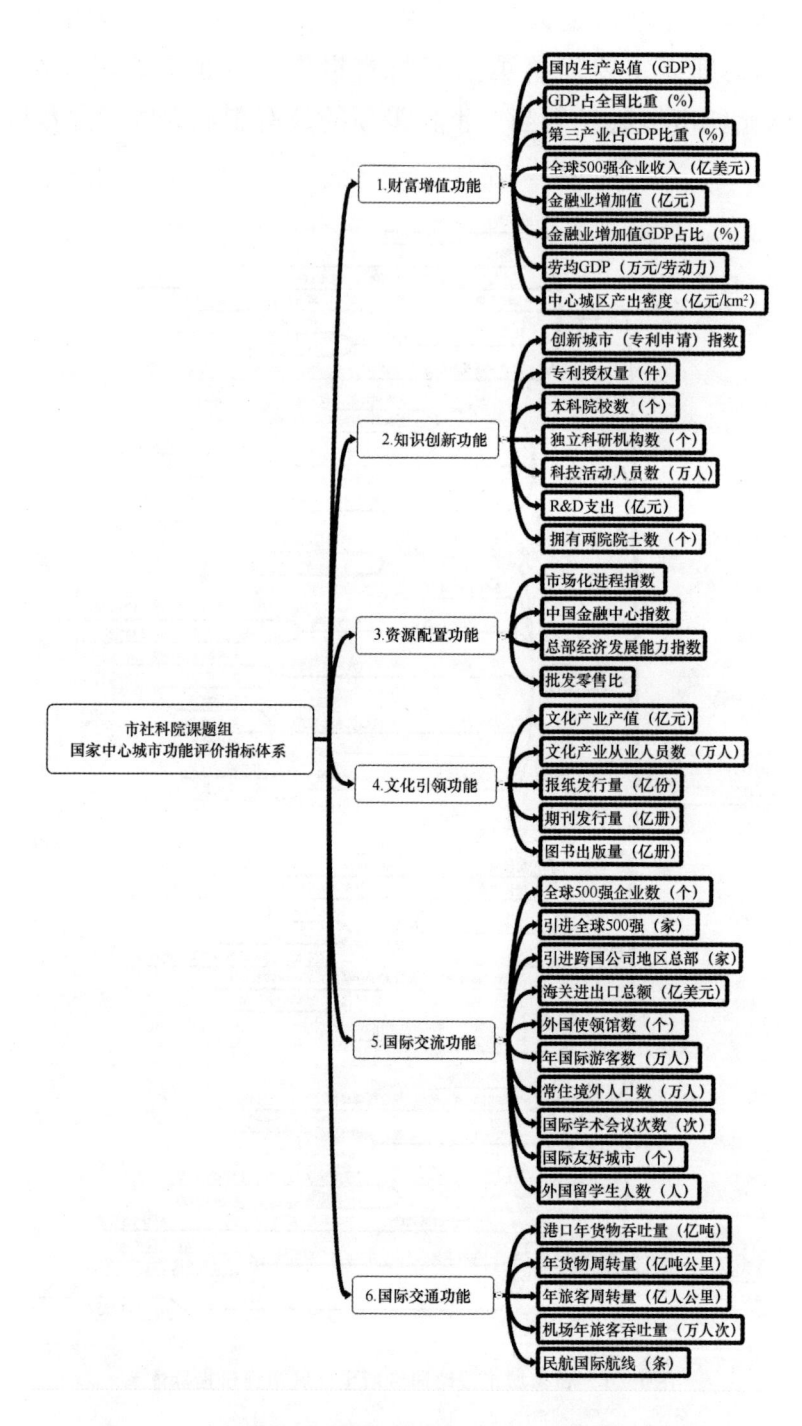

1. 财富增值功能
- 国内生产总值（GDP）
- GDP占全国比重（%）
- 第三产业占GDP比重（%）
- 全球500强企业收入（亿美元）
- 金融业增加值（亿元）
- 金融业增加值GDP占比（%）
- 劳均GDP（万元/劳动力）
- 中心城区产出密度（亿元/km²）

2. 知识创新功能
- 创新城市（专利申请）指数
- 专利授权量（件）
- 本科院校数（个）
- 独立科研机构数（个）
- 科技活动人员数（万人）
- R&D支出（亿元）
- 拥有两院院士数（个）

3. 资源配置功能
- 市场化进程指数
- 中国金融中心指数
- 总部经济发展能力指数
- 批发零售比

4. 文化引领功能
- 文化产业产值（亿元）
- 文化产业从业人员数（万人）
- 报纸发行量（亿份）
- 期刊发行量（亿册）
- 图书出版量（亿册）

5. 国际交流功能
- 全球500强企业数（个）
- 引进全球500强（家）
- 引进跨国公司地区总部（家）
- 海关进出口总额（亿美元）
- 外国使领馆数（个）
- 年国际游客数（万人）
- 常住境外人口数（万人）
- 国际学术会议次数（次）
- 国际友好城市（个）
- 外国留学生人数（人）

6. 国际交通功能
- 港口年货物吞吐量（亿吨）
- 年货物周转量（亿吨公里）
- 年旅客周转量（亿人公里）
- 机场年旅客吞吐量（万人次）
- 民航国际航线（条）

图 1-2 广州市社科院课题组综合城市功能评价指标体系

指标体系，同时突出深圳"开放、创新、绿色、文明"等方面的特质（图1-3）。此外，英国经济学人（Economist）编制的"全球城市竞争力指数"则通过8个类别、31项指标衡量城市竞争力，包括经济实力、制度有效性、金融体系、全球吸引力、有形资本、自然环境等方面。

北大汇丰商学院海闻课题组 深圳国际化城市指标体系

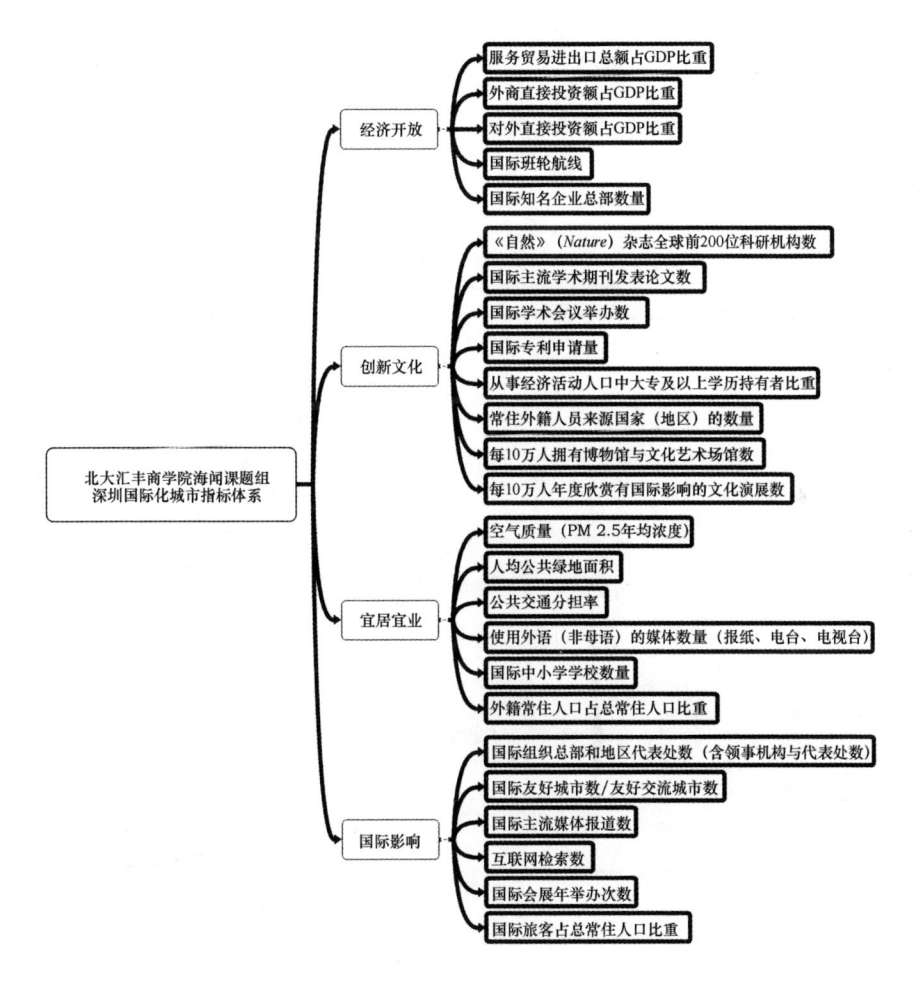

- 经济开放
  - 服务贸易进出口总额占GDP比重
  - 外商直接投资额占GDP比重
  - 对外直接投资额占GDP比重
  - 国际班轮航线
  - 国际知名企业总部数量

- 创新文化
  - 《自然》（Nature）杂志全球前200位科研机构数
  - 国际主流学术期刊发表论文数
  - 国际学术会议举办数
  - 国际专利申请量
  - 从事经济活动人口中大专及以上学历持有者比重
  - 常住外籍人员来源国家（地区）的数量
  - 每10万人拥有博物馆与文化艺术场馆数
  - 每10万人年度欣赏有国际影响的文化演展数

- 宜居宜业
  - 空气质量（PM 2.5年均浓度）
  - 人均公共绿地面积
  - 公共交通分担率
  - 使用外语（非母语）的媒体数量（报纸、电台、电视台）
  - 国际中小学学校数量
  - 外籍常住人口占总常住人口比重

- 国际影响
  - 国际组织总部和地区代表处数（含领事机构与代表处）
  - 国际友好城市数/友好交流城市数
  - 国际主流媒体报道数
  - 互联网检索数
  - 国际会展年举办次数
  - 国际旅客占总常住人口比重

图1-3 北大汇丰商学院海闻课题组——深圳国际化城市指标体系

（四）科尔尼——全球城市指数

科尔尼《全球城市指数》报告（GCI）首次发布于2008年。2019年是纽约连续第三年保持榜首地位，这得益于其商业活动得分的提高和在人力资本吸纳上的强劲表现。2019 年的排名中，我国主要城市除京沪外其余都有下降，北上广相对稳定（图 1-4）。由于指标选择的偏向性，该指数对国内参考价值有限，特别在政治事务方面偏差极大（图 1-5）。

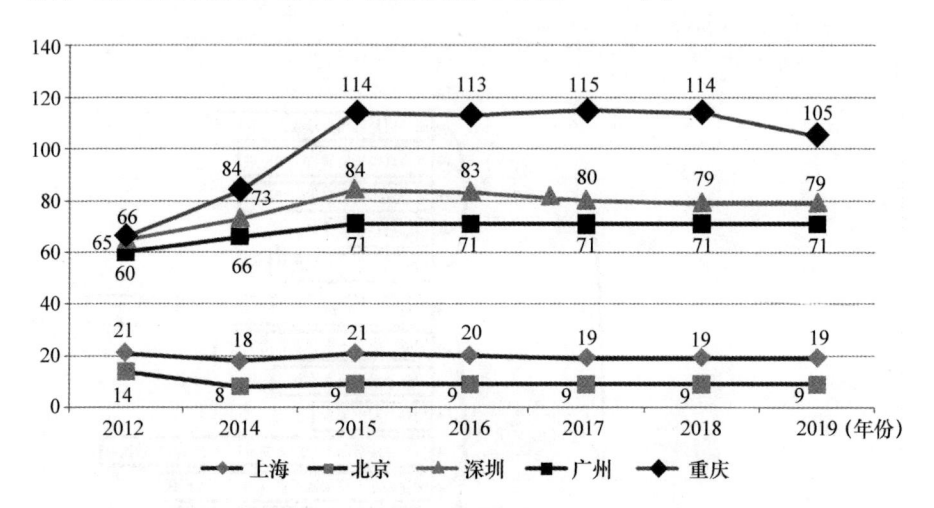

图 1-4 科尔尼——全球城市指数：国内五大城市排名

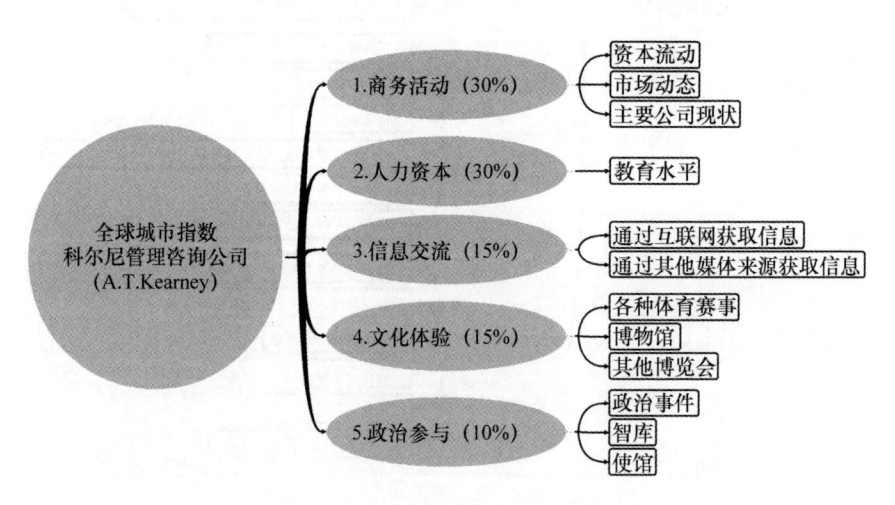

图 1-5 科尔尼——全球城市指数（五大维度，27 个指标）

（五）本书重点关注的综合城市功能比较指标

本书充分吸收日本城市战略研究所、广州市社会科学院课题组、北京大学汇丰商学院海闻课题组深圳国际化城市指标体

第一章 综合城市功能的理论分析、指标体系与实践验证

系的研究成果，对广州城市功能进行深入研究，设置广州综合城市功能评价体系，其中，一级指标5个，二级指标18个，三级指标47个，如图1-6所示。与此同时，为更好吸收专家智

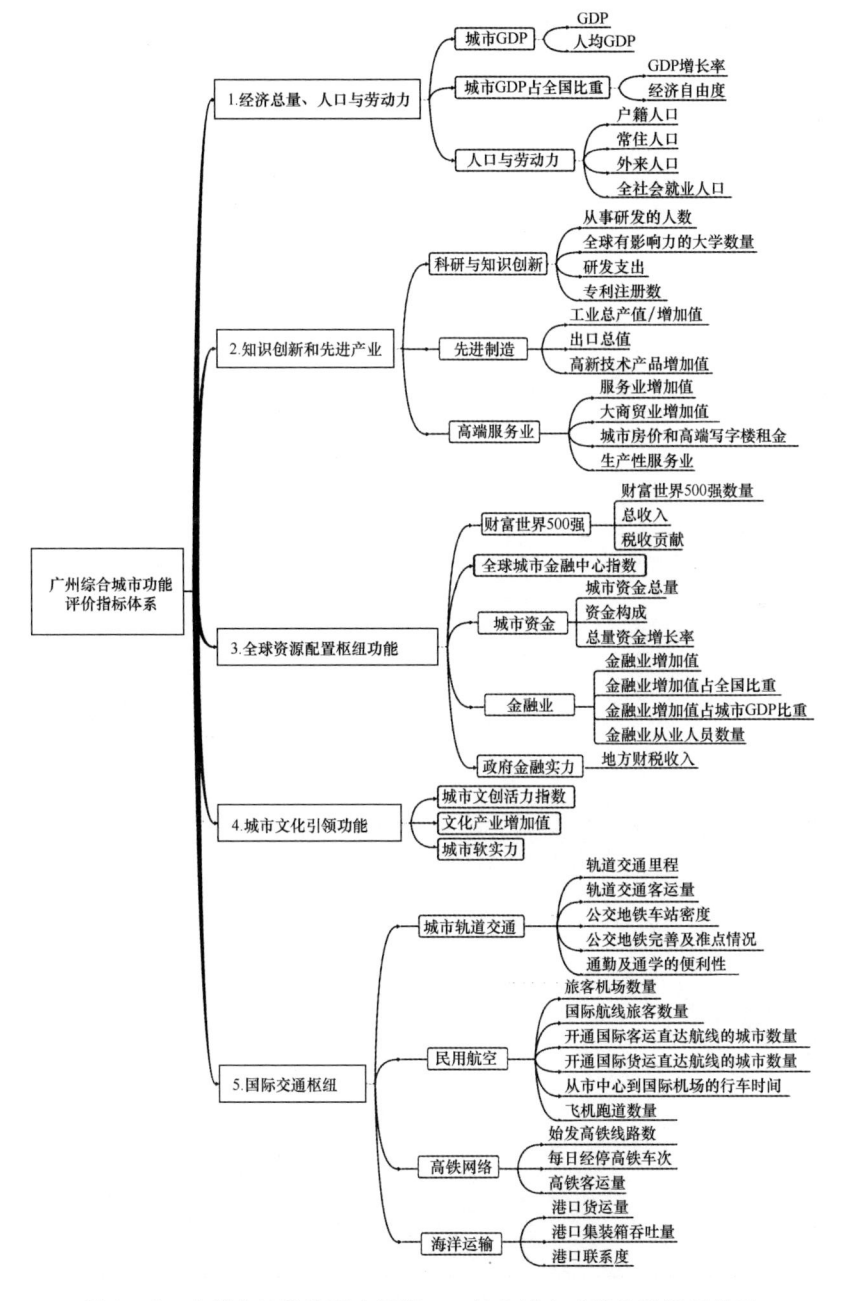

```
广州综合城市功能评价指标体系
├── 1.经济总量、人口与劳动力
│   ├── 城市GDP
│   │   ├── GDP
│   │   └── 人均GDP
│   ├── 城市GDP占全国比重
│   │   ├── GDP增长率
│   │   └── 经济自由度
│   └── 人口与劳动力
│       ├── 户籍人口
│       ├── 常住人口
│       ├── 外来人口
│       └── 全社会就业人口
├── 2.知识创新和先进产业
│   ├── 科研与知识创新
│   │   ├── 从事研发的人数
│   │   ├── 全球有影响力的大学数量
│   │   ├── 研发支出
│   │   └── 专利注册数
│   ├── 先进制造
│   │   ├── 工业总产值/增加值
│   │   ├── 出口总值
│   │   └── 高新技术产品增加值
│   └── 高端服务业
│       ├── 服务业增加值
│       ├── 大商贸业增加值
│       ├── 城市房价和高端写字楼租金
│       └── 生产性服务业
├── 3.全球资源配置枢纽功能
│   ├── 财富世界500强
│   │   ├── 财富世界500强数量
│   │   ├── 总收入
│   │   └── 税收贡献
│   ├── 全球城市金融中心指数
│   ├── 城市资金
│   │   ├── 城市资金总量
│   │   ├── 资金构成
│   │   └── 总量资金增长率
│   ├── 金融业
│   │   ├── 金融业增加值
│   │   ├── 金融业增加值占全国比重
│   │   ├── 金融业增加值占城市GDP比重
│   │   └── 金融业从业人员数量
│   └── 政府金融实力
│       └── 地方财税收入
├── 4.城市文化引领功能
│   ├── 城市文创活力指数
│   ├── 文化产业增加值
│   └── 城市软实力
└── 5.国际交通枢纽
    ├── 城市轨道交通
    │   ├── 轨道交通里程
    │   ├── 轨道交通客运量
    │   ├── 公交地铁车站密度
    │   ├── 公交地铁完善及准点情况
    │   └── 通勤及通学的便利性
    ├── 民用航空
    │   ├── 旅客机场数量
    │   ├── 国际航线旅客数量
    │   ├── 开通国际客运直达航线的城市数量
    │   ├── 开通国际货运直达航线的城市数量
    │   ├── 从市中心到国际机场的行车时间
    │   └── 飞机跑道数量
    ├── 高铁网络
    │   ├── 始发高铁线路数
    │   ├── 每日经停高铁车次
    │   └── 高铁客运量
    └── 海洋运输
        ├── 港口货运量
        ├── 港口集装箱吞吐量
        └── 港口联系度
```

图1-6 广州市社科院重大课题——综合城市功能比较指标体系

慧，选取广州地区高校和科研机构 32 名对综合城市功能有较深研究的专家，对广州综合城市功能的重要性和适应性开展问卷调查，详见附录《广州综合城市功能的评价分析与提升路径》调查问卷分析处理结果。

第二章 综合城市功能比较与评价：经济总量、人口与劳动力

本书通过对标研究，把握广州综合城市功能的优势和劣势，按照可比性原则，主要选择那些与广州在同一层次上的国内外城市作为比较对象。国际上，通常选择纽约、伦敦、东京、新加坡等城市进行比较。

一 城市 GDP 及其占全国比重

（一）城市经济总量

城市功能的强弱，既要看 GDP 总量，更要看其占全国的比重。一般来说，经济规模越大，城市功能越强，但需要看相对指标，即城市经济总量占全国比重越大，城市功能在全国的地位越重要。

（二）城市 GDP 占全国比重

2009 年广州 GDP 占全国 2.36%，落后于京沪；2018 年广州 GDP 占全国比重上升到 2.54%，但被深圳超过。与 2009 年相比，2018 年广州 GDP 增加了 14644 亿元，增长 178.26%，落后于深圳和北京。从全国的情形来看，重庆、成都、武汉等大城市追赶极快，其中重庆 GDP 增量几乎相当于 3 个 2009 年的 GDP（表 2-1）。中西部人口大省的省会城市增长极为明显，城

市功能提升极快，其至有超越广州的势头。而过去沿海经济强市则在新一轮的增长中相对落后，其中最重要的是人口与劳动力优势不再，东部沿海城市的发展转移到依赖城市群竞争。

表 2-1　　广州 GDP 全国排名、地位及增量变动

城市（区域）	GDP 占全国比重（%）	2009 年（万元）	城市（区域）	GDP 占全国比重（%）	2018 年（万元）	GDP 增量（万元）	GDP 变动（%）
全国	100.00	348518	全国	100.00	900309	551791	158.32
上海	3.93	13698	上海	3.63	32680	18982	138.57
北京	3.01	10488	北京	3.37	30320	19832	189.09
广州	2.36	8215	深圳	2.69	24222	16416	210.30
深圳	2.24	7806	广州	2.54	22859	14644	178.26
苏州	1.92	6701	重庆	2.26	20363	15267	299.5
天津	1.82	6354	天津	2.09	18810	12456	196.03
重庆	1.46	5096	苏州	2.07	18597	11896	177.53
杭州	1.37	4781	成都	1.70	15343	11442	293.30
青岛	1.27	4409	武汉	1.65	14847	10887	274.93
无锡	1.26	4400	杭州	1.50	13509	8728	182.56
佛山	1.23	4300	南京	1.42	12820	9045	239.61
宁波	1.14	3964	青岛	1.33	12002	7593	172.21
武汉	1.14	3960	无锡	1.27	11439	7039	159.97
成都	1.12	3901	长沙	1.22	11003	8003	266.78
大连	1.11	3858	宁波	1.19	10746	6782	171.08
沈阳	1.11	3855	郑州	1.13	10143	7141	237.89
南京	1.08	3775	佛山	1.10	9936	5636	131.07

注：2009 城市 GDP 及排名来源于"百度文库→专业资料→经管营销（https://wenku.baidu.com/view/94b19169a98271fe910ef9b8.html），而 2018 年中国城市 GDP 总量排名来源于"搜狐财经"（http://www.sohu.com/a/300682215_120106814）。由于国家公开出版的统计年鉴数据通常会有数据调整，故与各城市年度统计公报数据相比会有变动，本书认为统计调整后的数据可靠性更强。表中百分比数据为笔者计算所得。

从国际比较来看（图2-1），北上广深GDP占全国比重似乎远远落后于伦敦、东京、纽约等国际大都市，但实际上图2-1中除纽约外东京和伦敦都是指都市圈（城市群），而以广深为首的珠三角和以上海为首的长三角GDP占全国比重都已经超过10%。因此，广州需要提升其在粤港澳大湾区城市群中的城市功能。

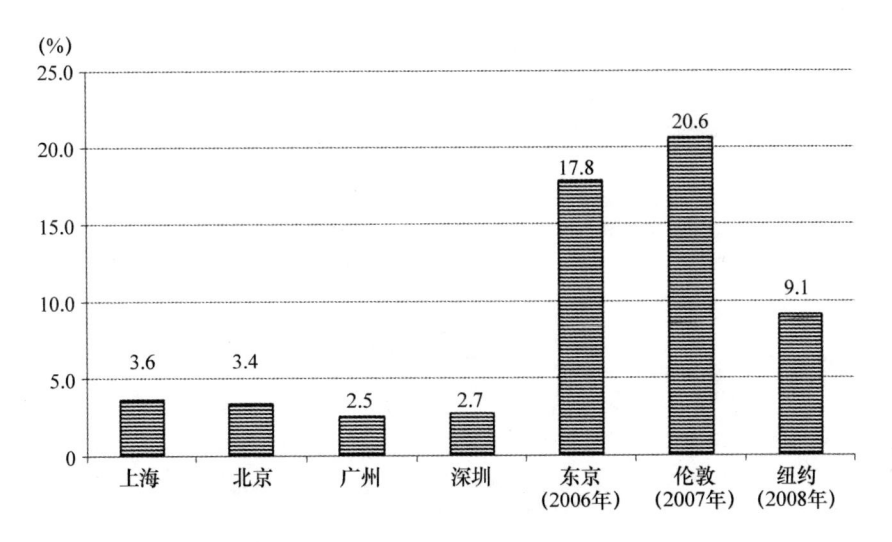

图2-1 城市（群）GDP占全国比重的国际比较

二 人口和劳动力及其潜力

（一）城市户籍人口数量

从户籍人口数量及其增长态势来看，上海户籍人口增长缓慢，北京2017年和2018年甚至出现负增长，而广州和深圳则保持一定的户籍人口增速（图2-2）。与1997年相比，上海、北京、广州和深圳的户籍人口分别增加了142.11万人、269.50万人、264.76万人和345.54万人。上海和北京原有居民生育意愿较低，且入户控制都非常严格，因此户籍人口增势不如深圳、广州明显；而北京因高校、科研机构及央企众多，每年硕士、博士入户量较大，因此户籍人口增量甚至高于广州。深圳户籍人口基数较小，大量高科技产业及现代服务业对人才的需求较大，因此每年因外来人才入户导致户籍总人口增长迅速。广州一直以来基本上与京沪一样维持严格控制人口的政策，近年来外来人才入户也有所增加。例如，2018 年广州户籍净迁入人口17.93 万人，占户籍人口净增量的 60.13%。

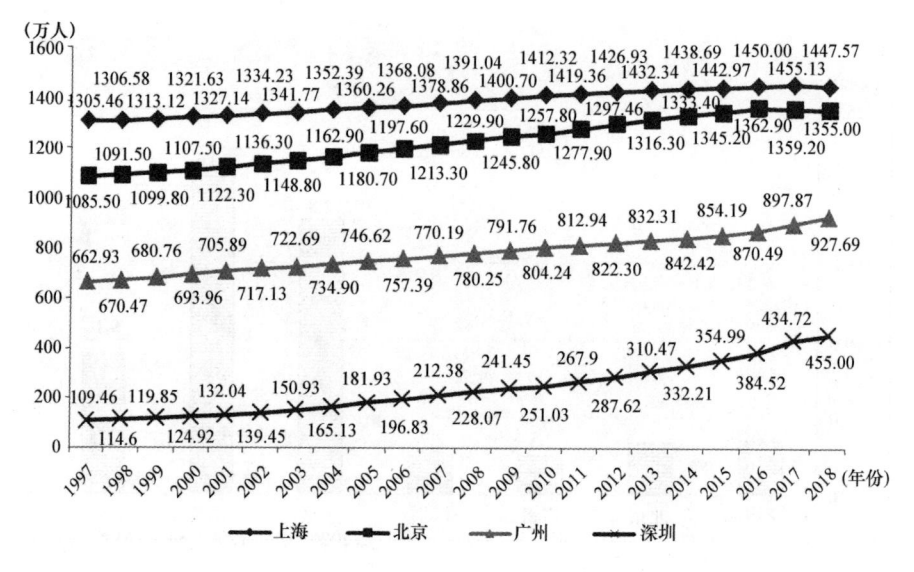

图 2-2 北上广深公安户籍人口变动趋势（1997—2018 年）

注：1997—2017 年数据来源于各城市统计年鉴（2018），2018 年数据来自各城市的统计公报。

（二）城市常住人口数量

从北上广深各城市官方公报的数据来看（图 2-3、表 2-2），京沪常住人口增长态势几乎同步，2010 年以前增势明显，京沪两市常住人口分别比 1997 年增加了 722 万人（增长58.22%）和 814 万人（增长 54.64%）。2010 年全国第六次人口普查以来，京沪常住人口基本保持平稳，特别是 2014 年以来几乎没有增加，其中上海 2018 年常住人口比 2014 年甚至减少了 2 万人（负增长 0.08%），而同期北京的常住人口仅增加 2 万

第二章 综合城市功能比较与评价:经济总量、人口与劳动力

多人(增长 0.12%),增速几乎接近于零。广深两市官方公布的常住人口变动趋势也基本保持一致,深圳 2010 年的常住人口与 1997 年相比增加了 509 万人;2010—2014 年,广深常住人口增量甚微,2014—2018 年广深两市常住人口分别增加了 182 万人(增长 13.94%)和 225 万人(增长 20.85%)。

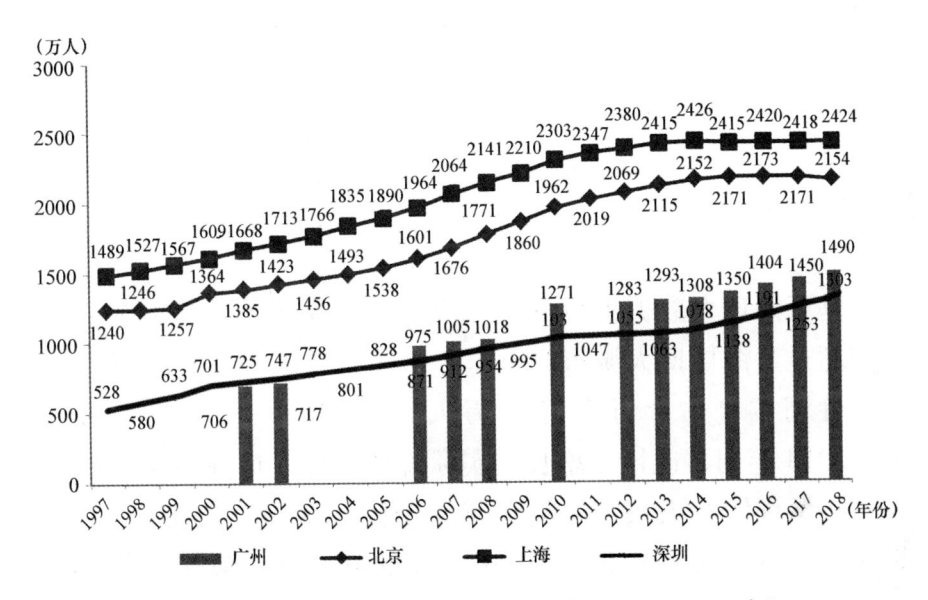

图 2-3 北上广深官方常住人口变动趋势(1997—2018 年)

注:1997—2017 年数据来源于各城市统计年鉴(2018),2018 年数据来自各城市的统计公报。

表 2-2　　　　　　　　北上广深官方常住人口　　　　　　单位:万人

年份	北京	上海	广州	深圳
2006	1601	1964	975	871
2007	1676	2064	1005	912
2008	1771	2141	1018	954
2009	1860	2210		995
2010	1962	2303	1271	1037
2011	2019	2347		1047

续表

年份	北京	上海	广州	深圳
2012	2069	2380	1283	1055
2013	2115	2415	1293	1063
2014	2152	2426	1308	1078
2015	2171	2415	1350	1138
2016	2173	2420	1404	1191
2017	2171	2418	1450	1253
2018	2154	2424	1490	1303

注：1997—2017 年数据来源于各城市统计年鉴（2018），2018 年数据来自各城市的统计公报。

基于人口大数据推算的结果显示，北京实有总人口在 2012 年末超过上海居四大城市之首；广州实有总人口于 2013 年达到历史性高位（估计值为 2397 万人），但 2015—2017 年持续减少，2018 年则再次恢复增长，实际管理的总人口规模在 2000 万左右。深圳实有人口总量与广州处于同一水平。从实有常住人口来看，京沪人口规模为 2500 万数量级，而广深则在 2000 万数量级，即广深人口约为京沪的 80%。广深人口虽然同一数量级，但深圳人口中 75% 为劳动力人口，因此深圳实有劳动力人口数量反而大于广州。参见图 2-4 和表 2-3。

表 2-3　　　　　北上广深实有常住人口（2007—2018 年）　　　单位：万人

年份	深圳	广州	北京	上海	天津
2007	2142	2065	1857	2064	858
2008	2119	2244	1839	2141	984
2009	2001	2203	1916	2210	1051
2010	1958	2271	2065	2303	1063
2011	2072	2299	2307	2347	1107
2012	2034	2406	2507	2380	1049

续表

年份	深圳	广州	北京	上海	天津
2013	2087	2397	2546	2415	998
2014	2488	2375	3003	2426	996
2015	1942	2385	3002	2415	1042
2016	1939	2189	2994	2420	1161
2017	1964	1983	2751	2418	1158
2018	1939	2083	2611	2424	1073

估计方法和来源：国家社科规划人口流动大数据课题（广州市社科院承担，课题编号：15BRK037）。

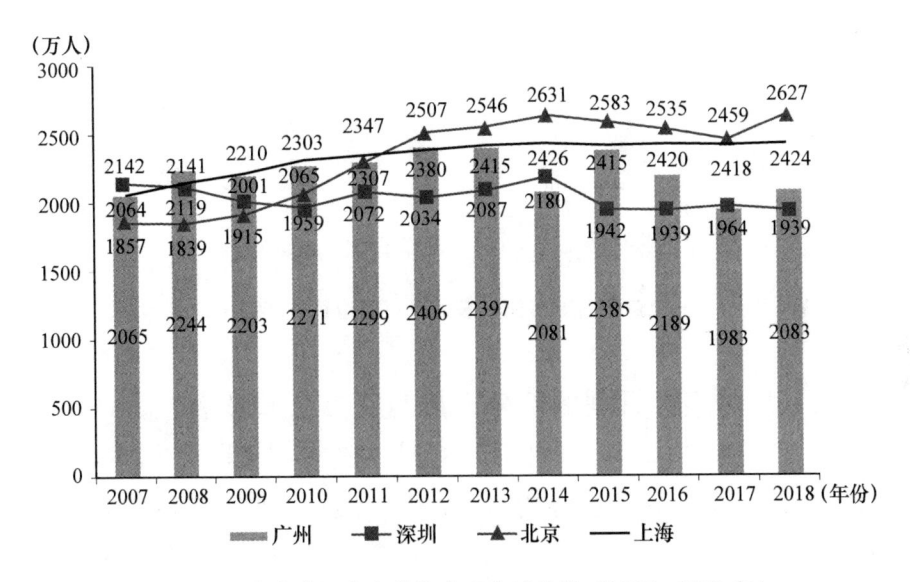

图2-4 北上广深实有常住人口变动趋势（2007—2018年）

估计方法和来源：国家社科规划人口流动大数据课题（广州市社科院承担，课题编号：15BRK037）。

（三）城市外来人口数量

从官方常住外来人口数量来看（图2-5），上海外来人口最多，其次是深圳，但深圳在2013—2016年被北京超越，广州最少。京沪两市同步变动，2010年以来增幅甚微，北京2014年以来甚至呈现负增长；上海自2015年以来则持续负增长。深圳自

34 广州综合城市功能的评价分析与提升路径

2010年以来则呈现出"U"形态势，2014年达到底部然后持续回升；广州与深圳同步，但外来人口的底点是2013年。2010年成为北上广深外来人口转折点，主要是各市根据人口普查结果对2010年及以前年度的外来人口进行了调整。

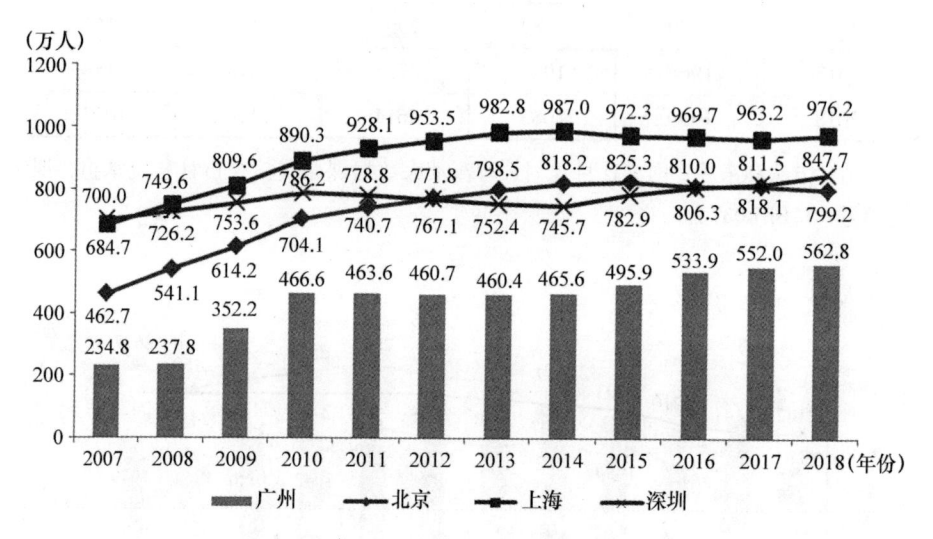

图2-5 北上广深官方常住外来人口变动趋势（2007—2018年）

北上广深实际管理的外来人口与官方公布数有较大的差别（表2-4、图2-6）：深圳实际管理的外来人口居四大城市之首，2007年以来下降趋势明显，2018年深圳外来人口估计值比2007年减少了445.7万人；广州以2012年为分水岭呈现"倒U"形变化，2018年实有外来人口增量72.7万人（估计值），比2012年高位减少428.6万人。由于户籍人口的机械增长挤占了一部分外来常住人口，2012年以来广深实有外来人口减少幅度只有300万人左右。

表2-4　　　　　　　　北上广深实有外来常住人口　　　　　　单位：万人

年份	上海	北京	广州	深圳
2007	994	921	1604	2250

续表

年份	上海	北京	广州	深圳
2008	864	708	1583	2004
2009	869	722	1471	1814
2010	904	819	1480	1719
2011	916	1017	1474	1793
2012	1050	1311	1680	1829
2013	1041	1291	1622	1827
2014	1081	1786	1625	1787
2015	1178	1913	1734	1753
2016	1046	1726	1388	1616
2017	1074	1517	1176	1619
2018	1204	1501	1351	1666

估计方法和来源：国家社科规划人口流动大数据课题（广州市社科院承担，课题编号：15BRK037）。

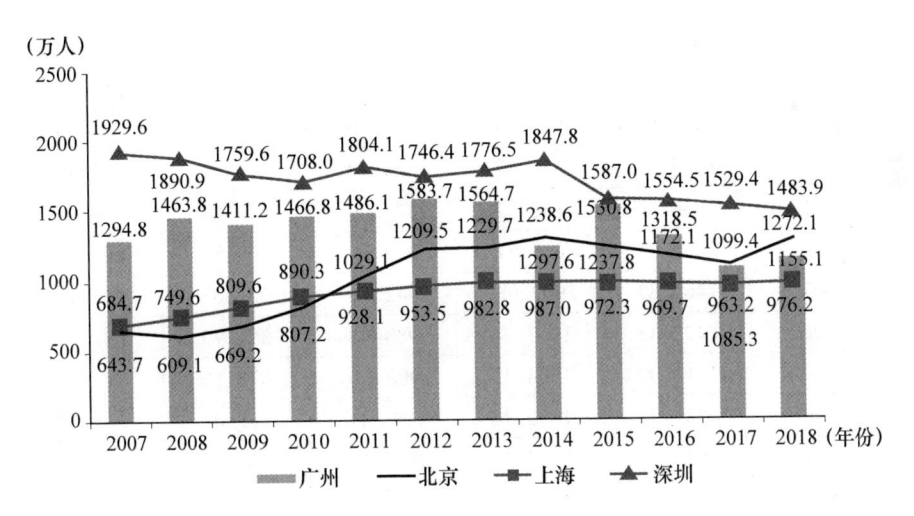

图 2-6 北上广深实有常住外来人口变动趋势（2007—2018 年）

数据来源：国家社科规划人口流动大数据课题（广州市社科院承担，课题编号：15BRK037）。

（四）城市全社会就业人口数量

从全国来看，河南、安徽、湖南、四川、湖北、江西、广西、贵州和重庆九大人口净流出地区的全社会就业人口呈现出明显的"U"形变化,其历史低点都是在2006年前后,2013年之后则缓慢增长。在全国人口主要流出地劳动力跨地区流动变弱之时,上海和深圳的全社会劳动力却异常增加,如上海统计年鉴数据显示,2014年全社会就业人数比2013年猛增228.28万人(增长20.07%),而同期常住人口却只增加了11万人(增长0.455%);深圳2013年全社会就业人数比2012年猛增128.04万人(增长16.60%),而同期常住人口却只增加了8万人(增长0.67%)。参见表2-5和图2-7。

表2-5　　　　　　北上广深全社会劳动力人数　　　　　　单位:万人

年份	重庆	上海	北京	广州	深圳
1999	1699.06		618.60		426.89
2000	1661.16	745.24	619.30	496.26	474.97
2001	1616.08		628.90	502.93	491.30
2002	1551.77		679.20	507.02	509.74
2003	1499.99	813.05	703.30	521.07	535.89
2004	1471.34	836.87	854.10	540.71	562.17
2005	1456.30	863.32	878.00	574.46	576.26
2006	1454.77	885.51	919.70	599.50	609.76
2007	1468.87	909.08	942.70	623.63	647.11
2008	1492.43	1053.24	980.90	652.90	682.35
2009	1513.00	1064.42	998.30	679.15	723.61
2010	1539.95	1090.76	1031.60	711.07	758.14
2011	1585.16	1104.32	1069.70	743.18	764.54
2012	1633.14	1115.50	1107.30	751.30	771.20
2013	1683.51	1137.35	1141.00	759.93	899.24
2014	1696.94	1365.63	1156.70	784.84	899.66
2015	1707.37	1361.51	1186.10	810.99	906.14
2016	1717.52	1365.24	1220.10	835.26	926.38
2017	1714.55	1372.65	1246.75	862.33	943.29
2018E	1727.37	1765.25	1808.56	1295.35	1348.74

注:1997—2017年数据来源于各城市统计年鉴(2018),2018年为估计数。

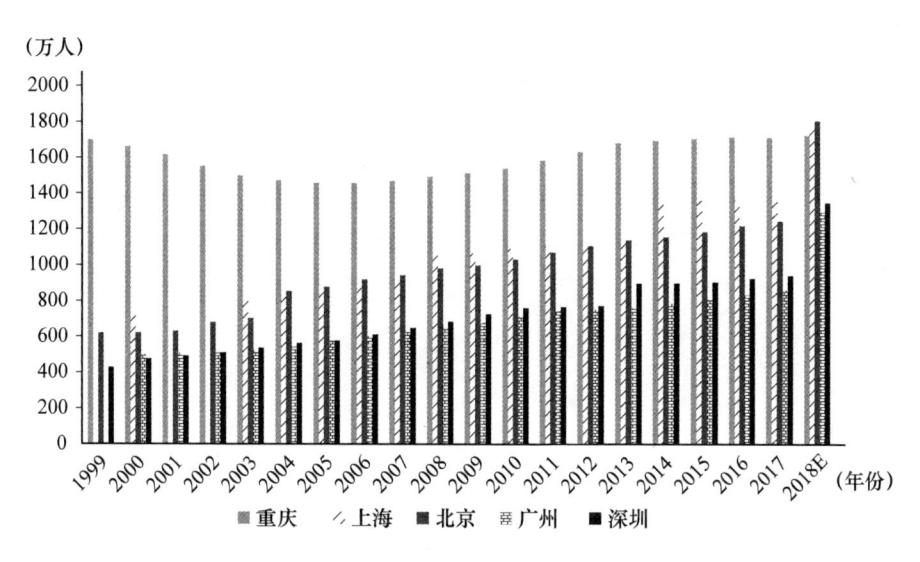

第二章 综合城市功能比较与评价:经济总量、人口与劳动力

图 2-7 北上广深重全社会就业人数变动趋势(1999—2018年)

注：1997—2017年数据来源于各城市统计年鉴(2018)，2018年为估计数。

上海和深圳全社会就业人数异常猛增的原因，并非外来劳动力大幅度增加，仅是将原来早已流入的人口纳入统计范围而已。广州和北京的数据虽然正常增长，但同样存在大量早已流入的人口并没有纳入统计口径的情况。深圳和上海虽然对全社会就业人数进行了大幅度调整，但仍旧有相当数量的外来劳动力并没有纳入统计口径，特别是大量小微制造业及服务业就业人口游离于就业统计口径之外。广东移动大数据应用创新中心发布的《基于移动大数据的深圳市人口统计研究报告》显示，2017年9—11月，深圳月工作人口平均为1545.7万人，意味着有600万左右的劳动力人口并没有纳入全社会就业口径。据估计(图2-8)，2018年北上广深实际的常住人口分别为2673万人、2482万人、2132万人和1985万人，对应的全社会就业人数分别为1765.25万人、1808.56万人、1295.35万人和1348.74万人。即北京实际管理的常住人口最多，广州虽然常住人口数量高于深圳，但深圳由于劳动力占总人口的比重高于广州，因此深圳的全社会就业人口反而比广州多出 50 万人左右。

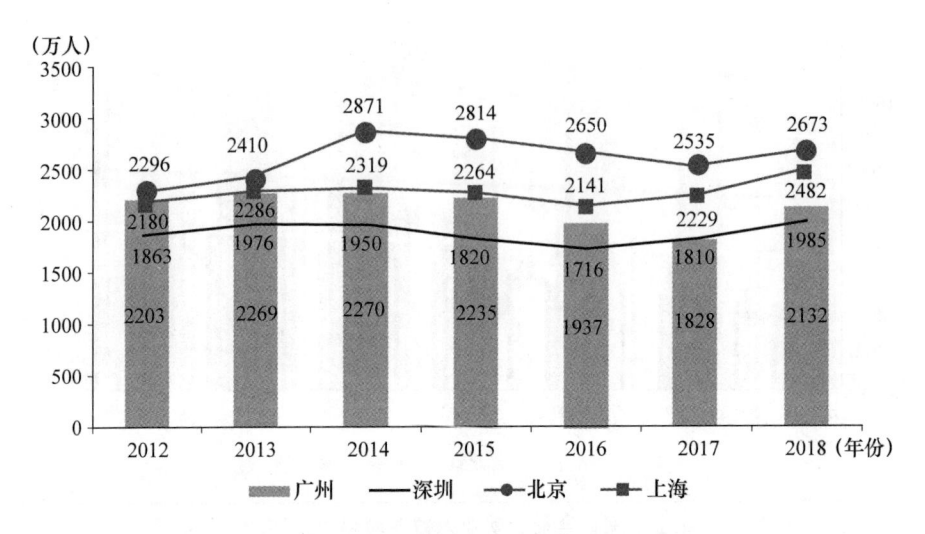

图 2-8 北上广深实有常住人口估计（2012—2018 年）

资料来源：国家社科规划人口流动大数据课题（广州市社科院承担，课题编号：15BRK037）。

2012 年以来，北上广深近年来实际的常住总人口大致都发生了相同的变化。2012—2015 年，广州实际管理的常住人口与上海不相上下，但随后两年因与专业市场相关的大量外来人口离开广州导致人口负增长，2018 年虽然有所恢复，但与上海已经有较大的差距。

在城市用地扩张和人口规模方面，广州不具有京沪的相对优势；天津受北京的制约明显，滨海和大片可开发用地是天津的主要优势，虽然近年天津对广州的挑战形势明显，但是天津超越广州依旧需要假以时日，且成功与否取决于京津一体化的程度和城市分工方式；重庆在经济总量上超过广州的难度较大，但中央对重庆的特殊政策不可小觑，重庆经济占西部地区的比例将会提高。其他新兴经济中心城市如苏州在水资源、可利用土地方面优势明显，经济总量对广州的挑战更大；深圳因在常住人口、可利用土地方面受限，对广州的经济总量挑战较小。

从上述比较与分析看，国内只有上海和北京具备与老牌国际经济中心城市竞争的实力。与其他国际经济中心城市相比，上海和北京在吸引外资方面走在所有城市的前列。在外商投资创造的就业项目总价值方面，北京和上海甚至超过了传统上占主体地位的世界城市。上海是中国内地的传统商业、金融和文化中心，对有望成为世界第一大经济体的中国具有"支点"意义。上海具备优越的条件来管理中国的国内资本市场：上海是吸引外商直接投资最多的城市，无论是新建项目的数量还是外商投资总额都雄踞榜首；此外，上海在信息和通信技术竞争力方面的排名也很靠前。北京和上海这两座势头强劲的城市拥有不断发展的商业结构，加上中国这个新兴市场的潜力，对投资者具有很大的吸引力，尤其是跨国公司。北京的"世界500强总部数量"排名第三，仅次于东京和巴黎，同时，北京的工作年龄段人口比例是各大城市中最高的，这是一个城市具有巨大增长潜力的典型特点。北京正在全力打造国际商贸中心，吸引和鼓励跨国公司地区总部入驻和发展，为实现世界城市战略目标而不懈努力。

第三章 综合城市功能比较与评价：知识创新与先进产业

党的十九大报告指出，创新是引领发展的第一动力，是建设现代化经济体系的战略支撑。广州拥有国家级新区、自贸试验区和国家自主创新示范区，具有丰富的基础科研创新资源，科技创新后发优势十足，正着力建设国际科技创新枢纽和广深科技创新走廊，科技创新能力正在快速提升，高新技术企业呈现爆发式增长。同时，广州正加快推动 IAB、NEM 产业发展，加快布局建设一批价值创新园区，建成后也将有力支撑创新型产业集聚发展迈上新台阶。因此，着眼未来将广州定位为"国际科技创新中心"，既是全球和国家发展趋势使然，也有扎实的现实基础。本章所指的知识创新是面向应用型创新，即创新的目的是增强产品和服务的制造能力，而先进制造则是这种应用型创新的直接体现。值得注意的是，虽然有些城市理论性原创成果并不多，但其在制造阶段对这些资源的整合和组织能力特别强，表现在强大的创新产品整合制造能力。

一 知识创新

（一）十年前的广州基础科研力量

2008 年，广州年专利授权量只有上海的 1/3，也不到北京的一半。广州的本科院校数在国内排名第三，但名牌大学的影响力不及天津。独立科研机构和从事科技活动的人员数量也落后于天津,广州的科技人员不到北京的 1/3。广州 R&D 支出只占 GDP 的 1.87%,落后于天津的 2.3%,由于经济总量大于天津,因此广州 R&D 支出总量比天津具有微弱的优势。广州的两院院士数量远远落后于北京和上海(表 3-1)。

表 3-1   知识创新中心功能比较

三级指标	单位	年份	北京	上海	广州	天津	重庆
专利授权量	件	2008	17747	24468	8079	7216	4820
本科院校数	个	2008	88	66	64	46	38
独立科研机构数	个	2008	266	252	160	179	27
科技活动人员数	万人	2008	45	23.08	14.75	21.31	9.007
R&D 支出	亿元	2008	619.4	362.3	153.6	146.2	60.9
拥有两院院士数	位	2008	672	171	29	23	7

注:原始数据来源于这些城市的年度统计公报、统计网站;百分比数据来源于笔者的计算。

(二)全国城市高水平大学数量

高水平大学作为人才强国战略的重要载体,是城市科技创新、文化创新、实现经济可持续发展的根本保障。高校培育出的人才是提升城市竞争力的活力源泉,高校科技基础和创新是推动城市经济发展的不竭动力。东部地区的上海、南京以及正大力发展高等教育的杭州,这些城市综合竞争力比较强,其人才资源竞争力、资本竞争力和科技竞争力以及区位竞争力在东部城市中具有优势。武汉、合肥在中部地区综合竞争力较强,其人力资源竞争力、综合区位优势较明显。西安、成都随着西部大开发战略的实施,其综合竞争力提升很快,尤其是人才竞争力、科技竞争力较强,区位竞争力在西部地区处于优势地位。而广州综合得分仅排在全国第 6 位,全国一流大学数量与郑州、杭州、天津等城市相同(图 3-1)。

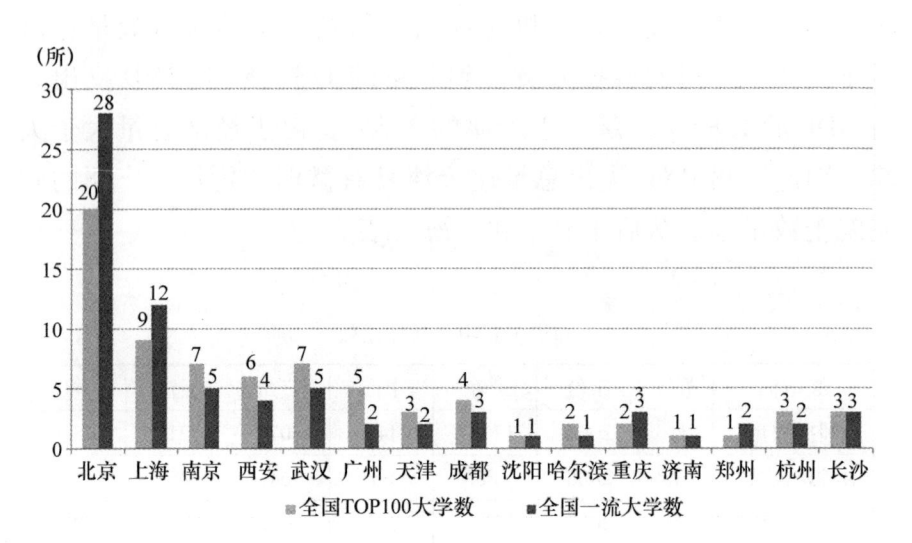

图 3-1 国内大城市高水平大学数量（2018 年）

随着国家经济战略和教育发展战略的实施，国家更加重视对高等教育的投入和扶持，不断探索高等教育发展中的人力资本要素对城市经济发展的贡献，力图通过扩大高等教育规模来实现高校教学功能、科研功能、经济功能对城市经济的促进作用，发挥教育外部性规律推动高等教育与城市经济的发展。进入 21 世纪后，全球很多学者将经济增长的决定性因素内化为技术进步，即技术、人力资本的溢出效应，提出高等教育要通过建立产学研一体化的机制，在科学技术创新层面上为城市竞争力提供内生发展动力。可以肯定，哪座城市今后在高等教育方面取得优势，这座城市一定会在综合城市功能上有大的提升。

（三）城市创新竞争力

界面联合亿安保险经纪共同发布 2018 中国城市创新竞争力排行榜。他们使用创新的投入（R&D 经费投入强度）；创新的成果，即专利（包括年度申请量、授权量，及 PCT 等）；以及创新的主体（高新企业累计量和年度增量）三个维度来综合衡量一个城市的创新竞争力。候选城市包含中国内地所有地级以上城市。通过以上三个维度的加权计算，进而编制城市排名。榜单数据主要源自国家知识产权局、各地知识产权局及科技局、各城市国民经济和社会发展统计公报等。结果显示，北京排名第一，深圳第二，上海第三，广州、苏州紧随其后（表3-2）。综合来看，经济大省广东、江苏、浙江入选城市较多，九个综合城市北京、上海、广州、西安、成都、天津、武汉、重庆、郑州入选榜单。

表3-2　界面中国城市创新竞争力排名（2018年）

排名	城市	专利—综合 分值	专利—综合 排名	P&D投入强度 分值	P&D投入强度 排名	高新技术企业 分值	高新技术企业 排名
1	北京	0.9811	2	1.0000	1	1.0000	1
2	深圳	1.0000	1	0.6037	3	0.5381	2
3	上海	0.5690	3	0.5154	4	0.3534	4
4	广州	0.4598	4	0.1923	18	0.4302	3
5	苏州	0.4020	5	0.2731	11	0.1845	5
6	西安	0.1647	14	0.7783	2	0.0478	17
7	东莞	0.2796	7	0.2175	16	0.1793	6
8	杭州	0.2500	9	0.3564	6	0.0950	10
9	成都	0.3258	6	0.1428	21	0.0749	11
10	天津	0.2585	8	0.1839	19	0.1699	7
11	南京	0.1984	11	0.3437	8	0.0441	18
12	佛山	0.2068	10	0.2428	14	0.1018	8
13	武汉	0.1085	16	0.3690	5	0.0957	9
14	宁波	0.1768	12	0.1544	20	0.0731	12
15	合肥	0.0925	18	0.3564	6	0.0402	19
16	无锡	0.1127	15	0.2832	10	0.0513	16
17	青岛	0.0989	17	0.2705	12	0.0643	14
18	重庆	0.1735	13	0.0131	24	0.0674	13
19	绍兴	0.0829	20	0.2175	16	0.0097	21
20	南通	0.0689	22	0.2402	15	0.0091	22

续表

排名	城市	专利—综合		P&D 投入强度		高新技术企业	
		分值	排名	分值	排名	分值	排名
21	中山	0.0709	21	0.1404	22	0.0561	15
22	嘉兴	0.0027	24	0.3185	9	0.0062	25
23	温州	0.0924	19	0.0496	23	0.0081	23
24	常州	0.0000	25	0.2655	13	0.0194	20
25	郑州	0.0614	23	0.0000	25	0.0075	24

资料来源：新浪财经，http://finance.sina.com.cn/roll/2018-12-05/doc-ihprknvt1227778.shtml。

从城市专利授权量来看，北深上广占据前四名，专利授权量分别为107000件、94300件、70464件、60201件，分别占全国专利授权总量的6.22%、5.48%、4.09%、3.05%。

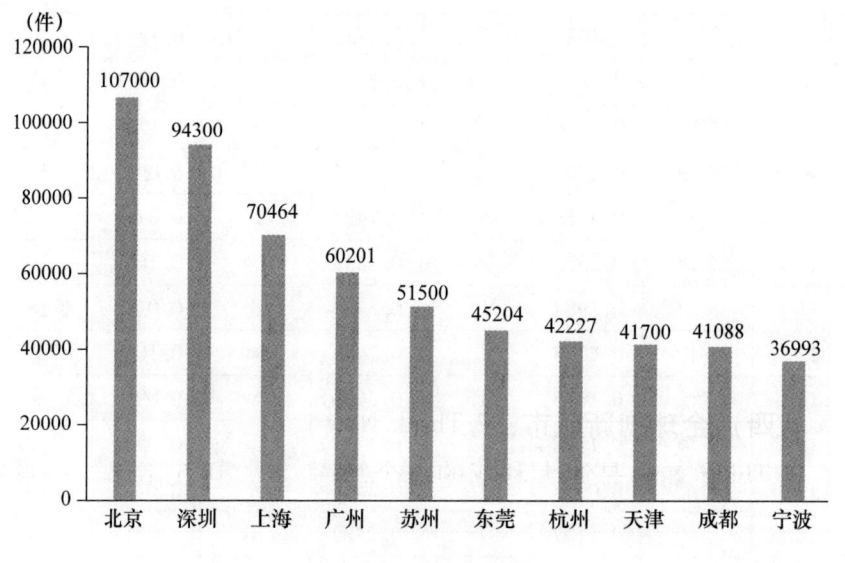

图3-2 国内城市专利授权量（2017年）

研发经费投入强度指的是研发投入与各地区生产总值的比值，是衡量各地创新竞争力的重要指标之一。北京作为首都，拥有着最优秀的人才和科研资源，在科技投入的强度上也排名第一。千年古都西安实力不容小觑，R&D 经费投入强度为 4.82%，比全省 R&D 经费投入强度高 2.71%，比全国 R&D 经费投入强度高 2.69 个百分点。武汉、杭州研发经费投入强度分别为 3.20%、3.16%，分别比全国 R&D 经费投入强度高 1.07%、1.03%（表 3-3）。2017 年广州研发投入强度只有 2.5%，没能进入榜单；规模以上研发机构占 45%。

表 3-3　　　国内城市研发投入强度排名（2017 年）

排名	城市	2017 年 R&D 经费投入（亿元）	2017 年 GDP（亿元）	R&D 经费投入强度（%）
1	北京	1595	28000	5.70
2	西安	360	7470	4.82
3	深圳	927	22438	4.13
4	上海	1139	30134	3.78
5	武汉	429	13410	3.20
6	杭州	397	12556	3.16
7	合肥	227	7213	3.15
8	南京	363	11715	3.10
9	嘉兴	131	4355	3.00
10	无锡	301	10512	2.86

（四）全球创新城市：2 Think Now

2 Think Now 是澳大利亚的一个智库，从 2006 年起，一直致力于做创新型城市评价研究。在其 2015 年世界创新型城市 TOP10 排行榜中，欧洲占据 4 席，伦敦名列第一；美国占 3 席，旧金山—圣约瑟位列第二；亚洲占 3 席，首尔、新加坡和东京上榜。中国城市中，上海名列第 20，北京名列第 40，广州全球排名第 193，位列深圳、南京、苏州、成都之后，国内排名第

7。香港得分与上海相同，位居全球创新城市顶端（第22名），同为全球综合与关键创新城市；台北居全球第52名，属于全球创新城市第二层次，与深圳、南京一样为全球创新枢纽城市（表3-4）。

表3-4 国内大城市在全球创新城市（2015）中的位置

全球排名 Rank	城市 City	创新城市分类 Class	创新城市指数 Score
20	上海 Shanghai	全球综合与关键创新城市（1 NEXUS）	53
22	香港 Hong Kong	全球综合与关键创新城市（1 NEXUS）	53
40	北京 Beijing	全球综合与关键创新城市（1 NEXUS）	50
52	台北 Taipei	全球创新枢纽城市（2 HUB）	49
75	深圳 Shenzhen	全球创新枢纽城市（2 HUB）	47
121	南京 Nanjing	全球创新枢纽城市（2 HUB）	45
184	苏州 Suzhou	全球创新节点城市（3 NODE）	43
192	成都 Chengdu	全球创新节点城市（3 NODE）	43
193	广州 Guangzhou	全球创新节点城市（3 NODE）	43
211	长春 Changchun	全球创新节点城市（3 NODE）	43
216	杭州 Hangzhou	全球创新节点城市（3 NODE）	43
238	天津 Tianjin	全球创新节点城市（3 NODE）	42
240	大连 Dalian	全球创新节点城市（3 NODE）	42
251	澳门 Macau	全球创新节点城市（3 NODE）	42
265	东莞 Dongguan	全球创新节点城市（3 NODE）	41
270	西安 Xi'an	全球创新节点城市（3 NODE）	41
286	重庆 Chongqing	全球创新节点城市（3 NODE）	40
290	厦门 Xiamen	全球创新节点城市（3 NODE）	40
293	武汉 Wuhan	全球创新节点城市（3 NODE）	40

资料来源：http://www.innovation-cities.com/innovation-cities-index-2015-global/9609.

2 Think Now 创新城市评价指标体系分为四层：3 个因素，31 个门类，162 个指标，1200 个数据点。他们认为，影响创新过程的三大因素是：文化资产，即创意的源头（如设计师、美术馆、体育运动、博物馆、舞蹈、大自然，等等）；实施创新所需的软硬件基础设施（如交通、大学、企业、风险投资、办公空间、政府、技术，等等）；发生网络联系的市场，这是创新所需要的基础条件和关联（如区位、军事国防力量、相关实体的经济状况，等等）。与国内创新城市评价指标相比，2 Think Now 十分注重人文、文化类指标，而国内的评价指标体系过分偏重于科技类硬指标，缺乏相应的城市软实力指标。

（五）全球创新集群城市：GII 2018

近十年来，全球范围内的科技创新已呈现去中心化趋势，"机会窗口"已经打开，一些城市通过市场竞争，成功崛起成为科技创新聚落，对区域的影响力与日俱增。在此背景下，不少国家和地区争先谋划打造自己的科技中心，期望在新的竞争中占据优势。

自 20 世纪 80 年代起，不少国际研究机构已开始对各个国家科技创新能力进行评估，其中，欧洲工商管理学院（INSEAD）和世界知识产权组织联合多家权威机构发布的《全球创新指数》(*The Global Innovation Index*) 报告（简称 GII）受到全球领导者和国家政策制定者的广泛认可。从 2007 年起至今，该报告已发布了 11 版，被推崇为深入了解国家的创新能力的有效工具。

2018 年 7 月发布的《2018 年全球创新指数报告》，为全世界 126 个国家和经济体的创新表现提供了详细的衡量指标。报告显示，中国的全球排名从 2017 年的第 22 位上升到 2018 年的第 17 位，是唯一进入全球创新指数前 20 名的中等收入国家，并且首次跃进领袖型创新国家行列。这表明，我国已提前两年完成了 2020 年成为全球创新型国家的预定目标。

GII 报告（2018）还对 28 个经济体中的热点"创新集群"进行排名，并列出得分最高的前 100 名，其中中国大陆、香港及台湾共占据 18 席。深圳—香港延续 2017 年的表现，高居全球第二，仅次于东京—横滨；同时，南京、广州和杭州跃居全球前 50 名。值得一提的是，相比 2017 年发布的第一版"创新集群"百强榜，本次名单中新增 11 个大中华区城市，包括中国台湾的两个集群（台北、台南—高雄）、长江经济带的三座省会（武汉、长沙、合肥）、西部地区的两座综合城市（成都、西安）、环渤海地区的两大重镇（天津、济南）以及东北地区的两座副省级城市（哈尔滨、长春）（表 3-5）。具体排名显示出中西部城市在全球创新版图中呈现加速崛起的趋势——仅一年时间，武汉、西安、成都、长沙纷纷上榜，说明中西部中心城市已被认可为全球创新网络中不可或缺的区域节点。

与 2017 年的国内城市排名相比，北京上升了 2 位，上海上升了 7 位，广州上升了 31 位，杭州上升了 44 位，南京上升了 67 位（表 3-5、表 3-6）。广州的专利申请量少于杭州，在科学出版物方面则落后南京。武汉、西安、成都等西部省会城市首次上榜即取得较好的位置，长沙和合肥等拥有雄厚科研实力的城市也具有强大的创新竞争力。

表 3-5　　　　**全球科技聚落中国城市排名（GII 2018）**

国内排名	全球排名	集群名称	经济体	专利数量	在国际专利申请总量中的份额（%）	出版物总量	在科学出版物总量中的份额（%）	共计（%）
1	2	深圳—香港	中国/香港	48084	5.05	40920	0.51	5.56
2	5	北京	中国大陆	18041	1.9	197175	2.46	4.36
3	12	上海	中国大陆	7718	0.81	102132	1.27	2.08
4	27	南京	中国大陆	1246	0.13	64856	0.81	0.94
5	32	广州	中国大陆	2330	0.24	51013	0.64	0.88
6	40	台北*	中国台湾	1530	0.16	50002	0.62	0.78

续表

国内排名	全球排名	集群名称	经济体	专利数量	在国际专利申请总量中的份额（%）	出版物总量	在科学出版物总量中的份额（%）	共计（%）
7	41	杭州	中国大陆	2482	0.26	39968	0.5	0.76
8	43	武汉*	中国大陆	967	0.1	47857	0.6	0.7
9	52	西安*	中国大陆	691	0.07	43830	0.55	0.62
10	54	成都*	中国大陆	1146	0.12	36362	0.45	0.57
11	67	天津	中国大陆	705	0.07	32261	0.4	0.47
12	68	长沙*	中国大陆	1089	0.11	28351	0.35	0.46
13	87	台南—高雄*	中国台湾	331	0.03	25168	0.31	0.34
14	93	哈尔滨*	中国大陆	148	0.02	25081	0.31	0.33
15	95	长春*	中国大陆	173	0.02	24591	0.31	0.33
16	97	合肥*	中国大陆	307	0.03	23130	0.29	0.32
17	99	济南	中国大陆	420	0.04	22101	0.28	0.32
18	100	苏州	中国大陆	1661	0.17	11638	0.15	0.32

资料来源：《2018年全球创新指数》报告。*为首次上榜城市。

2017年全球创新指数报告（GII）显示，中国的创新指数排名从2016年的第25位上升至第22位，仍是进入第一集团（前25名）中唯一的中等收入国家。GII评选出的全球最重要的25个科创聚落中（表3-6），绝大部分来自超级城市经济体，广州排名全球第63位，落后于深圳、北京、上海。GII的数据显示，深港地区2016年的PCT国际专利申请量达到41218件，超过硅谷的34324件，这首先要归功于深圳的两大通信企业——华为与中兴，中兴的份额最大，这一个企业的申请量就占据了深圳全市的32.4%。长期以来，深圳一个城市的PCT国际专利占据全国一半的份额，在一定程度上可以说明，深圳是中国唯一一个具备国际产业竞争力的城市。2015年，深圳市PCT国际专利申请受理量达13308件，相当于北京的3倍、上海的10倍，占全国总量的46.86%（不含国外企业和个人在中国的申请），连续12年居全国大中城市首位。广州建设全球科技创新枢纽，培育和吸引超级科创企业进驻是根本。

表3-6 全球科技聚落PCT国际专利申请数量（GII 2017）

排名	科技聚落	PCT国际专利申请数量	份额最大的企业
1	东京—横滨（日本）	94079	三菱电机
2	深圳—香港（中国）	41218	中兴
3	圣何塞—旧金山（美国）	34324	谷歌
4	首尔（韩国）	34187	LG
5	大阪—神户—京都（日本）	23512	村田机械
6	圣迭戈（美国）	16908	高通
7	北京（中国）	15185	京东方
8	波士顿—剑桥（美国）	13819	麻省理工学院
9	名古屋（日本）	13515	丰田
10	巴黎（法国）	13461	欧莱雅
11	纽约（美国）	12215	IBM
12	法兰克福—曼海姆（德国）	11813	
13	休斯敦（美国）	9825	
14	斯图加特（德国）	9528	
15	西雅图（美国）	8396	
16	科隆—杜塞尔多夫（德国）	7957	
17	芝加哥（美国）	7789	
18	艾恩德霍芬（荷兰）	7222	
19	上海（中国）	6639	阿尔卡特朗讯
20	慕尼黑（德国）	6578	
21	伦敦（英国）	6548	
22	特拉维夫（以色列）	5659	
23	大田（韩国）	5507	
24	斯德哥尔摩（瑞典）	5211	
25	洛杉矶（美国）	5027	
...			

续表

排名	科技聚落	PCT国际专利申请数量	份额最大的企业
63	广州（中国）	1670	华南理工大学
85	杭州（中国）	1213	阿里巴巴
94	南京（中国）	1030	东南大学
100	苏州（中国）	956	科沃斯机器人

（六）科研投入强度

国际上通常用研发强度（研发投入占GDP比重）来衡量一个经济体的创新指数。从研发投入占GDP的比重来看，公开资料显示，全球这一比例最高的经济体分别是以色列（4.4%）、芬兰（3.9%）、韩国（3.7%）、瑞典（3.4%）、日本（3.3%）、美国（2.8%）、德国（2.8%）等国家，这些国家全部以高新技术产业闻名世界。2016年我国研发经费投入强度达到2.11%，比上年提高0.05个百分点。近年来我国研发经费投入强度一直呈稳定上升趋势，投入强度接近发达国家水平。从各省份看，我国的研发强度也呈现出明显的"东高西低"的地区特征，由东到西呈现明显的阶梯分布。2016年，研究与试验发展（R&D）经费投入强度（与地区生产总值之比）超过全国平均水平的省（市）有8个，分别为北京、上海、天津、江苏、广东、浙江、山东和陕西。其中，北京达到了5.96%，高居榜首，上海以3.82%紧随其后，天津达到了3.00%，作为城市经济体，这三个城市已经可以媲美发达国家水平。此外江苏和广东也都超过了2.5%。

就城市层面而言，广州GDP排在全国第四位，城市研发投入经费落后于天津排全国万亿级第五，但研发投入占城市GDP比重只有2.30%（2016年）排在第14位，远远落后于北上深及武汉、杭州、南京等省会城市（表3-7）。从高新技术产业发达的国家来比较，广州作为国内一线城市，至少要保持研发投入占2.8%的水平，而如果要引领科技创新，则应保持在

3.0%—4.0%的水平，因此广州未来研发投入应有较大提升。2012年以来，广州的研发投入强度逐年提升，2017年为2.5%，但广州研发投入强度在珠三角城市群中已退居第四位，低于全省平均水平的2.65%；在全国来看属于第三梯队：明显低于北上深三个超大城市，与天津、杭州、苏州等经济体量略小的城市也有显著差距。

表3-7　　　　　　　国内经济强市研发投入比较

城市	2016年R&D经费（亿元）	占城市GDP比重（%）	城市GDP排名	R&D经费排名	R&D经费投入强度排名	2017年R&D经费（亿元）
北京	1485	5.96	2	1	1	1580
深圳	800	4.10	3	3	2	927
上海	1049	3.82	1	2	3	1205
武汉	370	3.10	9	7	4	—
杭州	343	3.10	10	8	5	397
南京	320	3.05	11	9	6	363
天津	537	3.00	6	4	7	459
长沙	270	2.90	14	11	8	—
青岛	264	2.84	12	12	9	286
无锡	260	2.82	13	13	10	301
苏州	416	2.70	7	6	11	484
佛山	224	2.60	17	15	12	—
宁波	214	2.50	15	16	13	—
广州	451	2.30	4	5	14	537
成都	258	2.12	8	14	15	320
郑州	142	1.78	16	17	16	—
重庆	302	1.72	5	10	17	365

针对广州研发投入强度落后的情况，《广州市科技创新第十三个五年规划（2016—2020年）》显示，至2020年，广州将建

成具有国际影响力的国家创新中心城市，研发投入将占 GDP 的 3% 以上，全社会的 R&D 支出将达 840 亿元，高级职称专业技术人才总量达到 20 万人。笔者认为，从高级职称专业技术人才数量及人员工资来衡量，广州实际的研发投入在 800 亿元以上，占城市 GDP 比重已经达到 3.5% 左右，与深圳、西安处在同一水平，但低于北京、上海、武汉和南京。

二　先进制造业

（一）制造业是城市功能的根本

发达的产业体系，永远是城市发展的根本动力。制造业是超大城市功能的重要载体，是提升综合城市全球竞争力、影响力和资源配置能力的首要条件。迈入 2 万亿元之后的东京工业向着更高层次演变，主要由劳动密集型、原材料能源消费型向大都市型和加工组装型转变，轻重工业的内部升级特征明显。经济平稳增长时期（1974—1991 年），东京工业表现出集约化程度不断增强的特点。轻工业中，具备耗能小、产品附加值高等特点的印刷及相关工业发展迅速，占据轻工业产值的份额由 47.14% 增长至 65.38%。重工业则进一步向技术密集、附加值高的加工组装型产业迈进。经济缓慢增长时期（1992—2015 年），东京工业表现出典型的后工业化时代特点。工业知识、技术密集化特征显著，结构相对稳定，轻重工业比例和谐，各自的内部主导产业基本不变。东京产业的演化表现出适应经济发展规律的特点，产业体系由少至全，产业结构由低至高，产业竞争力由弱变强。

进入 20 世纪 70 年代末期到 80 年代中期，劳动力短缺、国际贸易保护主义抬头，以及劳动力充裕的发展中国家的竞争压力等因素日益困扰新加坡的经济发展，为此，新加坡政府在 1979 年提出推行"第二次工业革命"，亦称"经济重组政策"，对国民经济进行重大调整，开始大力发展资本与技术密集型工业，逐步淘汰劳动密集型工业，以促进社会生产力不断提高。80年代中期以后，新加坡优先发展服务业，使服务业在国内生产总值中的比重有所回升，这一时期，新加坡和香港一同成为亚太地区主要的贸易中心、航运中心、航空中心、金融中心以及旅游中心。制造业虽然在国内生产总值中的比重明显下降，但仍占24.3%，制造业规模依然是新加坡国民经济的重要基础。

目前，新加坡制造业占GDP比重依然维持在20%的水平，制造业的四大支柱产业石化、电子、机械制造、生物医药仍然有强大的全球竞争能力。新加坡是世界第三大炼油中心、石化中心和亚洲石油定价中心。在高端海洋装备制造方面，新加坡占据了全球钻井平台行业七成市场份额，与钻油船占世界主导地位的韩国共同霸占了海上钻油业。在宇航工业领域，新科宇航公司在新加坡和苏州生产航空发动机叶片、机身、起落架等部件，并且是全球最大的飞机维修企业。在电子工业领域，新加坡是仅次于中国台湾新竹的世界第二大半导体生产中心，以国家计则为全球第六大，新加坡特许半导体是全球第三大半导体公司。硬盘全球产量曾为世界的1/3。电子业产值占制造业产值的26%，伟创力是以新加坡为全球总部的世界500强，与富士康平起平坐。

上海一直是我国的最大经济中心城市，但是在整个20世纪80年代，上海因为一直保持以传统制造业为主的产业结构，因此，在全国的经济地位有所下降，城市的辐射带动功能也有所下降。自20世纪90年代开始，上海大力发展高端制造业、高新技术产业，特别是大力发展金融、商贸、航运等现代服务业，上海的全国经济龙头地位重新确立。广州是一个综合性的大都市，不可能走专业化的城市发展的道路。例如，广州的汽车产业已成规模，但广州不可能成为汽车城。城市发展的历史证明，城市产业过于专业化，虽然可以带来一个时期的高效率，但一旦产业进入衰退期，可能带来整个城市的衰落。虽然广州应该走建设综合型城市产业体系的道路，但广州应强化先进制造业的根基。

广州作为综合城市，其产业选择自然要面向国内市场需求，特别要面向作为直接腹地的珠三角地区，甚至泛珠三角区域的需求，这样才能体现综合城市的辐射带动功能。迈入2万亿元GDP之后，广州本身的制造业也需要完善和升级，需要布局一些能体现综合城市辐射带动功能的高端制造业，如重大装备制造业、高新技术产业等。现有的制造业也需要往产业链的高端延伸。长期来看，虽然广州的产业体系建设要以发展金融、商贸等现代服务业为主导，但同时不能忽视制造业，特别是高端制造业的发展。

（二）制造业是城市创新功能的主体

国内外研究显示，制造业贡献了98%的创新专利。专利申请是体现企业竞争能力与发展水平的重要指标，是企业资源的利用效率、结构配置、协调状况的集中展示。在各项专利中，PCT国际专利申请是检验企业自主创新和全球竞争能力的一把标尺。目前我国PCT国际专利申请持续快速增长趋势，而深圳的PCT国际专利申请占据了国内的"半壁江山"，其中，企业成为PCT国际专利申请的主体。

2017年年底，在全球GDP超3000亿美元的超大城市经济体中，亚洲城市制造业占GDP比重最大，中国、韩国、日本占比递减。新加坡和首尔虽然经济规模不同，二者同为亚洲四小龙，其制造业占GDP比重基本相等，但首尔的人均GDP约为新加坡的70%，表明其经济发展水平相对弱于新加坡。东京作为全球经济规模最大的城市经济体，虽然制造业占GDP比重只有14%，但其制造业规模高达2263.51亿美元，居全球超大城市经济体第一位。上海制造业规模超越首尔成为全球第二大制造业中心城市。首尔、天津、深圳、大阪等城市制造业规模都超过广州，广州制造业占 GDP 比重低于天津、深圳、上海等超大城市。

制造业是生产性服务业迅速发展的根本推动力量。得益于总部的集聚和生产性服务业的发展，房地产业稳步发展，产值比重逐年上升，2005 年包括生产性服务业在内的其他服务业，已成为东京最大的产业部门，其产值占 GDP 的比重达到 86.5%。得益于领先于世界平均水平的制造业，东京生产性服务业才有可能发展壮大并具备全球辐射力，"境外经济日本"才有可能形成。日本国际协力银行发布的日本制造业海外业务调查报告显示，2015 年度（2015 年 4 月至 2016 年 3 月）日本制造业海外生产比例达 35.6%，到 2019 年这一比例将达到 38.5%。数据显示，日本汽车业的海外制造比率最高，达到 46.8%；机电业海外制造比率为 45.4%；化工行业海外生产比率为 30%；一般机械比率为 27.4%。

东京的制造业产值占日本全国的不到 10%，但它却集中了日本全国 50% 以上的航空发动机、出版、铅笔、测量器具、制版和图片制版等高端制造行业的产值。东京的制造业都有一个共同的特点，即技术含量比较高，占地、耗能、用水都比较少，但集聚效应很明显，是典型的城市型产业。有些行业，如印刷出版、新闻发行、食品和皮革等甚至可以集中在楼宇里进行生产。

上海迈入 2 万亿元之后制造业的大动向值得广州参考。《上海市制造业转型升级"十三五"规划》提出：上海"十三五"期间综合竞争力迈入世界先进水平行列，成为具有高附加值、高技术含量、高全要素生产率的国际高端智造中心之一。对准规划提出的新一代信息技术、智能制造装备、生物医药与高端医疗器械、高端能源装备、节能环保等九大战略性新兴产业，将不断提高有效和高端供给能力。"十三五"规划目标是上海制造业增加值将占全市生产总值比重力争保持在25%左右,先进制造、高端智造将成为上海未来产业的主攻方向。

(三) 都市型工业是超大城市制造业的新形态

都市型工业是工业化与城市化互动的结果,是城市发展到一定阶段的必然选择。从纽约、东京、巴黎、中国香港等国际大城市的发展经验看,都市型工业具有重要地位和作用。对广州而言,依托良好的基础优势,面向粤港澳大湾区7000万人口的大都市区,对于提升城市功能的"能性""能级"和"能位",突破发展瓶颈,开拓发展空间,具有重大的战略意义。

纽约是美国的经济中心,该市的都市型工业经历了较长时期的发展,已经具备了相当的规模,是纽约制造业的主体。服装业、出版业、食品制造业是纽约都市型工业的龙头,在该市工业发展中起着突出的作用,其他如化妆品制造业、玩具制造业等也是纽约都市型工业的重要部门。都市型工业处于高端环节,以服装业为例,纽约作为世界四大时装之都之一,时装设计非常发达。针对高附加值、个性化、时尚化的时装消费,整个纽约有近8000人在从事设计、模特、摄像和广告宣传工作。仅在曼哈顿区就有超过5100个服装设计工作室和8个服装专业学校,其中服装技术学院(FTI)在校生达12000人,是世界最大的服装专业学校。都市型工业吸纳了相当比例的就业人数。

"二战"以来,东京的工业发展经历了以机械、钢铁、化工为主的重工业阶段,食品、纺织、印刷、金属和钢铁等多部门共同发展阶段和以电气机械、出版印刷、食品和化工为主的制造业三个发展阶段。在整个发展历程中,以集聚为特征的出版印刷等都市型产业逐渐成为东京第二产业的支柱。在制造业向都市型工业集聚的过程中,东京也出现了类似于纽约的现象,都市型工业向中心区集聚。在东京被称为"都心三区"的千代田、中央区、港区三个区,聚集了3005家出版印刷工厂,其工厂数、就业人数、产值和附加价值分别占全东京的21.74%、36.76%、41.87%和47.32%，占都心三区制造业的相关比重分别高达75.07%、86.91%、92.88%和94.58%。

从全球超大城市经验来看，大城市制造业的衰落似乎是一种必然，但制造业并不会完全萎缩，而是以生产型服务业和都市型工业的形式存在下来，并出现自身不断集聚和向城市中心区集聚的趋势。其中，生产型服务业源于具有强大竞争能力的制造业服务化（外部需求），而都市型工业源于城市的内部需求。由于服装、印刷出版、食品饮料等一批现代都市型工业的兴起和发展，都市型工业已经成为国际大都市经济中不可或缺的组成部分，在解决城市就业问题上发挥了积极作用。

（四）出口总额

在全球化时代，出口规模与城市综合功能有很大的关系。出口规模越大，表明城市对外辐射能力越强，即相应城市功能也越强。就出口总值而言，2018年深圳雄踞全国第一，其出口值约为广州的3倍，占全国出口总值的9.91%。其次是上海和苏州，广州在课题组比较的城市中排第四。[①] 深圳和苏州出口值占城市GDP的2/3，而广州出口约为城市GDP的1/4，低于西部地区的成都和东部城市南京，也低于同一区域的佛山（表3-8）。东北的衰落与出口占全国比重的下降有很大的关系。广州出口地位在全国的变动与广交会成交额有很大的关系。随着深圳高交会和义乌小商品交易会的强劲发展，广交会和广州的出口功能逐步下降。例如，2000年广交会成交额占全国出口总额比重高达11.48%，而2009年下降到只占当年全国货物出口总额的4.72%，2018年为3%左右。尽管如此，广交会仍是中国的供应商和采购商联系的重要桥梁，是拓展国际市场、建立贸

---

① 东莞2018年出口值为7955.80亿元，但没有进入比较排名。

易关系的重要渠道,它为我国的外贸发展赢得了广阔的国际市场和发展空间,对我国出口贸易的可持续发展具有重要意义。

表3-8　　　　国内大城市出口总额及排名情况(2018年)

城市(区域)	GDP(亿元)	GDP排名	出口额(亿元)	出口占GDP比重(%)	出口排名	占全国出口比重(%)
全国	900309	—	164177	18.24	—	100
深圳	24222	3	16270	67.17	1	9.910
上海	32680	1	13667	41.82	2	8.324
苏州	20363	5	13657	67.07	3	8.318
广州	22859	4	5608	24.53	5	3.416
宁波	12002	12	5551	46.25	6	3.381
北京	30320	2	4879	16.09	7	2.972
无锡	13509	10	3744	27.71	8	2.280
佛山	12820	11	3527	27.51	10	2.149
杭州	15343	8	3417	22.27	11	2.081
重庆	18597	7	3395	18.26	12	2.068
天津	18810	6	3208	17.06	14	1.954
青岛	14847	9	3167	21.33	15	1.929
成都	11003	14	2747	24.96	16	1.673
南京	9936	17	2501	25.17	19	1.523
大连	10746	15	1917	17.84	—	1.168
武汉	11439	13	1273	11.13	—	0.775
沈阳	10143	16	342	3.37	—	0.208

资料来源:百度贴吧,https://tieba.baidu.com/p/6067283183?red_tag=0526082900。

(五)工业增加值

城市对外输出工业产品是城市功能强弱的直接标志。2018年广州工业增加值为6015亿元,排名全国第六,落后于深圳、上海、苏州、天津和重庆。在万亿元级城市中，广州工业增加值占城市GDP比重仅高于首都北京，比以服务业闻名的杭州还低（表3-9）。虽然工业占比下降是国际大都市城市功能演化的必然，但无论是纽约还是东京，其城市功能由工业制造转向服务优先的前提是高度发展的工业。比如纽约在转向服务业之前曾经拥有数十家世界500强制造企业，而广州则是在工业未能高度发展时就快速转向服务业主导。

表3-9　　　　国内大城市工业增加值及排名（2018年）

城市	城市GDP（亿元）	工业GDP（亿元）	工业增加值占城市GDP比重（%）	工业增加值全国城市排名
上海	32680	9251	28.31	2
北京	30320	5310	17.51	9
深圳	24222	9266	38.25	1
广州	22859	6015	26.31	6
重庆	20363	8596	42.21	4
天津	18810	7590	40.35	5
苏州	18597	8659	46.56	3
成都	15343	5998	39.09	7
武汉	14847	5861	39.48	8
杭州	13509	4387	32.47	10

三　高端服务业

广州是千年商都，因商而生、因商而兴，商贸在一定程度上代表了广州的城市灵魂、性格，国内外对广州高度认同的仍是商都的地位。商贸业在现代经济体系中往往起着原动力作用，以商流为起点，可先后驱动物流、资金流、信息流、技术流，继而带动航运物流、金融、信息、制造等产业发展。未来，国际商贸中心可从传统的贸易中心逐步发展成为世界离岸贸易中心、全球贸易营运和控制中心。千年商都最能体现广州城市的核心特质,商贸产业是广州经济发展的最大优势,商贸功能是广州现代产业体系建设的核心引擎,商贸控制是广州努力追求的目标,"国际商贸中心"是广州建设全球城市的必然选择。

(一) 商贸和旅游是广州重要的城市功能

从全球范围看,工业性城市向服务型大都市转换是世界的一般趋势,西方国家大约用了100年的时间完成了由工业性城市向服务型都市的转变,其中基于商贸流通业的高度发达,国际商贸或航运中心往往成为多数刚刚越过工业化阶段的新兴大都市的主体定位。在工业文明时期,工业的生产功能在城市占据主体地位,城市首先是工业中心,然后出于为工业生产服务的需要,商贸、金融、交通运输、文化娱乐等发展起来,并反过来促进了城市工业的规模扩张以及对周边地区的影响力,城市成为一定地区范围的商贸中心、金融中心、运输中心、消费中心、文化中心。

从国际经验看,一般是先有物资流,才会有资金流。无论是伦敦、纽约、东京,还是中国香港、新加坡这些国际金融中心城市,都是首先从商业中心、航运中心和基于巨量的国际贸易而转型发展起来的。通过大量的商流、物资流带动资金流,从而促进金融业发展和金融中心的崛起,是国际大都市产业及功能演进的一般规律。例如,新加坡就是利用其优越的港口条件,率先发展国际贸易和运输量大的石化工业,发展航运物流产业,最后才自然演变为国际金融中心城市。

商业和旅游的结合是国际商贸中心城市发展的必然。包括伦敦、巴黎都是如此,这些地区的旅游局时至今日仍将旅游购物作为城市消费的亮点。从伦敦和巴黎的情况来看,在游客旅行的过程中,它们可以保证旅行者在游览城市时至少有30%以上的时间在购物。广州接待入境旅游人数多于上海、北京，但以人天计算的接待人数远落后于沪京两地，该指标与伦敦、巴黎、东京等国际商贸大都市相比差距更大，表明广州商旅结合的潜力巨大。商文结合互动发展的空间广阔，商品文化、商业营销文化、商业伦理文化、商业环境文化的融汇发展，有助于形成特有的粤商文化。

（二）商旅文融合发展增强城市功能

当今国际大都市或国际"购物天堂"城市，都非常注重在当地商圈或商业街区中注入文化元素，打造旅游亮点，有机布置博物馆、艺术馆、娱乐场所、老字号、雕塑、建筑艺术、街头表演等设施及活动，从而使得商圈（街）不仅仅是城市的一个购物中心，更是一个吸引外地游客的游玩中心。例如，纽约第五大道被称为"博物馆大道"，游玩功能十分强大。巴黎香榭丽舍大道也是久负盛名，这里除了汇集众多世界知名品牌及商铺林立之外，在星型广场中央还拥有凯旋门以及附近的卢浮宫、协和广场、埃菲尔铁塔、杜乐丽花园等著名文化旅游景点。东京的银座商业区也是文化荟萃之地，除了以零售商业为主体之外，这里文化艺术类机构或旅游景点在总体业态构成中竟占到了30%以上。

当今世界，文商旅一体化趋势日益明显，而文化在商业发展上的体现就是特色商业——特色商街、特色店铺、特色商品以及"老字号"等，而这显然会成为旅游活动的重要吸引物之一。国际商贸中心城市一定是有一个或几个特色商业街区令人向往的，它既是商业的"名片"和"窗口"，又是游客满足需求、实现购娱餐目标的首选之地，每年吸引大量的游客来访。在这些城市里，举世闻名的特色商街和各种特色商店、餐饮店、剧场等，刺激顾客购买欲望，使顾客流连忘返。伦敦的牛津街、摄政街、邦德街、皮卡得利、西区、中国城等商业街区比邻，街区连接成片，每个街区各具特色，功能齐全，形成强大感召力和吸引力。东京银座既有百年以上的"三越""西武""松板屋"等大百货商店，又有为数众多的专门经营某些独特产品的"百年老店"。北京也有王府井、西单等商业中心以及三里屯、后海、红桥、秀水、潘家园等特色街区，但商业街区之间不连贯，商业中心之间和特色街内部店铺同质性强，顾客很难有连续逛下去的动力和精力，但北京数量众多并多次在影视作品中呈现的各种"老字号"成为外地游客的追逐之地。

商娱结合是超大城市"商旅文结合"的主要模式之一，这一模式正呈现出强劲的发展势头。其中，这方面最为突出的典范就是世界几个大都市出现的迪士尼现象。目前，世界上共有6个迪士尼，美国洛杉矶和奥兰多、日本东京、法国巴黎、中国香港和上海各有1家，其中有5个都建在国际商贸中心城市。东京迪斯尼乐园高峰期曾接待游客人数为1730万人次，香港迪士尼是规模最小的，每年接待游客也达到500万人次，上海争得世界第六个迪士尼，对其建设国际贸易中心城市也是非常有利的。世界主要商贸中心城市均不遗余力地引进与建设大型娱乐设施，发展娱乐街区，而这些娱乐街区中就蕴藏着大量的购物商机，是"商旅结合"的典型载体。纽约是世界上著名的娱乐城市，百老汇既是文化，也是娱乐。巴黎的康康舞给人带来巨大声色冲击，宏大的场面、豪华的布景、热火朝天的音乐、健美奔放的女郎、虽不够高雅却充满欢乐和活力；红磨坊、丽都、疯马和拉丁天堂等夜总会，足以让巴黎之夜不眠；塞纳河的游船，也给人带来美景、美食与美乐的享受。韩国首尔"乐天世界"做得也非常出色。

（三）促进外来旅游消费提升城市功能

随着资本、商品贸易、服务的国际流动，人流的全球化进程也在加速。日渐盛行的国际旅行带动了全球商务及关键产业如交通、零售、服务以及涵盖市场与广告的顾问服务业的发展。国际旅行对经济和商务的影响充分体现在旅行目的地城市中，如游客消费激活了当地的商务活动，从而推动了城市经济的发展。

在全球20大旅游目的地城市的国际游客消费排行榜中（表3-10），伦敦再次荣登榜首，纽约、巴黎紧随其后。2017年这三大目的地城市的游客预期跨境消费分别高达256亿美元、203亿美元和146亿美元。曼谷以144亿美元位列第四，紧随其后的是法兰克福——140亿美元。澳大利亚的悉尼位列第六，尽管在游客到访人数的排名中未能入围，在游客消费的排名中却一举跻身前十。换句话说，悉尼的国际游客数量并不是最多，游客的消费额却高居世界第六位。澳大利亚的另一座城市墨尔本，以75亿美元的预计消费排在第19位。尽管在游客数量排名上未能入围，但悉尼和墨尔本这两座澳洲城市魅力十足，让远道而来的游客肆意消费。

表3-10　　　　　**全球20大游客消费支出城市排名（2017年）**

排名	城市名称	外国游客消费支出额（亿美元）	排名	城市名称	外国游客消费支出额（亿美元）
1	伦敦	256	11	首尔	102
2	纽约	203	12	伊斯坦布尔	102
3	巴黎	146	13	阿姆斯特丹	99
4	曼谷	144	14	罗马	89
5	法兰克福	140	15	东京	87
6	悉尼	138	16	迈阿密	87
7	洛杉矶	125	17	台北	85
8	马德里	118	18	迪拜	78
9	新加坡	108	19	墨尔本	75
10	香港	104	20	巴塞罗那	75
	北京	50.3		上海	47.2
	广州	17.4		杭州	12.9

资料来源：王月魂（Yuwa Hedrick-Wong）：万事达卡全球目的地城市指数。王月魂博士，万事达卡国际组织全球经济顾问，现任加拿大温哥华市的不列颠哥伦比亚大学尚德商学院兼职教授。国内城市数据将港澳台旅客扣除后按同口径计算得到。

纽约是唯一一座在游客数量排位中跻身前二十的北美城市，另外2座美国城市——洛杉矶和迈阿密入围游客消费排行榜。总的来说，世界20大目的地城市中，有8座来自欧洲，6座来自亚洲，3座来自北美，2座来自澳大利亚，还有1座来自中东。新加坡、中国香港这两座亚洲主要目的地城市的预期涨幅分别为23.9%和23.6%。墨尔本的游客消费排名虽落后于悉尼，其增长率在全球排行榜中却位列第八，而悉尼则未进前十。尽管欧洲城市在游客消费排名中占绝对优势，其预期增长却大为逊色，仅伊斯坦布尔和巴塞罗那入围前十。

（四）高端服务业的城市功能测度

城市功能的发挥是通过产业活动体现出来的，通过产业分工和布局、产业链的延伸和产业之间的互补性交换对其辐射区域的经济社会发展发挥引领和控制作用。一个城市的产业结构水平是指其产业结构在一定区域范围的经济活动中具有的影响、带动和控制能力。产业结构水平的高低取决于产业的技术水平及其在产业链中的位置。一个城市的装备制造业发达，而周边很多城市则依靠这些装备发展工业制造业，显然前者的产业结构具有龙头带动能力和对区域经济的影响力，则产业结构的水平就更显高端。更进一步，如果这个城市的装备制造业在行业中的技术水平很高，具有难以复制的竞争优势，则拥有以装备制造业为主体的产业结构的这个城市通过提供发展制造业的装备服务就成为区域的中心城市。

文化创意产业也一样，在时尚、出版、建筑、广告、设计、电视、电影、音乐、表演艺术和古董买卖方面，伦敦都打下了维多利亚时代以来不曾具备的国际化优势。如伦敦是世界上第三大电影生产中心。广告业和设计业每年就可挣得至少20亿英镑的海外收入（上海文化发展基金会办公室课题组）。文化和金融的广域辐射支撑着伦敦在全球的卓著地位，成就了伦敦成为英国的经济和文化引擎,以及辐射全球的世界级金融中心。

高端化的产业结构在区域发展中具有更强的辐射力、控制力和带动力,产业结构调整升级有利于城市功能的提升。城市服务业直接表现为楼宇经济,而甲级写字楼往往聚集大量的高端服务业,本书以甲级写字楼年租金支出来衡量城市高端服务业功能的强弱。除香港外,服务业的甲级写字楼年租金支出很好地表明了城市服务功能强弱。如表3-11所示,北京的服务业支付甲级写字楼租金预计高达466.82亿元,居中国城市第1位,其次是上海居第2位。而位居第3位的深圳和第4位的广州仅超过百亿元大关。广州的服务功能约为上海的1/3,不及北京的1/4。如果仅从高端服务业租用甲级写字楼面积来看,广州甚至超过深圳。考虑到香港房价极高,因此其服务每年支付的租金偏高。

表3-11　　　　　高端服务业功能的租金测度

城市	甲级写字楼面积（万平方米）	利用率（%）	租金（元/平方米/月）	估计年租金支出（亿元）	空置率（%）
上海	1150	81.4	261.8	294.09	18.6
北京	1058	91.9	400.1	466.82	8.1
深圳	498.8	84.3	276.6	139.57	15.7
广州	485.9	94.4	194.1	106.84	5.6
重庆	191.7	65.0	92.3	13.80	35.0
天津	205.2	62.5	107.1	16.48	37.5
苏州	207.2	78.2	98.7	19.19	21.8
成都	228.6	79.2	113.3	24.62	20.8
武汉	214.9	72.8	123.3	23.15	27.2
杭州	291.1	88.2	148.8	45.85	11.8
南京	161	85.3	136.4	22.48	14.7
青岛	128.6	77.3	123.3	14.71	22.7

续表

城市	甲级写字楼面积（万平方米）	利用率（%）	租金（元/平方米/月）	估计年租金支出（亿元）	空置率（%）
无锡	68.7	66.4	77.9	4.26	33.6
长沙	179.1	54.6	110.1	12.92	45.4
宁波	—	—	—	—	—
郑州	316.9	77.0	89.5	26.21	23.0
佛山	169.4	63.1	65.8	8.44	36.9
香港	688.9	93.0	833.8	641.04	7.0
西安	240	71.5	93.5	19.25	28.5

资料来源：戴德梁行提供（2018年第四季度大中华区甲级写字楼面积及租金）。

截至2018年年末，中国主要城市的甲级写字楼存量大幅增加，在统计数据的24个城市中，存量超过1000万平方米的有两个城市，超过100万平方米的有20个城市。上海、北京的存量都超过了1000万平方米，远远超过了香港的688.9万平方米排在前二。广州、深圳接近500万平方米的体量处于第二梯队，郑州316.9万平方米领衔其余城市，佛山、南宁超过100万平方米，表现突出。

除上述综合性指标之外，还有很多单项指标可测度城市服务业功能。如全国重点商场销售额可很好地测度城市商业功能。北京的全国性商业功能无疑排第一位，六大重点商场销售额高达411亿元，商场平均排名得分为15（上榜商场销售总额/商场个数）；从上榜商场销售总额来看，南京以293亿元超过上海的216亿元，但上海单个商场的普遍排名高于南京。南京之所以排名靠前与南京雄厚的人文自然优势有关，而上海则为纯粹的商业。广州则排在第四且全部位于天河区，而传统的商业中心越秀区则无一上榜，表明广州规模商业不如南京。总体来看，北京、上海、南京、广州处于中国商业城市第一梯队，其中北京的商业无可争议地位居第一；杭州、深圳和成都处于第二梯队，深圳主要靠城市经济实力，而杭州和成都则与南京一样具有厚重的人文和自然优势；其他城市主要服务于本省，其城市商业功能相对较弱（表3-12）。

表3-12　　　　全国重点商场销售额排名（2018年）　　　　单位：亿元

城市/重点商场	2018年销售额	全国排名
北京	411	15
北京SKP新光天地	135	1
北京朝阳大悦城	44	22
北京国贸商城	90	3
北京荟聚西红门	36	31
北京世纪金源	63	10
北京西单大悦城	43	23
上海	216	15+
上海IFC国金中心	72	8
上海恒隆广场	52	16
上海青浦百联奥莱	47	18
上海五角场万达广场	45	19
南京	293	17−
南京德基广场	102	2
南京河西金鹰世界	59	11
南京新街口百货	39	28
南京新街口金鹰国际	38	29
南京新街口中央商场	55	14
广州	194	11−
广州太古汇	58	13
广州天河城	58	12
广州正佳广场	78	7
杭州	125	14−
杭州大厦	80	6
杭州湖滨银泰IN77	45	21
深圳	125	15
深圳万象城	85	5
深圳壹方城	40	25
成都	92	21−
成都IFS国金中心	51	17

续表

城市/重点商场	2018年销售额	全国排名
成都远洋太古里	41	24
武汉国际广场	89	4
西安赛格国际	70	9
郑州丹尼斯大卫城	53	15
沈阳华润万象城	45	20
厦门SM新生活广场	40	27
天津佛罗伦萨小镇	40	26
青岛海信广场	36	30

第四章 综合城市功能比较与评价：资源配置枢纽功能

资源配置是指资源的稀缺性决定了任何一个社会都必须通过一定的方式把有限的资源合理分配到社会的各个领域，以实现资源的最佳利用。在市场经济体制下，市场机制是资源配置的基础性力量。

一 《财富》世界500强

《财富》世界500强排行榜一直是衡量全球大型公司的最著名、最权威的榜单，也称为全球企业500强。一个城市在全球城市中的功能和地位既与其拥有的全球企业500强数量相关，也与企业本身的辐射能级高度相关。近年来国际城市全球企业500强数量不断增加，其中北京从2009年的26家增加到2016年的59家，净增33家；上海也从4家增加到8家，深圳则从0增加到5家而超越广州。值得注意的是，举世公认的全球顶尖城市虽然在全球企业500强的数量上并没有增加甚至有所减少，但老牌全球经济金融中心城市发达的服务业背后并没有掩盖其制造业高精尖和具有强大集聚辐射能力的事实。例如，东京的制造业产值占日本全国不到10%，但它却集中了日本全国50%以上的航空发动机、出版、铅笔、测量器具、制版和图片制版等高端制造行业的产值。东京的制造业都有一个共同的特点，即技术含量比较高,占地、耗能、用水都比较少,但集聚效应却很明显,是典型的城市型产业。有些行业,如印刷出版、新闻发行、食品和皮革等甚至可以集中在楼宇里进行生产。

(一) 全球企业 500 强排行榜

全球经济金融中心城市都聚集了大量的总部经济企业,而全球企业 500 强则是总部经济最直接的体现。发展总部经济可以为区域发展带来多种经济效应,如税收效应、产业乘数效应、消费效应、就业效应、社会资本效应。大批国内外企业总部入驻,可以提高城市知名度、美誉度,促进地方政府提高服务质量,优化商务环境,完善城市基础设施和人居环境,推进多元文化融合与互动,加快城市国际化发展。

国内上海和北京已经具备与老牌全球经济金融中心城市全面竞争的实力;深圳则在全球城市科技竞争中抢得一席之地,全球 500 强企业平均利润仅低于纽约(表 4-1)。从德国、美国和瑞士等国的全球 500 强城市分布来看,大城市对跨国公司总部的吸引力并无绝对优势,不少企业选择旅游胜地等环境优美的城市作为总部所在地,因此广州应特别注重保护从化、增城和南沙的生态环境,以增强对大型企业总部的吸引力。

表 4-1 全球企业 500 强排行榜(财富中文网,2016 年)

城市	全球 500 强总数(家)	新增全球 500 强(家)	营业总收入(百万美元)	平均营业收入(百万美元)	总利润(百万美元)	平均利润(百万美元)	总员工数(人)
北京	59	7	3936135	66714	227523	3856	13637249
上海	8	0	400680	50085	28850	3606	731023
台北	7	0	311699	44528	16914	2416	1511467
香港	6	1	247491	41248	21386	3564	1303848
深圳	5	1	298747	59749	27702	5540	581186

续表

城市	全球500强总数（家）	新增全球500强（家）	营业总收入（百万美元）	平均营业收入（百万美元）	总利润（百万美元）	平均利润（百万美元）	总员工数（人）
广州	3	1	130321	43440	5195	1732	454099
东京	40	0	2113380	52835	86438	2161	3979388
纽约	18	0	924194	51344	124882	6938	1514645
伦敦	17	2	827528	48678	29810	1754	1399588
巴黎	17	1	1005055	59121	42820	2519	2286765
首尔	13	2	661302	50869	46170	3552	890707
苏黎世	8	2	279812	34977	11972	1496	500084
休斯敦	7	2	276073	39439	4526	647	253800
大阪	7	1	281549	40221	10317	1474	806723
多伦多	5	1	139125	27825	21120	4224	421036
孟买	5	0	185122	37024	9743	1949	418962
亚特兰大	4	0	231880	57970	23730	5933	932389
芝加哥	4	1	186284	46571	19929	4982	303162
新加坡	3	0	160432	53477	2736	912	297248

资料来源：http：//www.fortunechina.com/fortune500/c/2016-07/20/content_266955.htm.

2019年，中国大公司数量首次与美国并驾齐驱，但是如何做强变得更为迫切。此次从数量上看，世界最大的500家企业中，有129家来自中国，历史上首次超过美国（121家）。即使不计算台湾地区企业，中国大陆企业（包括香港企业）也达到119家，与美国数量旗鼓相当。这是一个历史性的变化[1]。统计发现，这次上榜的129家企业，来自中国40座城市。其中，北京拥有世界500强企业56家，占中国世界500强企业数量近半数，远远超过其他城市。上海、深圳、香港则领衔"第二集

---

① 《2019年财富世界500强排行榜》，2019年7月22日，财富中文网（http：//www.fortunechina.com/fortune500/c/2019-07/22/content_339535.htm）。

团",各有7家上榜。上海上榜企业包括上汽、宝武钢铁、交行、太平洋保险、绿地、浦发和中远海运；深圳上榜企业是平安、华为、正威、恒大、招商银行、腾讯和万科；香港上榜企业则为华润、联想、招商局、怡和、长江和记、友邦保险和太平保险。

与2016年相比，北京拥有的全球500强企业减少了3家，但其城市功能不减，相反具有更强的财富聚集能力。上海也减少了1家，深圳则因华为上榜以及恒大由广州迁入增加了2家。杭州变动明显，其数量已经超过广州，企业影响力也强于广州（图4-1）。财富500强既与总部城市的营商环境有关，也与政府的强力推动有极大的关系。近年来中西部不少省会城市大力推动企业重组，而广州作为省会城市的优势却并没有显现。

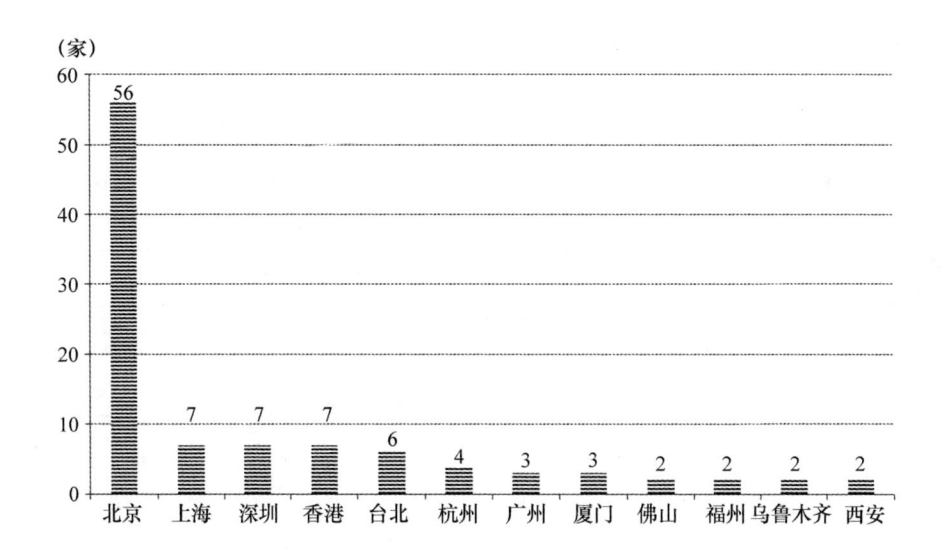

图4-1 国内大城市财富500强企业数量（2018年）

资料来源：财富中文网，2019年。

（二）中国企业500强城市分布

中国企业500强是由中国企业联合会、中国企业家协会按国际惯例组织评选、发布的中国企业排行榜。自2002年起，每年向社会公布一次中国企业500强年度排行榜。2018年城市

GDP 超过 1 万亿元的 17 个城市中,拥有 293 家全国企业 500 强。其中北京占绝对优势,拥有 100 家全国 500 强企业,企业平均年营业收入超过 3000 亿元。上海、深圳和杭州分列第二位至第四位,广州屈居第五位。上海的企业数量虽然比深圳多 3 家,但企业总营业收入却低于排在第三位的深圳。杭州 GDP 虽然列全国第十位,但全国 500 强企业数量却名列第四位,显示杭州有较强的对外辐射能力,即城市功能较强,若国民经济核算方法改变,杭州的城市 GDP 排名将有较大提升(表 4 - 2)。

表 4 - 2　　　　中国企业 500 强城市分布(2018 年)

城市	数量(家)	总营收(亿元)	企业平均营收(亿元)	中国企业 500 强数量排名	城市 GDP 排名
北京	100	322838.56	3228.39	1	2
上海	29	45374.84	1564.65	2	1
深圳	26	50792.10	1953.54	3	3
杭州	24	23221.69	967.57	4	10
广州	19	19445.13	1023.43	5	4
苏州	14	11433.99	816.71	6	7
重庆	13	6159.48	473.81	7	5
无锡	12	6387.00	532.25	8	13
成都	11	5818.48	528.95	9	8
宁波	9	5297.91	588.66	10	15
南京	8	15040.43	1880.05	11	11
天津	7	7410.52	1058.65	12	6
长沙	6	3669.57	611.60	13	14
武汉	5	8547.45	1709.49	14	9
青岛	4	4883.78	1220.95	15	12
郑州	4	2744.36	686.09	16	16
佛山	2	4688.19	2344.10	17	17

(三)全球 500 强企业的全球城市分布

从全球城市来看,同处东亚的北京和东京雄踞第一梯队。

第四章 综合城市功能比较与评价:资源配置枢纽功能　75

巴黎、纽约、首尔、伦敦、旧金山湾区(硅谷)拥有500强企业数量在10—20家,位居全球城市第二梯队(图4-2)。其中全球金融城市中,纽约15家上榜企业中有11家金融企业,显示了其强大的全球金融功能。相比2009年纽约18家全球500强企业,从数量上看似乎减少了3家,但若以纽约湾区为统计对象,则其仍然拥有22家500强企业。由此显示广州未来500强企业的数量在粤港澳大湾区背景下可能难以有较多的增加。首尔作为韩国的首都,拥有韩国16家500强企业中的15家,产业领域涵盖电子、汽车、钢铁、零售、石化和金融等各个行业,是东亚地区综合城市功能较强的全球城市。而旧金山湾区(硅谷)拥有11家500强企业,其中9家是全球科技巨头,加上同处美国西海岸上榜的3家科技企业,加州成为全球的科技聚集地。上海、深圳、香港、大阪、洛杉矶、孟买等成为第三梯队城市,而广州与这些城市在500强数量方面的差距较大,甚至杭州已经走在广州前列。

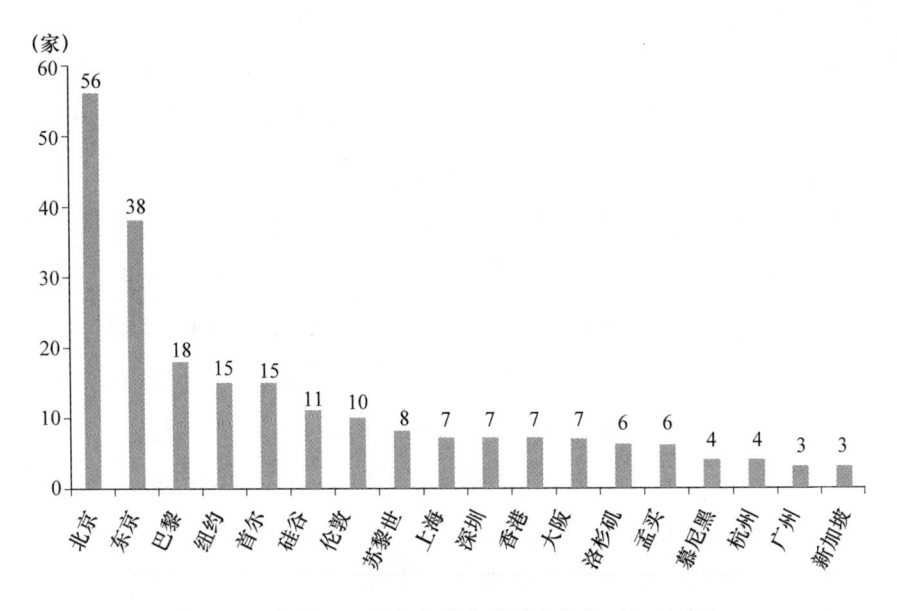

图4-2　全球500强企业的全球城市分布(2018年)

二 金融中心指数

(一) 广州——活力发展的金融中心

香港、上海、北京和深圳都拥有国际级或者国家级证券交易所或者其他金融平台，北京已形成总部金融、上海已形成平台金融、深圳已形成创新金融。根据国际金融中心发展经验，尤其是毗邻全球性金融中心的城市，其金融中心建设一般都只能选择专业化、特色化发展之路。依托雄厚的实体经济体系，广州逐步形成产业金融中心、绿色金融中心、创投中心、财富管理中心。根据英国 Z/Yen 集团第 22 期全球金融中心指数报告，广州在全球排名第 32 位，成为"稳定发展的 40 个金融中心"，进入全球金融中心分层的中阶，并被归类为"活力发展的金融中心"行列，建设国际特色金融中心的基础扎实。

国际金融中心最直接的功能是提供融资与投资场所，由此演化出其他基本功能，如国际范围的金融价格发现、经济信息集散、资金清算、金融风险管理、金融创新及其传播功能等。将这些功能概括起来，国际金融中心就是世界资源配置枢纽。

全球金融中心指数（GFCI）是一项为全球主要金融中心城市进行分类、评分和排名的评价体系。它的基础数据来源于两组相互独立的体系——特征性指标（第三方指标和数据）和专业金融人士的网络问卷调查结果。研究表明，影响金融中心竞争力的因素有很多，归纳起来可以分为涵盖面广泛的五类竞争力指标，即营商环境（Business Environment）、金融体系（Financial Sector Development）、基础设施（Infrastructure）、人力资本（Human Capital）、声誉及综合因素（Reputational and General Factors）。GFCI 19 中总共 100 多个特征指标。例如，通过"ICT 发展指数"（联合国编制）、"网络便利化指数"（世界经济论坛编制）、"通信基础设施指数"（联合国编制）、"互联网发展指数"（万维网基金会编制）等特征指标来衡量一个金融中心通信设施的竞争力。

（二）全球金融中心指数排行榜

GFCI 评价体系于 2005 年形成并于 2007 年 3 月发布第 1 期指数，其后每六个月更新一次。2016 年 4 月发布的是第 19 期 GFCI，共选择全球 98 个金融中心做研究，其中 84 个中心进入 GFCI 正式榜单，包括广州在内 14 个"候补"金融中心则有望在获得足够数量的专家评价时加入正式榜单。由于广州并未入正式榜单，本书采用综合开发研究院（CDI 中国·深圳）编制的第 7 期"CDI 中国金融中心指数"（CFCI）取均值并转化而成广州的全球金融中心城市排名，见图 4-3。

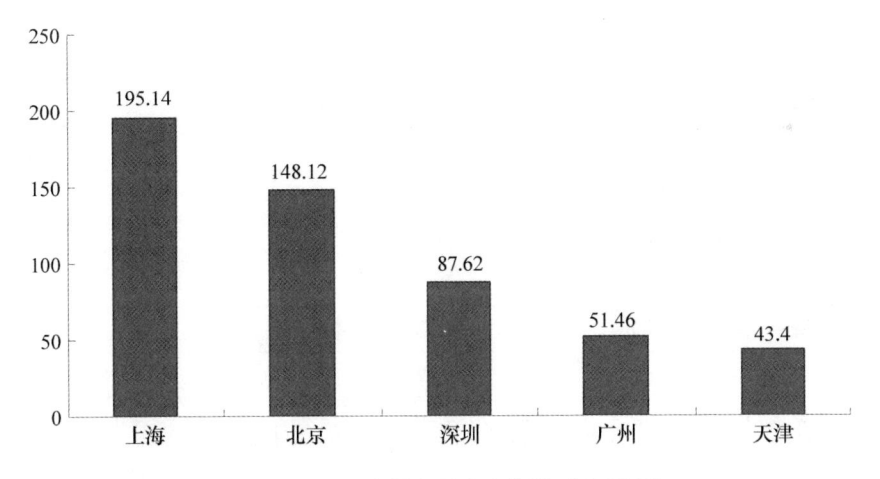

图 4-3 CDI 中国金融中心指数（CFCI 7）

在 GFCI 19 排名中，深圳位列北京之前，但考虑到我国的实际情况，全国金融与财政政策的决策权实际上由北京决定，深圳仅在市场化及营商环境方面优于北京，因此笔者认为北京的全球金融中心的地位依旧强于深圳，以此标准来均值化和标准化广州全球金融中心的排名，通过对相应指标打分、均值化和标准化计算，得到广州全球金融中心测算的分数为 669 分，即约在全球第 30 位，与大连地位相当（表 4-3）。

表 4-3　全球金融中心指数排行榜（GFCI 19，2016 年）

城市		GFCI 19 排名	GFCI 19 得分	GFCI 18 排名	GFCI 18 得分	排名变动	得分变动
伦敦	London	1	800	1	796	—	▲4
纽约	New York	2	792	2	788	—	▲4
新加坡	Singapore	3	755	4	750	▲1	▲5
香港	Hong Kong	4	753	3	755	▼1	▼2
东京	Tokyo	5	728	5	725	—	▲3
苏黎世	Zurich	6	714	7	715	▲1	▼1
华盛顿	Washington DC	7	712	10	711	▲3	▲1
三藩市	San Francisco	8	711	9	712	▲1	▼1
波士顿	Boston	9	709	12	709	▲3	—
多伦多	Toronto	10	707	8	714	▼2	▼7
芝加哥	Chicago	11	706	11	710	—	▼4
首尔	Seoul	12	705	6	724	▼6	▼19
迪拜	Dubai	13	699	16	704	▲3	▼5
卢森堡	Luxembourg	14	698	19	700	▲5	▼2
日内瓦	Geneva	15	694	13	707	▼2	▼13
上海	Shanghai	16	693	21	698	▲5	▼5
悉尼	Sydney	17	692	15	705	▼2	▼13
法兰克福	Frankfurt	18	689	14	706	▼4	▼17
深圳	Shenzhen	19	688	23	694	▲4	▼6
大阪	Osaka	20	687	20	699	—	▼12
蒙特利尔	Montreal	21	686	17	703	▼4	▼17
温哥华	Vancouver	22	684	18	702	▼4	▼18
北京	Beijing	23	682	29	676	▲6	▲6
台北	Taipei	24	677	26	686	▲2	▼9
特拉维夫	Tel Aviv	25	676	25	687	—	▼11
阿布达比	Abu Dhabi	26	675	28	679	▲2	▼4
慕尼黑	Munich	27	672	40	661	▲13	▲11

第四章　综合城市功能比较与评价：资源配置枢纽功能

续表

城市		GFCI 19 排名	GFCI 19 得分	GFCI 18 排名	GFCI 18 得分	排名变动	得分变动
卡尔加里	Calgary	28	671	39	662	▲11	▲9
洛杉矶	Los Angeles	29	670	49	650	▲20	▲20
墨尔本	Melbourne	30	669	27	685	▼3	▼16
广州	Guangzhou	—	669	—	—	—	—
大连	Dalian	31	668	41	660	▲10	▲8
巴黎	Paris	32	667	37	664	▲5	▲3
卡萨布兰卡	Casablanca	33	665	44	657	▲11	▲8
阿姆斯特丹	Amsterdam	34	664	36	665	▲2	▼1
多哈	Doha	35	652	22	695	▼13	▼43
吉隆坡	Kuala Lumpur	36	649	45	656	▲9	▼7
斯德哥尔摩	Stockholm	37	648	32	671	▼5	▼23
釜山	Busan	38	644	24	690	▼14	▼46
都柏林	Dublin	39	643	46	654	▲7	▼11
维也纳	Vienna	40	642	30	674	▼10	▼32
开曼群岛	Cayman Islands	41	641	34	668	▼7	▼27
孟买	Mumbai	42	640	59	627	▲17	▲13
圣保罗	Sao Paulo	43	639	31	672	▼12	▼33
里约热内卢	Rio de Janeiro	44	637	35	666	▼9	▼29
伊斯坦布尔	Istanbul	45	636	47	653	▲2	▼17

资料来源：http://www.longfinance.net/global-financial-centre-index-19/976-gfci-19-the-overall-rankings.html.

CDI 于 2016 年发布的 GFCI 19 结果显示，上海、北京、深圳处于金融综合竞争力前三甲，而广州、杭州等紧随其后。与第 1 期指数相比，两次上榜的 24 个金融中心城市中，仅有 5 个城市的得分下降，19 个城市的得分上升。其中，重庆得分上升最快，名次也由上期的第 21 位升至第 8 位。2018 年 9 月 12 日，以"连接全球·布局未来"为主题的第 24 期全球金融中心指数发布会暨广州金融中心发展论坛在广州召开。会上发布了第 24

期全球金融中心指数（表4-4）和第十期中国金融中心指数。广州金融凭借迅猛的发展势头，跃升至第9位，在全球金融中心指数体系中排名第19位，在中国金融中心指数排行榜排名第4位。

表4-4　　全球金融中心指数排行榜（GFCI 24，2018年）

城市	GFCI 18	GFCI 19	GFCI 23	GFCI 24
纽约	788	792	793	788
伦敦	796	800	794	786
香港	755	753	781	783
新加坡	750	755	765	769
上海	698	693	741	766
东京	725	728	749	746
悉尼	705	692	724	734
北京	676	682	721	733
苏黎世	715	714	713	732
法兰克福	706	689	708	730
多伦多	714	707	728	728
深圳	694	688	723	726
波士顿	709	709	722	725
旧金山	712	711	726	724
迪拜	704	699	709	722
洛杉矶	650	670	712	721
芝加哥	710	706	718	717
广州	—	669	699	708

北京作为首都在发展金融业方面具有独一无二的优势，是其他城市难以比拟的；中国作为一个庞大的新兴经济体，发展2—3个国际性的金融中心是可能的也是必要的，加上上海具有无可比拟的海陆空地缘发展优势，以及国家对上海的国际航运中心和国际金融中心的定位，上海与北京实际上是难分伯仲；

重庆虽然在总体排名上最为靠后,但作为西部唯一的直辖市,重庆的发展前景十分看好;在今后相当长的一段时间内,广州在金融方面依旧会排在深圳后面,广州应该利用综合城市发展定位的良机,在金融领域大胆创新,加强与香港的金融合作,与深圳、武汉等区域性金融中心城市错位发展。

三 地方财税收入

(一)国内主要大城市地方财政收入能力排名

一般来说,一座城市公共财政预算收入排名的贡献因素主要有:城市行政级别和规模、与 GDP 相对应的当地经济发展状况、产业结构选择、财政税收体制以及当年的偶发因素等。从资源配置功能来说,地方财政收入规模越大,政府公共产品的供给能力越强,教育、医疗、交通等城市功能也越强。直辖市在财税分配和转移支付制度上优势明显。计划单列市的深圳不仅无须向广东上缴省级财税,而且在产业结构上优势明显,高科技和金融为主要产业的深圳,在创税层面实力强大。而深圳不足 2000 平方千米的总面积,也使得深圳的房价始终处于中国最高水平,土地出让和房产交易收入对深圳地方财政收入贡献较大。同为省会城市的杭州、武汉和成都,因财税上缴比例远低于广州而拥有较大优势。广州财力薄弱,在很大程度上影响了城市的可持续发展(表 4-5)。

表 4-5 国内主要大城市地方财政收入能力排名(2017—2018 年)

序号	城市	2018 年地方财政收入(亿元)	2017 年地方财政收入(亿元)	增量(亿元)	名义增长(%)
1	上海	7108.1	6642.3	465.8	7.0
2	北京	5785.9	5430.8	355.1	6.5
3	深圳	3535.0	3331.8	203.2	6.1

续表

序号	城市	2018年地方财政收入（亿元）	2017年地方财政收入（亿元）	增量（亿元）	名义增长（%）
4	重庆	2277.2	2252.4	24.8	1.1
5	天津	2141.8	2310.1	-168.3	-7.3
6	苏州	2120.0	1908.1	211.9	11.1
7	杭州	1825.1	1567.4	257.7	16.4
8	广州	1632.0	1533.1	98.9	6.5
9	武汉	1528.0	1402.9	125.1	8.9
10	南京	1470.0	1271.9	198.1	15.6
11	成都	1408.2	1275.5	132.7	10.4
12	宁波	1379.7	1245.1	134.6	10.8
13	青岛	1231.9	1157.1	74.8	6.5
14	郑州	1152.1	1056.6	95.5	9.0
15	无锡	1012.3	930.0	82.3	8.8
16	长沙	927.3	800.0	127.3	15.9
17	厦门	754.5	696.8	57.7	8.3
18	济南	752.8	677.2	75.6	11.2
19	沈阳	720.6	655.4	65.2	9.9
20	大连	718.9	657.7	61.2	9.3
21	合肥	712.5	655.9	56.6	8.6
22	佛山	703.1	661.4	41.7	6.3
23	西安	684.7	654.5	30.2	4.6
24	福州	680.0	634.2	45.8	7.2
25	烟台	636.6	600.3	36.3	6.0

（二）国内主要大城市地方国内税收排名

税收是一个城市财政收入的主要来源，因此税收（不含关税）总量的大小也反映了城市提供公共服务功能的强弱，而税收占城市GDP的比重也反映了税收负担和税收根基是否稳固。与城市GDP相对应，经济总量越大，税收总量通常也越大。另外，税收占城市GDP比重越高，一方面表示城市未来增加税收的可能性降低,即增速会变缓;另一方面还可能表示城市GDP被低估,未来GDP核算调整时可能会有较大的增量。广州国内税收列在京沪深之后居全国第四位(表4-6),但广州上缴比率比较高,在一定程度上弱化了广州的城市功能。

表4-6 国内主要大城市地方国内税收收入排名(不含关税部分)

城市	2018GDP（亿元）	2018税收（亿元）	2017税收（亿元）	税收增量（亿元）	税收增速（%）	税收占GDP比重（%）
上海	32680	13824	12840	984	7.66	42.30
北京	30320	12656	12375	281	2.27	41.74
深圳	24222	6429	6058	371	6.12	26.54
广州	22859	4465	4245	220	5.18	19.53
重庆	20363	2876	2655	221	8.32	14.12
天津*	18810	3465	3300	165	5.00	18.42
苏州	18597	3663	3289	374	11.38	19.70
成都*	15343	2739	2536	203	8.00	17.85
武汉*	14847	2708	2507	201	8.00	18.24
杭州*	13509	3015	2792	223	8.00	22.32
南京	12820	2584	2334	250	10.70	20.16
青岛	12002	1720	1592	128	8.04	14.33
无锡*	11439	1575	1458	117	8.00	13.77
长沙*	11003	1547	1432	115	8.00	14.06
宁波	10746	2501	2264	237	10.46	23.27
郑州*	10143	1490	1380	110	8.00	14.69
佛山*	9936	1475	1366	109	8.00	14.85
东莞	8279	1773	1552	221	14.26	21.42

注:*城市2018年税收额为估计值。

(三) 城市资金总量

资金总量包含了国企、私企、个人的资金总和。《财经》杂志、西南财经大学、中央财经大学联合发布的《中国资金总量概括》可以看出中国现有最重要的20个城市资金总量的排行情况（表4-7），也可以分析现有和潜在的城市综合功能。从城市总资金量与GDP之比来看，广州落后北京、上海、武汉、杭州、西安和深圳，显示广州的金融功能在全国金融区域布局上相对落后。在吸引央企、国企方面的相对能力也低于武汉和重庆。一般纳税人资金与GDP之比则反映由企业推动的金融功能也落后于杭州、南京、西安等省会城市。

表4-7　　　　　中国城市资金总量概括（2018年）

排名	城市	央企、国企、事业	一般纳税人	小规模纳税人	公民	总计	总资金量占GDP比重（%）	央企、国企、事业单位资金占GDP比重（%）	一般纳税人资金占GDP比重（%）
1	北京	217683	164356	19876	28962	430877	14.21	7.18	5.42
2	上海	164378	127654	19765	25763	337560	10.33	5.03	3.91
3	深圳	27832	75678	14387	11159	129056	5.33	1.15	3.12
4	广州	36511	54353	13956	15032	119852	5.24	1.60	2.38
5	重庆	34327	36543	8365	14367	93602	4.60	1.69	1.79
6	武汉	38745	29954	8552	8017	85268	5.74	2.61	2.02
7	成都	20632	37986	8303	11970	78891	5.14	1.34	2.48
8	杭州	19548	39876	9439	8670	77533	5.74	1.45	2.95
9	天津	17954	30654	8378	9756	66742	3.55	0.95	1.63
10	南京	11376	34876	8503	6203	60958	4.75	0.89	2.72
11	苏州	9532	30043	12669	8166	60410	3.25	0.51	1.62
12	西安	11376	21154	5377	7487	45394	5.50	1.36	2.53
13	郑州	9325	21567	3287	6538	40717	4.01	0.92	2.13
14	宁波	6254	18654	6654	5999	37561	3.50	0.58	1.74
15	佛山	5656	16543	6101	7019	35319	3.55	0.57	1.66
16	青岛	5685	18765	4321	5516	34287	2.86	0.47	1.56
17	长沙	4365	19989	3365	5203	32922	2.99	0.40	1.82
18	沈阳	5897	15467	2780	6675	30819	4.90	0.94	2.46
19	大连	5980	15432	3782	5581	30775	4.01	0.78	2.01
20	无锡	4622	16323	3893	5143	29981	2.62	0.40	1.43

四 金融业增加值

(一) 城市功能从要素集聚转向资源配置

在 20 世纪中后期,欧、美、日等发达国家开始步入后工业社会,此时其城市发展与工业时代相比呈现出越来越大的不同,主要表现为第三产业发展迅猛,成为推动城市化发展的主体产业,工业虽然在规模上不减,但比重已低于服务业。城市服务业的发展,尤其是生产性服务业的发展已不仅仅是为城市自身的工业生产服务,转而为周边地区提供生产性服务支撑。城市服务业发展在向周边地区集散资源、提供服务的互动过程中,不断扩大辐射范围,其中金融、贸易等功能不断加强,成为主体功能,推动城市发展逐渐成为国际性的金融中心和贸易中心。与工业时代相比,作为经济活动中心,城市功能从聚集生产要素转向对生产要素的控制和配置。

城市发展史的宏观视角分析显示,城市主导功能演变发展的一般规律是:区域行政和商业中心—区域制造中心—国际贸易与航运中心—国际金融中心。这一规律给我们观察某个时代的城市发展及其功能特征提供了一个可资参考的标准。例如,伦敦城市功能的演变基本遵循了这一规律,在工业革命前,伦敦一直承担着英国的军事、政治和商业中心的功能。工业革命使伦敦的工商业在 18 世纪和 19 世纪急速发展。作为大英帝国的心脏,伦敦发展成为世界制造和贸易的中心。20 世纪爆发的两次世界大战给伦敦造成了严重的破坏,城市集散功能减弱,丧失了世界最大中心城市地位。战后伦敦重振经济实力,恢复并提升了城市功能,因金融业发达而成为世界级金融中心之一。

再比如纽约,在独立战争前的英国与荷兰殖民地时期,主要承担着区域的商业贸易中心功能,出口农产品,进口工业制品,带动当地经济的发展。独立战争后,由于位于大西洋沿岸和伊利运河口岸，优越的地理位置和欣欣向荣的出口贸易使纽约经济功能得以迅速增强，劳动力、资金、产业投资不断涌入这个城市。到19世纪末，美国工业生产的1/3集中在以纽约为中心的大西洋中部各州，纽约成为美国的制造业中心，同时也奠定了纽约成为国际贸易中心的基础。第一次世界大战期间，由于美国远离战场，成为战争的受益国，有利环境促进纽约制造业和国际贸易的发展，使之迅速成为国际贸易和航运中心。"二战"结束后，美国在世界经济体系中的地位达到顶峰，纽约也进入了鼎盛时期，发展成为世界第一经济中心和最大金融中心。

自20世纪末和21世纪初以来，世界开始迈入信息时代。现代信息技术发展迅猛、全球化不断加深和知识的创新运用，极大地推动着每个国家和城市的发展。以知识和信息技术运用为基础的现代服务业正在成为城市的主体产业，并直接改变传统城市的功能。由于信息技术的扩散和渗透作用，从趋势上看，城市功能将进一步提升，在产业创新和辐射、技术创新和扩散、制度创新和控制、信息创新和传播、文化创新和引领等方面发挥更加高端的集散和控制作用。

（二）金融业是高端资源配置的主导力量

资源配置作用是通过产业活动体现出来的，通过产业分工和布局、产业链的延伸和产业之间的互补性交换对其辐射区域的经济社会发展发挥引领和控制作用。例如纽约，其世界经济中心和第一金融中心的地位就与其产业结构向高技术和大力发展服务业，尤其是生产性服务业转变是分不开的。从20世纪50年代起，纽约就十分重视产业的高级化建设。在制造业领域，大力扶持高新技术产业的发展，而对于资本密集型产业和传统技术型产业，则通过对外投资兼并收购海外企业等方式向外转移，以实现产业结构的调整。纽约曾是美国第一大制造业中心，但2000年纽约的制造业就业人数仅为50年代的1/3，劳动密集型和资源密集型工业部门下降幅度尤为明显，高技术工业则显著上升。与之相反，服务业所占比重大幅上升，服务业的生产性、指向性十分明显，促使纽约成为国际商务中心、金融中心、公司总部中心。美国学者莫伦考夫认为，纽约70年代后期以来经济高速发展主要得益于强大的生产性服务业及其国际化指向（林兰，2003）。

再比如伦敦，20世纪90年代以来大力支持金融、文化创意等生产性服务业发展，促进产业结构不断高级化。伦敦是英国第一个拒绝重工业的城市。产业结构的调整升级使伦敦的金融业、旅游业和文化业等新的生产性服务部门蓬勃发展，经济增长加快，并产生了大量新的就业机会。

时至今日，欧美发达国家超8万亿元的城市经济体，金融/商务占GDP比重大都超过40%，其中纽约更是超过50%，伦敦、洛杉矶占比也超过45%。达拉斯、休斯敦和芝加哥等4万亿—6万亿元城市金融/商务占GDP比重在40%以下，其中休斯敦只有21.6%，与广州的20.3%极为接近。亚洲城市金融/商务占GDP比重普遍低于欧美，制造业服务化将推动这些城市形成强大的金融/商务服务业。值得注意的是，前提必须是拥有强大创新能力和全球竞争力的制造业才有可能在服务开放的环境下逐步转化，而低端制造业则是消亡。

休斯敦没有与纽约、洛杉矶相比的互联网科技产业，其王牌产业在于对能源的掌控。半数美国能源巨头，把总部或者研发基地设在休斯敦西郊的"能源走廊"（Energy Corridor），而大部分外国石油巨头，如壳牌（Shell）和英国石油（British Petroleum），均将其美国总部设于休斯敦。此外，绝大多数全球顶级石油服务公司，如贝克休斯（Baker Hughes）、斯伦贝谢（Schlumberger）和FMC技术公司（FMC Technologies），均选择将总部设于休斯敦。总共有超过5000家能源公司在休斯敦安营扎寨。休斯敦的能源行业就业人数比排在第二位的竞争对手达拉斯—沃斯堡都会区（Dallas-Fort Worth Metropolitan Area）多出两倍，并且超过排在后面的五座城市的总和。

如果说旧金山湾区是美国的数字经济之王，那么休斯敦就是实业经济的技术龙头；它是能源推动的美国工业复兴的大本营，影响力不仅仅限于得克萨斯，而是横跨整个墨西哥湾沿岸。自2000年以来，休斯敦受过大学教育的人口以及千禧一代人口数量增长速度均远高于旧金山湾区，更远超纽约、芝加哥和洛杉矶。皇家荷兰壳牌石油（Royal Dutch Shell）将其研发基地放在了休斯敦西郊的"能源走廊"，该研发基地是世界上规模最大的石油工业技术中心。

休斯敦吸取了20世纪80年代油价重挫对于当地经济沉重打击的教训，在那之后，休斯敦的产业结构有过脱胎换骨的改变，现在休斯敦不仅是美国最大的石油化工基地（能源产业产值占休斯敦总产值的20%），还是美国最大的出口港以及全球首屈一指的医学中心（得州医疗中心是世界上规模最大、技术最领先的医学治疗、研究、教学综合中心），也是美国制造业的龙头。毫无疑问，若医疗健康产业和能源产业能像互联网产业那样对全球服务开放，休斯敦金融及相关生产性服务业极有可能如洛杉矶等城市一样形成超8万亿元的超级城市经济体。

（三）金融是超大城市不可或缺的产业

从国际上看，全球顶级城市的金融业规模庞大，纽约、巴黎和东京的金融业增加值都在万亿元规模以上，金融业占GDP的比重也都超过10%。伦敦的金融业增加值虽然在四个公认的国际大都市中排名靠后，但从金融行业劳均产出及收入等角度测算，伦敦金融业实际增加值约1.4万亿元，产值甚至超过纽约排在四个公认国际大都市首位。2016年全球500强排行榜显示，共有111家金融企业上榜，纽约不但在金融企业数量上居全球第一位，而且在金融人才、产业融合广度和深度等方面领先其他全球城市。北京虽然在企业数量、从业人员数量和企业利润方面占据优势，但多为垄断型国企，且业务以传统银行储蓄为主，行业投资和获利能力以国内为主，缺乏全球投资、控股和经营能力。

从全球金融中心城市排行榜来看，中国香港、新加坡、多伦多等城市虽然排名靠前，但其实际上对全球经济金融影响力甚至远低于苏黎世。香港是国际资本进出中国内地的桥头堡，新加坡则是国际产业资本特别是石油美元的结算中心，真正的全球金融控制中心则是纽约、伦敦、苏黎世等城市。从全球500强中的金融企业来看，香港只有1家金融企业进入全球500强，新加坡则是空白。表面上香港金融业实力雄厚，但多为跨国金融企业的分支机构，实际的金融定价权则掌握在纽约、伦敦、苏黎世等全球金融中心城市手中。

不可否认，经济实力是影响城市金融竞争力的基础因素，同时国家政策支持是关键因素。金融竞争力指数得分靠前的是一线城市。比如北京是全国的政治中心，是国有大型金融机构的注册所在地，以及金融监管机构和调控机构的所在地，金融竞争力位于全国第一。上海作为国际金融中心，其金融竞争力排名全国第二。深圳虽然不是直辖市，但是作为计划单列市，且拥有深圳证券交易所，所以尽管深圳经济总量不如广州，但是金融竞争力还是比广州强。广州金融竞争力超过直辖市天津和重庆，这表明广州本身仍是华南重要的金融中心。杭州虽然排名靠后，但在互联网和共享经济时代，以阿里巴巴为代表的电商平台大大提升了杭州的金融地位。

自2016年以来，广州金融业GDP增量不但远远落后于上海和北京，也落后于天津、成都和杭州。在金融业增加值占城市GDP比重方面，上海和北京分别高达17.69%和16.77%，深圳、南京、成都和天津也超过10%，广州几乎在全国经济强市中最低（武汉 2018 年为估计值），显示广州金融业功能弱势的状态依然没有实际性的转变。参见表 4-8。在国内，北京金融企业以传统的银行储蓄为主要业务，金融与实体企业融合发展程度低，全球投资控股人才短缺，基本不具备开展金融业引领扶植实体企业创新获利的能力和相应人才。反观深圳，其金融企业投资控股能力较强，但同样面临人才短缺的压力。广州既不具备中国香港、新加坡等城市的区位优势，亦无国内金融政策的特殊扶持，但广州应利用国内金融资本的相对优势和广佛肇大都市圈庞大的人口和市场规模，结合医疗、教育优势发展人寿和健康保险，而不应该走引进跨国金融企业分支机构进驻的道路，避免成为跨国金融企业的提款机。

表 4-8 中国 TOP 10 城市金融业增加值比较（2016—2018 年）

城市	2018 年 GDP（亿元）	2018 年金融业 GDP（亿元）	金融业占城市 GDP 比重（%）	2017 年金融业 GDP（亿元）	2018 年增量（%）	2018 年增速（%）	2016 年金融业 GDP（亿元）	2017 年增量（%）	2017 年增速（%）
上海	32680	5781.63	17.69	5330.54	451.09	8.46	4763.00	567.54	11.92
北京	30320	5084.60	16.77	4634.50	450.10	9.71	4267.00	367.50	8.61
深圳	24222	3067.21	12.66	3059.98	7.23	0.24	2876.89	183.09	6.36
广州	22859	2079.46	9.10	1998.76	80.70	4.04	1800.00	198.76	11.04
重庆	20363	1938.88	9.52	1813.73	125.15	6.90	1642.60	171.13	10.42
天津	18810	1966.89	10.46	1951.75	15.14	0.78	1735.33	216.42	12.47
成都	15343	1729.00	11.27	1604.30	124.70	7.77	1363.00	241.30	17.70
武汉	14847	1229.29	8.28	1097.58	131.71	12.00	941.00	156.58	16.64
杭州	13509	1296.88	9.60	1055.00	241.88	22.93	987.67	67.33	6.82
南京	12820	1473.00	11.49	1355.05	117.95	8.70	1241.76	113.29	9.12

资料来源：各城市年度统计公报，其中武汉 2018 年金融业增加值为估计值，官方数据缺失。

第五章 综合城市功能比较与评价：文化引领功能

广州是国家城镇体系顶端的城市之一，要在全国具备政治、经济、文化诸方面的引领、辐射、集散功能。文化的生产是知识的生产，而文化产业就是一种知识性产业。在以知识为经济社会主要推动力的时代，文化产业必将成为主体产业之一。更多的人已经意识到，文化创意是生产力的重要源泉，是发展的主要原动力之一。1998年联合国教科文组织（UNESCO）在其《文化政策促进发展行动计划》中就曾断言："文化的繁荣是发展的最高目标。"越来越多的国际城市不约而同地将文化发展战略作为地区发展战略的核心和主体战略。

广州是国务院首批公布的全国24个历史文化名城之一，已建成相对完备的公共文化设施体系，拥有最有特色、最具有竞争力的"四地"资源优势，历史文化资源积淀深厚且丰富多彩。同时，文化产业发展迅速，文化影响力进一步提升，培育出网易、微信、酷狗、YY语音等初具世界影响力的公司或品牌，南方日报和南方都市报与人民日报、读卖新闻等共同跻身亚洲报业十大品牌。展望未来，在城市建设步入相对成熟阶段之后，广州需要通过打造文化软实力来持续增强城市凝聚力、激发城市创造力、扩大城市影响力，以文化驱动全球城市建设与发展。建设世界文化名城，既是对国家定位的坚持，也是打造全球城市的应有之义。

一 文化是综合城市功能的放大器

国外更多地将文化与创意联系在一起。英国前首相布莱尔于 1997 年最早提出在英国发展创意产业。他提出要"通过英国引以为豪的高度革命性、创造性和创意性来证明英国的实力",提出把文化创意产业作为英国振兴经济的聚焦点,把推广文化创意产业作为拯救英国经济困境的有效方法。根据英国文化、媒体与体育部的定义,创意产业是指源于个人创造力、技能与才华的活动,而通过知识产权的生成和取用,这些活动可以创造财富与就业机会。在这样的定义下,13 个产业部门被划归为创意产业,它们包括广告、建筑、艺术品与古董、手工艺、设计、时装设计、电影与录像、互动休闲软件、音乐、表演艺术、出版、软件与计算机服务、电视与广播。

中心城市的集散功能通过其独特的文化凝聚力得以保持和提升,因为一个城市的文化凝聚力表现为烙印在人们头脑中最深刻的良好印象,并且这种印象促使人们去赞美、学习、模仿和融入城市。国际性城市都有自己独特的文化特征。例如,世界文化名城巴黎,以悠久的历史、图书馆、歌剧院、时尚、街头艺术等文化表现形式为基础而形成的文化凝聚力成为法国、欧洲乃至世界的文化中心。

(一)国际顶级城市文化

纽约不仅是美国乃至世界的经济中心,也是世界文化中心。纽约的文化凝聚力来源于以下几个方面:一是移民城市和拓荒的历史形成了纽约勇于创新、海纳百川的文化精神。二是文化设施相当完备,纽约是美国文化设施最多和最集中的城市,数量最多、种类齐全,还有很多著名的标志性建筑,如自由女神像、帝国大厦、布鲁克林大桥、大都会艺术博物馆以及被毁的世贸大厦等。三是文化活动丰富,具有经常化、社会化、大型化的特征。四是文化产业发达。纽约的文化产业主要包括广播电视业、新闻出版业、百老汇表演艺术业等。纽约文化发展的特点,不仅在于其非营利文化或公益性文化丰富多彩,而且其营利文化十分发达。二者形成合力,对纽约的经济和社会发展产生着十分重要的影响。五是文化管理目标明确,是"保持和促进纽约的文化生活,通过文化活动促进纽约的经济发展"。六是十分注重对教育的投入,为文化及整个社会经济的发展提供充足的人力资源。纽约是全国文化人才汇集的地方。以上这些形成强大的文化凝聚力,构筑了纽约世界文化名城的牢固地位。

巴黎和纽约的文化影响力是世界性的,成为全球最广泛的学习和模仿的标杆。因此,中心城市要有自己独特的文化体系,只有在文化凝聚力上立于不败之地,才是根本。为了形成独特的文化,中心城市文化凝聚力的打造,要从自身的历史出发,以形成与周边城市和非城市地区的区别,从而提升功能的同时形成对周边地区的文化引领地位。

(二) 城市文化产业

联合国教科文组织对文化产业的定义只包括可以由工业化生产并符合四个特征(系列化、标准化、生产过程分工精细化和消费的大众化)的产品(如书籍报刊等印刷品和电子出版物有声制品、视听制品等)及其相关服务,而不包括舞台演出和造型艺术的生产与服务。目前,世界各国对文化产业并没有一个统一的说法。美国没有文化产业的提法,他们一般只说版权产业,主要是从文化产品具有知识产权的角度进行界定的。日本政府则认为,凡是与文化相关联的产业都属于文化产业。除传统的演出、展览、新闻出版外,还包括休闲娱乐、广播影视、体育、旅游等，他们称为内容产业，更强调内容的精神属性。

中国文化部制定下发的《关于支持和促进文化产业发展的若干意见》，将文化产业界定为从事文化产品生产和提供文化服务的经营性行业。文化产业是与文化事业相对应的概念，两者都是社会主义文化建设的重要组成部分。文化产业是社会生产力发展的必然产物，是随着中国社会主义市场经济的逐步完善和现代生产方式的不断进步而发展起来的新兴产业。国家统计局对"文化及相关产业"的界定是：为社会公众提供文化娱乐产品和服务的活动，以及与这些活动有关联的活动的集合。所以，中国对文化产业的界定是文化娱乐的集合，区别于国家具有意识形态性的文化事业。

从文化及相关产业分类来看（图5-1），文化产业几乎涵盖除基础农业之外的全部产业，即文化产业的渗入性极强。而从综合城市功能来看，逐个产业及指标的比较几乎没有任何意义，只能从某一单项功能来比较。如从城市文化创意产业增加值、出版数量及影响力、文化遗产及保护、自然与人文景点、会展业等彰显城市功能等方面进行比较。

对一个国家或者城市而言，博物馆的数量和质量是决定文化的高度、民众教育的重要因素之一。发达国家平均5万人一个博物馆，而我国60万人才享有一个博物馆，上海也要25万人才拥有一个博物馆。广州只有29个博物馆，其中国家级的博物馆只有9个，平均35万常住人口才有一个博物馆。与世界主要城市比较，上海106座、北京148座、纽约101座、东京79座、伦敦184座、巴黎157座，广州的29座相差较多（表5-1）。

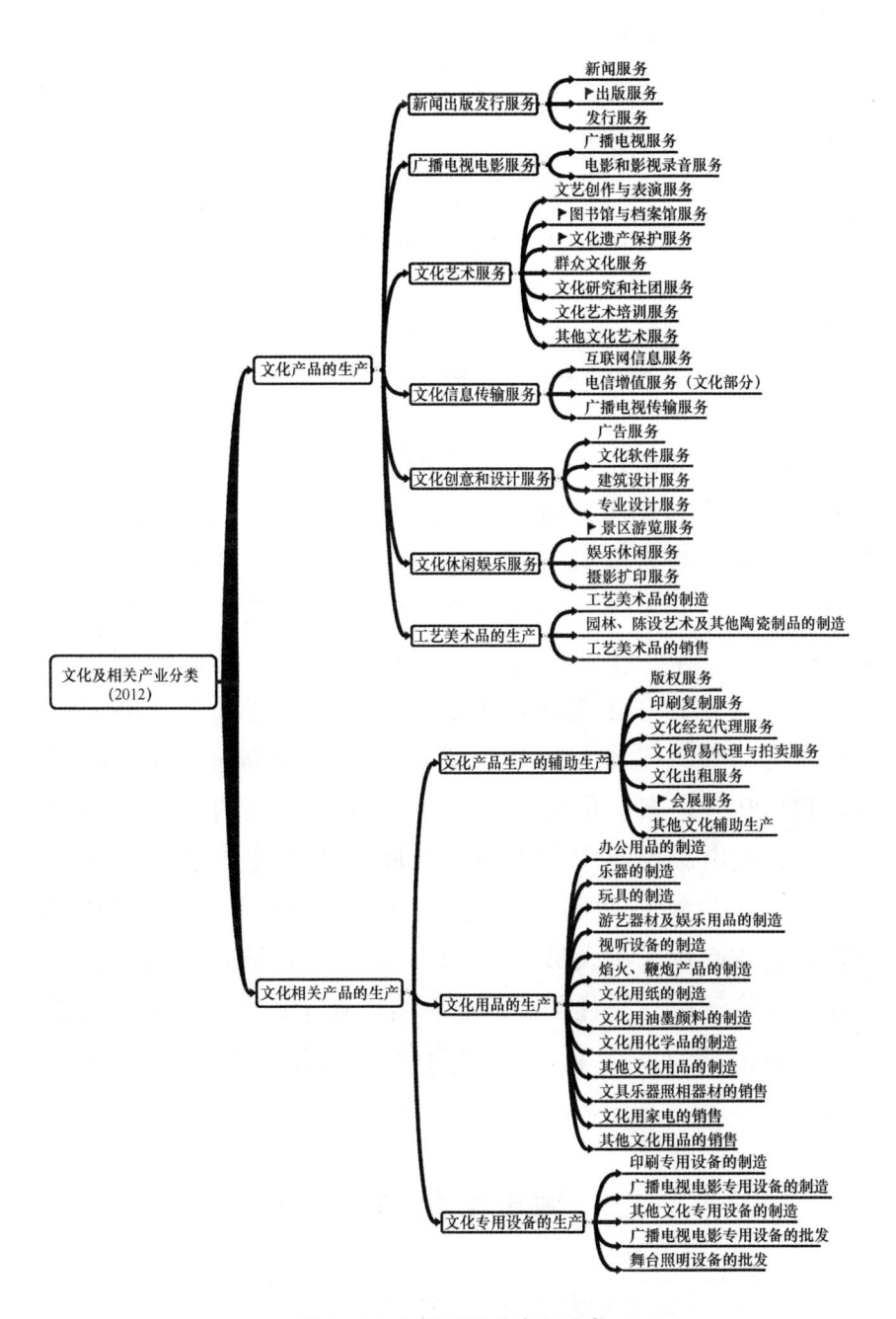

第五章 综合城市功能比较与评价：文化引领功能

文化及相关产业分类（2012）
- 文化产品的生产
  - 新闻出版发行服务
    - 新闻服务
    - ▶出版服务
    - 发行服务
  - 广播电视电影服务
    - 广播电视服务
    - 电影和影视录音服务
  - 文化艺术服务
    - 文艺创作与表演服务
    - ▶图书馆与档案馆服务
    - ▶文化遗产保护服务
    - 群众文化服务
    - 文化研究和社团服务
    - 文化艺术培训服务
    - 其他文化艺术服务
  - 文化信息传输服务
    - 互联网信息服务
    - 电信增值服务（文化部分）
    - 广播电视传输服务
  - 文化创意和设计服务
    - 广告服务
    - 文化软件服务
    - 建筑设计服务
    - 专业设计服务
  - 文化休闲娱乐服务
    - ▶景区游览服务
    - 娱乐休闲服务
    - 摄影扩印服务
  - 工艺美术品的生产
    - 工艺美术品的制造
    - 园林、陈设艺术及其他陶瓷制品的制造
    - 工艺美术品的销售
- 文化相关产品的生产
  - 文化产品生产的辅助生产
    - 版权服务
    - 印刷复制服务
    - 文化经纪代理服务
    - 文化贸易代理与拍卖服务
    - 文化出租服务
    - ▶会展服务
    - 其他文化辅助生产
  - 文化用品的生产
    - 办公用品的制造
    - 乐器的制造
    - 玩具的制造
    - 游艺器材及娱乐用品的制造
    - 视听设备的制造
    - 焰火、鞭炮产品的制造
    - 文化用纸的制造
    - 文化用油墨颜料的制造
    - 文化用化学品的制造
    - 其他文化用品的制造
    - 文具乐器照相器材的销售
    - 文化用家电的销售
    - 其他文化用品的销售
  - 文化专用设备的生产
    - 印刷专用设备的制造
    - 广播电视电影专用设备的制造
    - 其他文化专用设备的制造
    - 广播电视电影专用设备的批发
    - 舞台照明设备的批发

图5-1 文化及相关产业分类

表 5-1　　九大都市文化遗产基础设施及产出比较（2017年）

指标	伦敦	纽约	巴黎	上海	东京	北京	广州	天津	重庆
国家级博物馆的数量	22	16	19	6	8	17	9	4	2
其他博物馆的数量	162	85	138	100	71	131	20	8	10
UNESCO世界级遗址数	4	1	2	0	0	6	0	0	1

与其他城市相比，广州文化创意所涵盖的各行各业最为短缺的是行业艺术大师。例如，伦敦被称作"国际设计之都"，拥有世界一流的教育和设计机构，这些机构中近3/4在全球都设有分部。英国1/3以上的设计机构都位于伦敦，产值占设计产业总产值的一半以上。其中，时尚设计产业每年的产值均达到81亿英镑，出口创汇额高达4亿英镑。伦敦拥有全国85%以上的时尚设计师。广播与电视产业一半以上的雇员在伦敦工作，达到25000人之多。伦敦也是全球三大最繁忙的电影制作中心之一，英国电影产业中2/3以上的职工工作在伦敦，并包揽了英国73%的电影后期制作活动。从就业量来看，早在2000年，伦敦的创意产业从业人员就有52.5万人，容纳就业人口数居伦敦各产业第三位，并且创意产业新增就业量以每年5%的速度递增，目前伦敦每5个新增就业岗位中就有一个来自创意产业部门。

二　城市文化创新指数

（一）中国城市创新文化活力指数

标准排名城市研究院联合全球 INS 大会、优客工场和创邑传媒在成都共同发布了《2018中国城市新文创活力指数报告》。中国是一个历史悠久的文明古国，但文化创意产业的发展远远落后于世界平均水平,也落后于中国 GDP 增长速度。据中国传媒大学博士后符绍强的统计,文化产业总值占 GDP 总量的比重,美国是 25% 左右,日本是 20% 左右,欧洲平均在 10%—15%,我国仅仅在 3% 上下。2017 年我国文化及相关产业增加值 35462 亿元,占 GDP 比重为 4.29%。城市方面,目前只有杭州 2017 年的占比达到了 24.20%。根据该研究院的评价体系,最终位列"2018 中国城市新文创活力指数排行榜"前十的是成都、北京、杭州、上海、深圳、广州、天津、苏州、重庆、武汉,新一线城市全面上位,见表 5-2。

表 5-2　中国城市新文创活力指数排行榜(2018 年)

城市	2018 年 GDP	新文创活力指数	新文创活力排名
成都*	15343	90.6793	1
北京	30320	88.2037	2
杭州*	13509	84.3521	3
上海	32680	83.2968	4
深圳	24222	74.6841	5
广州	22859	59.5759	6
天津*	18810	48.7609	7
苏州	18597	45.9521	8
重庆	20363	38.7458	9
武汉*	14847	38.4474	10
南京	12820	28.9004	11
长沙*	11003	25.9378	12
无锡*	11439	21.3568	13
青岛	12002	20.3503	14
东莞	8279	20.3284	15
佛山*	9936	15.813	16
郑州*	10143	15.1165	17
宁波	10746	12.6367	18

资料来源:*城市 2018 年税收额为估计值。

中国城市文化创意产业最早的产业增加值绝对数排在第一

位的是上海，而后才被北京在 2014 年一步步超越。如今，随着互联网时代的到来，"文化+科技"的融合使得其他城市在文化创意产业的发展上获得了便利条件，抛却基数，很大程度上各城市重新站在了同一起跑线上。阿里导致杭州的文化创意产业发展迅猛，而腾讯（游戏）的存在对成都的文化创意产业产生了较大的影响力。

（二）中国城市文化创意指数

城市新文创活力指数对城市文化功能而言只是一个侧面，而城市文化创意指数排行（表 5-3）则从城市创意生态、文创赋能、审美驱动和创新驱动等方面相对全面地对城市文化功能做出比较。北京的突出优势体现在"文化创意+"创意生态指标分值上，在文化创意人才要素、资本要素、政策环境以及市场前景方面都表现出众；深圳的主要优势表现在"文化创意+"审美驱动力指标分值上，在企业设计资源、公共文化创意空间资源、人均文化创意普惠等方面，深圳都位居全国领先地位；上海的相对优势体现在"文化创意+"创意生态和"文化创意+"赋能能力两方面，其独特优势特现在城市的开放性和国际化方面。深圳与其他副省级城市形成差量级优势，尤其在"文化创意+"审美驱动力和"文化创意+"创新驱动力两方面，近乎 3 倍分值优势高于排名第二位的副省级城市杭州。杭州与广州的城市文化创意指数相近，都在"文化创意+"赋能能力方面有较好表现。成都与西安在四个一级指标方面处于均衡发展状态（图 5-2）。

表 5-3　　中国城市文化创意指数排行榜（2018 年）

城市	2018 GDP	文化创意综合指数	创意生态	创意赋能	审美驱动	创新驱动	文创指数排名
上海	32680	53.507	8.827	22.551	8.362	13.767	3

续表

城市	2018 GDP	文化创意综合指数	创意生态	创意赋能	审美驱动	创新驱动	文创指数排名
北京	30320	71.704	18.691	23.902	12.837	16.274	1
深圳	24222	66.695	6.083	21.053	25.217	14.342	2
广州	22859	39.116	6.829	18.796	8.167	5.324	6
重庆	20363	35.566	8.826	9.712	11.454	5.574	7
天津	18810	35.065	6.77	14.405	6.55	7.34	8
苏州	18597	33.182	4.447	13.132	6.939	8.664	9
成都	15343	30.915	5.437	10.156	8.867	6.455	10
武汉	14847	27.659	5.686	8.962	7.778	5.233	12
杭州	13509	39.245	5.703	20.148	7.9	5.494	5
南京	12820	26.851	5.255	9.137	7.587	4.872	13
青岛	12002	17.501	3.639	5.621	5.212	3.029	15
无锡	11439	19.999	2.793	7.781	5.41	4.015	17
长沙	11003	19.255	4.42	5.742	5.932	3.161	18
宁波	10746	24.926	3.298	12.114	4.882	4.632	14
郑州	10143	20.254	4.256	6.432	5.472	4.094	16
佛山	9936	15.922	2.787	7.223	3.545	2.367	27

资料来源：王齐国：《2018年中国城市文化创意指数排行榜》。

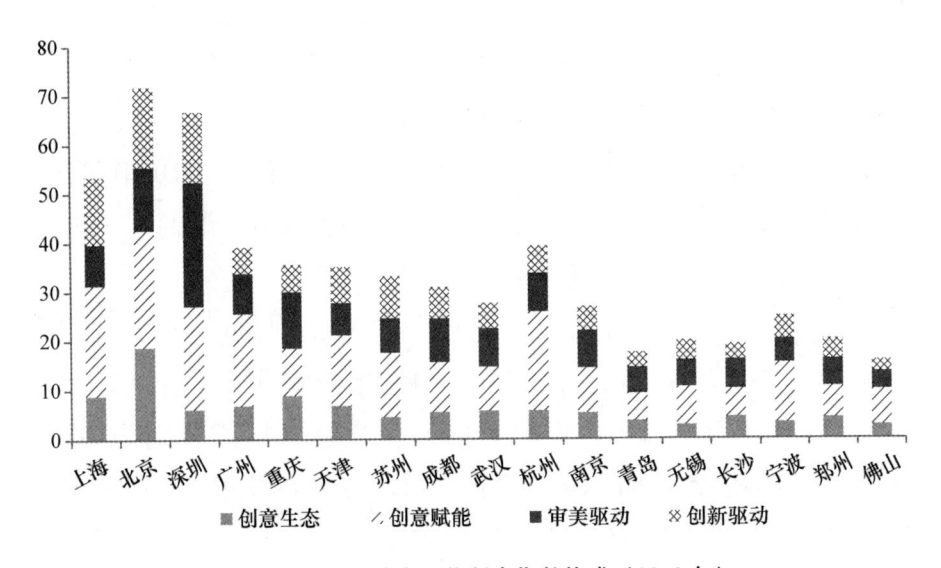

图5-2 中国城市文化创意指数构成（2018年）

从中国城市文化创意指数构成来看，除北京、深圳、杭州、南京外，其他城市文化创意指数基本上与城市GDP总量成正比，表明京深杭宁四个城市的文化影响已经超出其经济功能，文化的独特性明显，即城市文化功能显著。

三　文化产业增加值

（一）全国文化创意产业增加值排行榜

改革开放40多年来，公共财政对文化建设的支持日益加强，公共文化设施不断完善，覆盖城乡的公共文化服务网络初步建立，公共文化服务理念逐步深化，公共文化服务能力和均等化水平逐渐提高；文化产业投资向发展水平较低的中西部地区倾斜，区域布局更趋合理，投资主体日益多元，文化产业社会效益与经济效益"双效统一"成效显著。文化改革发展取得重大进展和显著成效，文化产业增加值占GDP比重逐年提高，2005—2017年年均增长比同期GDP高6.3个百分点，2017年文化产业固定资产投资额较2005年增长12.7倍。2018年，我国文化产业实现增加值38737亿元，比2004年增长10.3倍。2005—2018年文化产业增加值年均增长18.9%，高于同期GDP现价年均增速6.9个百分点；文化产业增加值占GDP比重由2004年的2.15%、2012年的3.36%提高到2018年的4.30%，在国民经济中的占比逐年提高。

值得注意的是，各城市文化产业与文化创意产业的增加值统计口径有很大的差别。例如，全国文化产业发展报告（2017）显示，北京和上海2015年的文化创意产业增加值分别为3072亿元和3020亿元，而2017年京沪两市公布的文化产业增加值分别为2700.40亿元和2081.42亿元（表5-4）。

表 5-4　中国城市文化创意增加值及占城市 GDP 比重（2017—2018 年）

城市	2018 年 GDP	文化创意综合指数	文化产业 GDP（2017 年）	文化产业占城市 GDP 比重（2017 年）	占全国文化产业 GDP 比重（2017 年）
上海	32680	53.507	2081.42	6.8	5.99
北京	30320	71.704	2700.40	9.6	7.77
深圳	24222	66.695	2244.67	10.0	6.46
广州	22859	39.116	1100.00	5.1	3.17
重庆	20363	35.566	662.94	3.5	1.91
天津*	18810	35.065	850.00	4.5	2.45

注：天津 2017 年数据为估计值，其他为各城市的官方公布值。

（二）广州文化总体影响力

广州市社科院发布的《广州蓝皮书：广州文化创意产业发展报告（2018）》估算，2017 年，广州文化创意产业增加值在 2800 亿元左右（图 5-3），其中，互联网文化、游戏等新兴业态发展迅猛，文化创意产业未来增量逐步夯实。总体而言，广州文化创意产业落后于北京、深圳和上海，与杭州大致在同一水平。

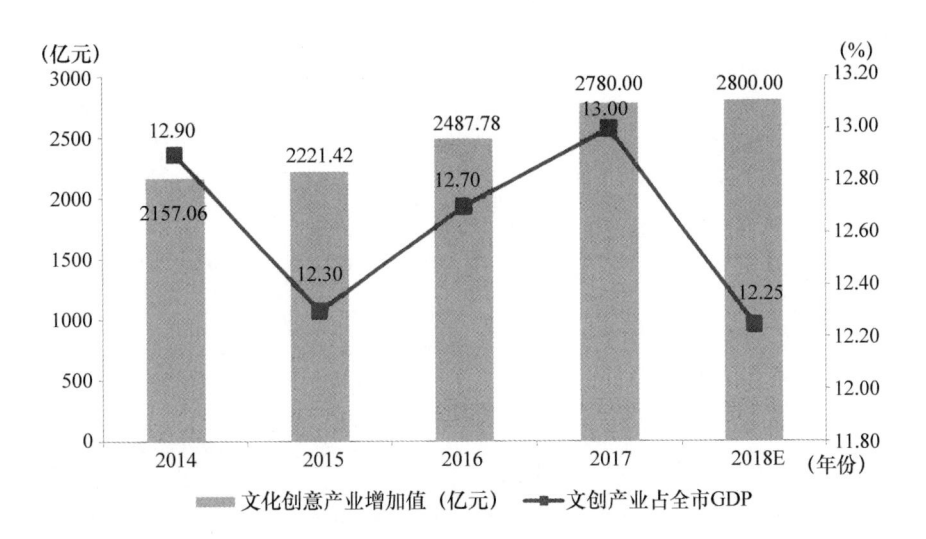

图 5-3　广州文化创意产业增加值及其占全市 GDP 比重（2014—2018 年）

与其他软实力构成要素相比,文化基础资源既是硬实力,更是软实力的重要载体和间接构成要素。广州文化硬件水平已处于国内前列。由于在平面媒体上的卓越表现,广州在文化传播方面也具有较强的引领能力,随着文化传播从有形载体转向网络及移动媒体,广州文化的总体影响力有所下降。

第六章 综合城市功能比较与评价：国际交通枢纽功能

早期交通枢纽的形成和发展受政治、经济、人口中心、工业区、游览区、疗养中心等发展的影响。交通枢纽对于地区之间的联系、地区和城市的发展往往起到非常大的促进作用。大城市、大工业中心、大型海港或河港往往形成交通枢纽。综合城市的交通枢纽功能是其实现集聚和辐射作用的物质基础和平台。

中心城市对腹地的辐射、影响和控制作用是通过交通和通信途径实现的。一切有形资源的集聚和扩散是通过中心城市与周边腹地之间的公路、铁路、港口、机场等交通运输设施实现的；一切无形资源的集聚和扩散是通过电话、传真、电视、网络等通信基础设施实现的，随着现代信息技术的迅猛发展和对经济社会的全面渗透，通信基础设施建设对于城市功能的发挥越来越重要。要想取得对周边腹地的强大影响力，甚至不断扩大腹地范围，仅仅功能强大是不够的，只有通过发达快捷的交通和信息通道才能使中心城市的集散功能得以发挥。

国际大都市一般都有发达的交通和通信设施。例如，纽约有纽约港等15个港口、三大机场，这奠定了其成为全球重要航运交通中心及欧美交通中心的地位；纽约作为全球金融中心的地位高度依赖于其通信网络的容量和可靠性。作为印刷出版、广播与在线媒体的全球中心都市,纽约依托通信基础设施,完成研究、信息收集及产品分销。

再比如东京,作为世界金融中心和东京都市圈的经济控制中心,拥有高效的立体交通,铁路、公路、航空和海运组成了一个四通八达的交通网,通向全国及世界各地。东京有四个机场,其中成田机场是国际著名的航空港,一年中在此出入境的有2000万人,是日本的第一"空港",且有轻轨和快速电气火车直达机场,非常方便快速。时速达230公里的新干线,从东京延伸到九州,每90秒发一辆车,被称为世界上效率最高的城市通道。东京都市圈城市之间有发达的综合交通运输网和现代化的通信系统,东京和大阪、名古屋、神户以及北海道其他各大城市之间,不仅有10多条铁路、快速铁路(新干线)相联系,而且还有高速公路、高等级公路和空中航线相连接,交通、通信都十分便捷,各种交通形式构成了一个发达的综合性的立体交通体系。

显然,中心城市功能的提升、加强对区域资源的集散、扩大区域发展的影响力和带动力在很大程度上取决于城市的交通和信息设施建设水平以及与周边腹地的通达性。

一 城市轨道交通

城市轨道交通是城市公共交通的骨干,是城市综合交通体系的重要组成部分,也是城市国际交通枢纽功能的承载。中国城市轨道交通协会发布的《2018年度城市轨道交通统计分析报告》显示,截至2018年年底,中国大陆地区共有35个城市开通城市轨道交通运营线路185条,运营线路总长度5761.4公里,其中,地铁运营线路总长度4354.3公里,占比75.6%。轻轨运营线路长度255.4公里,占比为4.4%(表6-1)。

表 6-1　2018 年全国主要城市轨道交通运营线路长度（2018 年）　单位：公里

序号	城市	线路长度	地铁	轻轨	单轨	市域快轨	现代有轨电车	磁悬浮交通	APM
1	上海	784.6	669.5	/	/	56.0	23.7	29.1	6.3
2	北京	713.0	617.0	/	/	77.0	8.9	10.2	
3	广州	463.9	452.3	/	/	/	/	/	3.9
4	南京	394.3	176.8	/	/	200.8	/	/	
5	武汉	348.0	263.7	37.8	/	/	/	/	
6	成都	329.8	222.1	/	/	94.2	/	/	
7	重庆	313.4	214.9	/	98.5	/	/	/	
8	深圳	297.6	285.9	/	/	/	/	/	
9	天津	226.8	166.7	52.3	/	/	7.9	/	
10	大连	181.3	54.1	103.8	/	/	/	/	
11	青岛	178.2	44.9	/	/	/	/	/	
12	苏州	164.9	120.7	/	/	/	/	/	
13	郑州	136.6	93.6	/	/	43.0	/	/	
14	沈阳	128.4	59.0	/	/	/	/	/	
15	西安	123.4	123.4	/	/	/	/	/	
16	长春	117.7	38.6	61.5	/	/	/	/	
17	杭州	114.7	114.7	/	/	/	/	/	
18	昆明	88.7	88.7	/	/	/	/	/	
19	宁波	74.5	74.5	/	/	/	/	/	
20	长沙	67.3	48.8	/	/	/	/	18.6	/
—	全国	5761.4	4354.3	255.4	98.5	656.5	328.7	57.9	10.2

资料来源：中商产业研究院大数据库（https://baijiahao.baidu.com/s?id=1631874543049200149&wfr=spider&for=pc）。

从城市轨道交通运营线路长度来看，上海 784.6 公里位居全国第一，北京 713.0 公里位居第二，广州 463.9 公里位居第三。此外，南京、武汉、成都、重庆、深圳、天津超 200 公里。大连、青岛、苏州、郑州、沈阳、西安、长春、杭州超 100 公里。大连、青岛等轨道交通设备制造业城市的应用优势已经显现，南京、苏州等发达地区快速跟上，西安、郑州、长沙等人口大市轨道交通建设投入已经发力。

从地铁网络城区覆盖情况来看，北上广地铁日均客运基本上反映了其常住人口数量及比例关系（表6-2）。就北上广而言，2019年4月每两个实际常住人口对应1人次的地铁客运量。深圳由于城区分散及制造业就业人口就近分布特性及人口覆盖率低于北上广而导致日均客运量低于其实际常住人口。近年来广州新运营线路站间距离太长一定程度上减缓了日均客流增量，站间距离太长对客流损失较大。从客运强度来看，天津、苏州和郑州等城市偏低，未来这些城市面临较大的地铁运营补贴压力。

表6-2　全国主要城市轨道交通客运情况（截至2019年4月）

序号	城市	日均客运量（万人次）	客运强度	线路长度（公里）	地铁长度（公里）	车站数量（座）	站间距离（公里）
1	北京	1148.3	1.8611	713.0	617.0	415	1.487
2	上海	1122.5	1.6766	784.6	669.5	389	1.721
3	广州	899.5	1.9887	463.9	452.3	240	1.885
4	深圳	599.1	2.0955	297.6	285.9	199	1.437
5	成都	394.0	1.7740	329.8	222.1	156	1.424
6	武汉	364.3	1.3815	348.0	263.7	206	1.280
7	南京	340.5	1.9259	394.3	176.8	174	1.016
8	重庆	290.8	1.3532	313.4	214.9	181	1.187
9	西安	262.6	2.1280	123.4	123.4	95	1.299
10	天津	146.2	0.8770	226.8	166.7	153	1.090
11	苏州	106.6	0.8832	164.9	120.7	/	/
12	郑州	92.3	0.9861	136.6	93.6	/	/
13	沈阳	87.3	1.4797	128.4	59.0	/	/
14	大连	56.9	1.0518	181.3	54.1	/	/

注：客运强度＝日均客运量（万人次）/地铁长度（公里）。

轨道交通网络对轨交产业的发展有强大的促进作用。粤港澳大湾区建设同样会对轨交产品有巨大的需求，为此广州应抓住机会大力发展轨交产业，从而在很大程度上提升广州综合城市功能。2019年4月，广州市发布了《广州市推动轨道交通产业发展三年行动计划（2019—2021年）》（以下简称《行动计划》）。《行动计划》指出，到2021年，广州轨道交通产业规模预计达到1200亿元，力争2023年实现产值1800亿元。当前，广州已基本形成规划设计咨询、建设施工、装备制造到运营及增值服务的完整产业链，2018年全市轨道交通产业重点企业超过80家，产业产值规模超800亿元。同时，各领域龙头企业产值占比在70%以上，基本呈现龙头企业带动的发展格局。在轨道交通产业企业数量上，广州各领域在省内占比均排名第一，装备制造领域尤其突出，占比达80%。

二 民用航空

（一）"一市多场"：全球航空枢纽城市的标准配置

"一市多场"是国内外大都市航空运输发展到一定阶段的必然选择。从全球航空枢纽城市排名来看（表6-3），大多数城市都有两个以上的客运机场，伦敦、纽约、洛杉矶、巴黎、芝加哥甚至有4—6个机场。2016年全球十大航空枢纽城市中，伦敦6个客运机场的旅客吞吐量合计达到1.4669亿人次，全球只有伦敦、纽约、东京三个城市旅客吞吐量超过1亿人次。2018年，全球已经有伦敦、纽约、东京、亚特兰大、上海和巴黎6个城市航空乘客人数超过1亿人次，其中伦敦6个机场合计旅客吞吐量达到1.5亿人次左右。

表6-3　　　　　　　全球十大航空枢纽城市（2016年）

排名	城市	客运机场数量（个）	旅客吞吐量（亿人次）	福布斯航空连通率（%）
1	伦敦	6	1.4669	89
2	纽约	6	1.1894	70
3	东京	2	1.084	59
4	亚特兰大	1	0.9618	—
5	巴黎	4	0.9621	81
6	芝加哥	4	0.914	65
7	北京	2	0.9106	—
8	洛杉矶	5	0.9087	46
9	上海	2	0.8966	—
10	伊斯坦布尔	2	0.8046	93
合计		34	10.0988	—

受益于长三角超级城市群和上海自身经济发展，加上自贸区建设以及迪斯尼乐园的开放，上海已经成为亚太航空枢纽中心。目前国内城市除北京、上海外，成都的国际航空枢纽地位迅速上升，正成为第三个拥有两个机场的城市。北京新机场一期工程按2025年旅客吞吐量7200万人次、货邮吞吐量200万吨、飞机起降量62万架次的目标设计。目前，国内超大城市除了竞相增建新机场外，还在机场跑道数量方面展开新较量。2015年，第四跑道的正式投用使浦东机场成为国内首个拥有4条跑道的机场；2016年1月，上海机场集团发布的信息显示，浦东国际机场将扩建至8条跑道，可满足年旅客吞吐量1.6亿人次的需要，根据规划测算，预计到2040年，上海城市机场群的总旅客吞吐量将达2.9亿人次。

城市多机场体系的主要优点，一是能够方便旅客出行，避免舍近求远，对于超大城市尤其如此；二是能够充分利用老机场设施设备资源，避免浪费；三是在老机场周边已形成的一定规模的临空产业区,仍需要以老机场作为依托;四是多机场体系有利于提高城市安全性,应对紧急突发事件;五是从长远看,城市群和拥有巨量人口和巨大经济规模的超大城市的航空需求潜力巨大,单一机场难以满足远期发展要求,需要新老机场共同承担。国际航空枢纽城市每个机场都有不同的客货定位,如伦敦五大主要旅客机场承担的客流定位都有明显的细分市场差别(图6-1)。

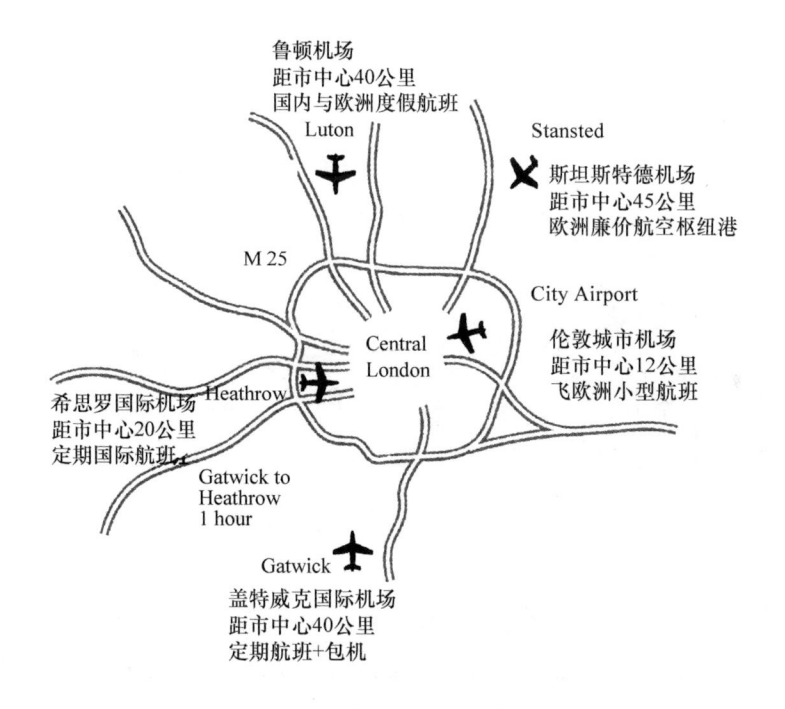

图6-1 伦敦地区五大客运机场位置

(二) 对标洛杉矶:广州大都市区需要多个机场

在全球城市体系中,洛杉矶与广州一样既非国家首都也非国家定位的金融中心城市,大洛杉矶都市区拥有7个机场(图6-2、表6-4),仅排在纽约、伦敦、东京、巴黎、香港之后居全球第六位。从区域面积来看,洛杉矶大都会区包括周边5县共80多个大小城镇,总面积10567平方公里;而广州市区域面积 7434 平方公里,广佛大都市区总面积 11309 平方公里。广佛大都市区与大洛杉矶面积相当,但后者仅两个机场,其中佛山沙堤机场 2016 年仅有 35.6 万人次的客流量。

图 6-2　大洛杉矶地区七大机场位置

从客流来源看,洛杉矶—长滩—圣安娜都会区拥有约 1300 万人口,大洛杉矶地区(Greater Los Angeles Area)5 个县约 1800 万人口。而广州实际总人口 1800 万左右,广佛都市区总人口 2800 万左右,比大洛杉矶地区多 1000 万。

表 6-4　　　　　　　大洛杉矶地区机场及其功能定位

序号	机场名称	方位、距离、功能
1	洛杉矶国际机场(LAX)	西南,距市中心 24 公里,国际旅客
2	伯班克机场(BUR)	西北,距市中心 21 公里,距离好莱坞 15 公里,以休闲度假旅客为主

续表

序号	机场名称	方位、距离、功能
3	长滩国际机场（LGB）	东南，距洛杉矶国际机场60公里
4	范—纳依斯机场（Van Nuys Airport）	西北，距市中心50公里
5	约翰韦恩机场（John Wayne Airport），亦称橙县机场（SNA）	东南，距市中心50公里，距离迪斯尼乐园26公里，以休闲度假旅客为主
6	安大略国际机场（ONT）	东部，距市中心80公里，货运
7	帕姆代尔地区机场（Palmdale Regional Airport）	北部，距市中心65公里，地区机场山区阻隔，实际距离120公里

（三）市场需求：凸显广州"一市多场"的紧迫性

2017年5月，国家发展改革委和国家民航局联合发文，同意广州设立临空经济示范区。该示范区未来将重点依托白云机场，建设成为国际航空枢纽、生态智慧现代空港区、临空高端产业集聚区和空港体制创新试验区。在该政策的助力下，广州临空产业的集聚发展将进一步提速，广州在全球交通网络中的地位也将强化和稳固，成为带动珠三角城市快速融入全球城市的强大动力。

在全球经济一体化的世界格局下，城市间的竞争逐渐演变成为城市群的竞争。机场作为城市间的瞬时连接网络，机场地位即代表了城市地位，也是城市综合功能强弱的具体体现。按照官方评价体系，4F级机场是机场等级中最高的一种，代表可以起降各种大型飞机。在中国内地，只有上海、北京和成都，放眼国际，也是纽约、洛杉矶、伦敦等少数站在塔尖上的城市。图6-3给出了全球60座拥有两个及以上民用机场的城市，广州未来必须拥有两个机场。

2018年，全国年旅客吞吐量1000万人次以上的机场达到37个，较上年净增5个，完成旅客吞吐量占全部境内机场旅客吞吐量的83.6%，较上年提高2.6个百分点。首都机场旅客吞吐

图 6-3 全球 60 座拥有两个及以上民用机场的城市分布

量突破 1 亿人次（表 6-5），北京、上海和广州三大城市机场旅客吞吐量占全部境内机场旅客吞吐量的 23.3%，较上年下降 1.0 个百分点。京津冀机场群完成旅客吞吐量 14499.7 万人次，较上年增长 7.7%。长三角机场群完成旅客吞吐量 22805.0 万人次，较上年增长 9.1%。粤港澳大湾区机场群珠三角九市完成旅客吞吐量 13227.9 万人次，较上年增长 8.4%。成渝机场群完成旅客吞吐量 10202.2 万人次，较上年增长 7.3%。

2018 年，全国年货邮吞吐量 10000 吨以上的机场有 53 个，较上年净增 1 个，完成货邮吞吐量占全部境内机场货邮吞吐量的 98.4%，较上年下降 0.1 个百分点，其中北京、上海和广州三大城市机场货邮吞吐量占全部境内机场货邮吞吐量的 48.8%，较上年下降 1.1 个百分点。京津冀机场群完成货邮吞吐量 240.7 万吨，较上年增长 1.8%。长三角机场群完成货邮吞吐量 558.0 万吨，较上年增长 0.2%。粤港澳大湾区机场群珠三角九市完成货邮吞吐量 316.1 万吨，较上年增长 6.0%。成渝机场群完成货邮吞吐量 106.6 万吨，较上年增长 3.8%。

第六章 综合城市功能比较与评价：国际交通枢纽功能

表6-5 全国主要机场吞吐量排名（2018年）

机场	名次	旅客吞吐量（人次）本期完成	上年同期	同比增速（%）	名次	货邮吞吐量（吨）本期完成	上年同期	同比增速（%）
合计		1264688737	1147866788	10.2		16740229.1	16177345.4	3.5
北京/首都	1	100983290	95786296	5.4	2	2074005.4	2029583.6	2.2
上海/浦东	2	74006331	70001237	5.7	1	3768572.6	3824279.9	-1.5
广州/白云	3	69720403	65806977	5.9	3	1890560.0	1780423.1	6.2
成都/双流	4	52950529	49801693	6.3	5	665128.4	642872.0	3.5
深圳/宝安	5	49348950	45610651	8.2	4	1218502.2	1159018.6	5.1
昆明/长水	6	47088140	44727691	5.3	8	428292.1	418033.6	2.5
西安/咸阳	7	44653311	41857229	6.7	13	312637.1	259872.5	20.3
上海/虹桥	8	43628004	41884059	4.2	9	407154.6	407461.1	-0.1
重庆/江北	9	41595887	38715210	7.4	10	382160.3	366278.3	4.3
杭州/萧山	10	38241630	35570411	7.5	6	640896.0	589461.6	8.7
南京/禄口	11	28581546	25822936	10.7	11	365054.4	374214.9	-2.4
郑州/新郑	12	27334730	24299073	12.5	7	514922.4	502714.8	2.4
厦门/高崎	13	26553438	24485239	8.4	12	345529.1	338655.7	2.0
长沙/黄花	14	25266251	23764820	6.3	21	155513.1	138737.6	12.1
青岛/流亭	15	24535738	23210530	5.7	15	224533.8	232063.9	-3.2
武汉/天河	16	24500356	23129400	5.9	16	221576.3	185016.7	19.8
海口/美兰	17	24123582	22584815	6.8	17	168622.2	154496.0	9.1
天津/滨海	18	23591412	21005001	12.3	14	258734.8	268283.5	-3.6
乌鲁木齐/地窝堡	19	23027788	21500901	7.1	20	157725.8	156741.5	0.6
哈尔滨/太平	20	20431432	18810317	8.6	23	125042.0	121176.2	3.2
贵阳/龙洞堡	21	20094681	18109610	11.0	27	112396.2	102369.7	9.8
三亚/凤凰	22	20039035	19389936	3.3	29	95132.9	89115.9	6.8

资料来源：中国民航局：《2018年民航机场生产统计公报》（http://www.caac.gov.cn/XXGK/XXGK/TJSJ/201903/t20190305_194972.html）。

世界竞争战略之父迈克尔·波特将机场喻为"国家和地区

经济成长的引擎"。根据国际民航组织的统计数据,每 100 万旅客可以为区域创造 1.3 亿美元的收益,每新增一个航班将增加 750 个工作岗位。以纽约地区为例,当地 50% 的 GDP 和 25% 的就业都与航空运输有关。不只如此,作为一个城市的空中门户和对外交流的重要窗口,机场对于城市的意义已不单单局限在

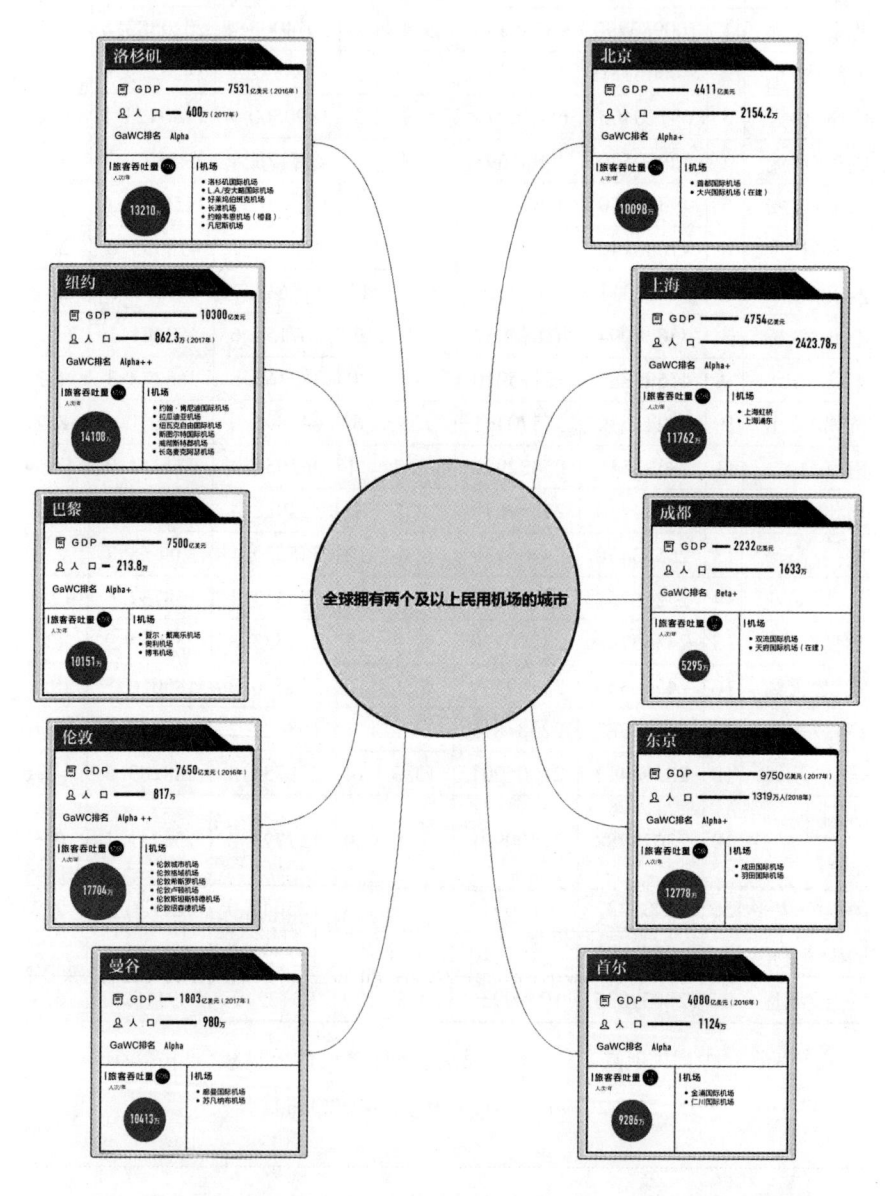

图 6-4 全球拥有两个及以上民用机场的城市经济、人口与航空客运量

临空经济的领域，它的带动能力和航线网络的连通性，直接影响着所在城市的国际影响力和竞争力。《每日经济新闻》记者杨欢在对全球60座拥有双机场的城市数据分析中发现，拥有4F级双机场的城市排名几乎都在Alpha或Beta级别（图6-4）。以同在兴建第二个4F机场的北京和成都为例，在最新发布的榜单排名中，一个处于Alpha+级别，排名升至全球第四位，一个晋级Beta+，排名升至全球第71位[①]。按照报告主要编写者、GaWC副主任本·德拉德与凯瑟·佩恩的说法，生产性服务业是城市"软基础设施"的核心构成。而国际性机场枢纽则被视为"硬基础设施"，两者相互作用，一个互联互通的世界城市网络因此形成。

三 高铁网络

从高铁所涉及的产业链及其上下游延伸产业链来看，除了高铁线路所经过的乡村地区在建造期间对乡村产生部分影响外，高铁绝大部分经济影响主要发生在城市。高铁对城市经济振兴的催化作用是通过两个方面进行的。一方面，是高铁建设过程中所产生的直接经济影响，高铁不仅是高新技术的集成，其独特的产业链条，紧密带动机械、冶金、建筑、橡胶、合成材料、电力、信息、计算机、精密仪器等相关产业发展，并促进这些产业结构优化升级。另一方面，高铁的建成，缩小了时空距离、增进了城市间的交流与合作，加速了人力资本、信息、技术、物质资料等经济要素的流动，从而有助于沿线城市整体性的人口与产业的增长。从城市高铁车站到发车次和始发车次来看，广州城市高铁功能极为强大，到发车次因广深线和广珠线公交化运营而有较大优势，但始发车次却少于北京（图6-5）。

[①] 杨欢：《数读｜20座顶尖城市告诉你，4F级别双机场是国际化的标配》，《每日经济新闻》2019年7月19日。

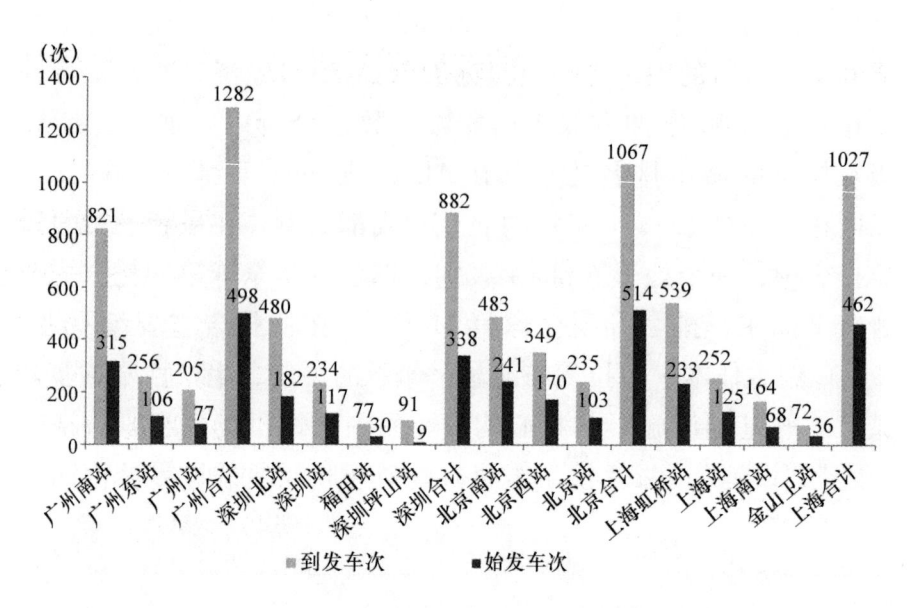

图 6-5 北上广深高铁对外功能比较

（一）全国火车站（高铁站）客流量最高峰排名

广州的高铁优势与珠三角外来人口的数量有极大关系。从单个车站来看，广州南站是全国客流最大的车站，其次是上海虹桥站和北京西站。高铁改变了中国经济发展版图，中西部人口大省的省会城市有较大的优势。但从城市角度来看，北京三大高铁站高峰客流量67.27万人次，而广州南站和广州站两大对外车站高峰客流只有52.1万人次，表明广州城市高铁功能弱于北京。由于广州商旅人口少于北京、上海，因此总体上广州高铁功能仍旧只能居全国第三位，如表6-6所示。

表 6-6 2013年以来全国火车站（高铁站）客流量最高峰排名（2013—2018年）

排序	车站	高峰客运量（万人次）	高峰记录日期	站台数量（个）	所属路局
1	广州南站	33.5	2018年10月3日	28	广铁集团1
2	上海虹桥站	29.5	2017年4月2日	30	上海铁路局1

续表

排序	车站	高峰客运量（万人次）	高峰记录日期	站台数量（个）	所属路局
3	北京西站	25.27	2018年2月10日	18	北京铁路局1
4	杭州东站	24.9	2018年4月29日	28	上海铁路局2
5	郑州站	21.5	2016年4月30日	13	郑州铁路局1
6	北京站	21	2016年2月6日	14	北京铁路局2
7	北京南站	21	2016年10月1日	20	北京铁路局3
8	深圳北站	20	2018年10月3日	20	广铁集团2
9	西安站	18.8	2016年10月1日	11	西安铁路局1
10	天津站	18.7	2017年10月1日	18	北京铁路局4
11	广州站	18.6	2013年2月6日	7	广铁集团3
12	成都东站	18	2018年10月1日	26	成都铁路局1
13	南京南站	17	2017年4月2日	28	上海铁路局3
14	汉口站	16.9	2017年10月2日	18	武汉铁路局1
15	西安北站	16	2018年10月1日	34	西安铁路局2
16	重庆北站	15.7	2016年10月1日	26	成都铁路局2
17	上海站	15.5	2017年五一期间	13	上海铁路局4
18	长沙南站	14.9	2018年6月16日	24	广铁集团4
19	南昌站	14.25	2015年10月1日	13	南昌铁路局2
20	哈尔滨站	13.5	2010年10月1日	13	哈尔滨铁路局1
21	武昌站	13.5	2017年10月1日	9	武汉铁路局2
22	武汉站	13	2017年10月1日	20	武汉铁路局3
23	合肥站	12.7	2013年4月29日	9	上海铁路局5
24	长春站	12	2016年10月1日	16	沈阳铁路局1
25	深圳站	12	2018年2月10日	7	广州铁路局5
26	济南站	11.7	2014年10月1日	7	济南铁路局1
27	昆明站	11.3	2016年10月1日	16	昆明铁路局1
28	沈阳北站	11	2017年1月26日	14	沈阳铁路局2
29	郑州东站	10.15	2017年4月2日	30	郑州铁路局2
30	苏州站	10.1	2016年5月1日	12	上海铁路局6

(二) 高铁产业链分析

高速铁路的建设，其本身是一个巨大的产业链，从建设过程而言，高铁产业链涵盖基建、铺轨、车辆和配套设施购置、运营和维护四大阶段。对高铁产业链做更细化的分析。在基建方面，高铁产业链涉及工程机械、桥梁及隧道专用钢铁、水泥、电力、建筑材料、工程承包以及爆破业；在轨道环节，高铁产业链涉及轨道专用钢铁、轨道加工生产、机床、轨道辅助设备、轨道工程承包等产业；在车辆和配套设施采购环节，高铁产业链涉及机车及车厢生产、钢铁、车轴、轴承、座椅、信息信号设备、计算机控制系统等；在营运维护环节，高铁产业链涉及养护耗材、零部件、相关易损设备等。

高铁产业链可分为三大组成部分。第一部分是高铁基础设施产业，包括高铁土建工程和高铁轨道铺设。高铁土建工程涉及的产业与上面基建环节相同，高铁轨道铺设与上面的轨道环节一样。高铁车辆制造由于其在高铁产业链中的重要性独成一枝，包括高铁机车制造和高铁动车组制造，以及车轴、轴承和座椅等高铁车辆辅助产品制造，还包括其他高铁零部件产品制造。高铁营运与维护是高铁产业链的第三大组成部分，本书将高铁信息产业也纳入其中，主要因为高铁的营运与高铁计算机系统、高铁通信工程密切相关。此外，笔者将高铁养护耗材和高铁营运过程中的易损设备也纳入高铁维护产业当中。如图6-6所示，高铁产业链中各子产业链都相互关联，从而形成完整的高铁产业链。

高铁基础设施建设主要由北京、成都和上海三个城市主导。北京拥有高铁基建最大和最权威的企业和机构，除新成立的铁路行业巨无霸企业中国中铁总公司外，还拥有中国铁建和中国中铁两大铁路基建上市企业。成都的中铁二局和上海的隧道股份在高铁基础设施建设中也有巨大的能量。

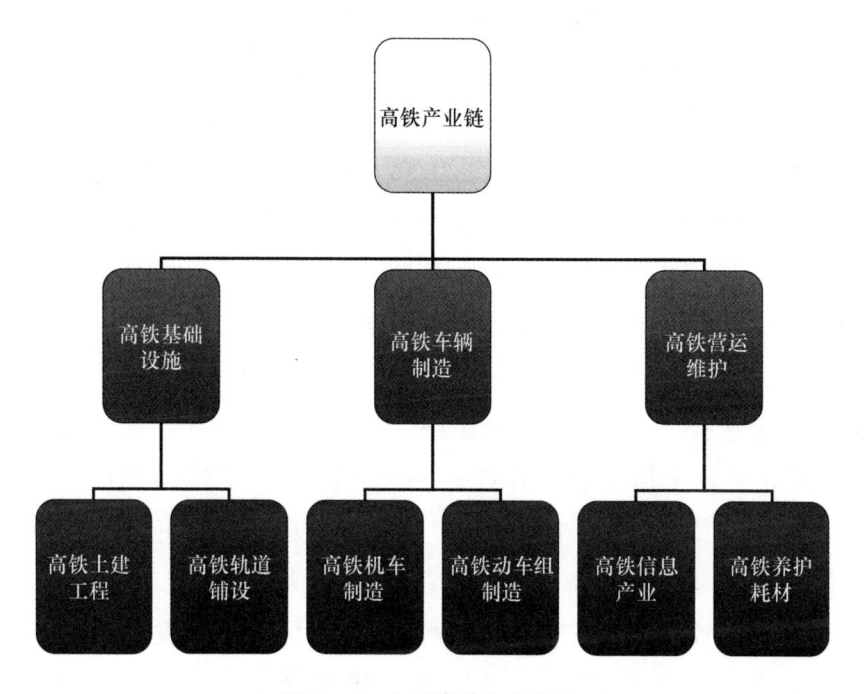

第六章 综合城市功能比较与评价：国际交通枢纽功能

```
                    ┌─────────┐
                    │高铁产业链│
                    └────┬────┘
         ┌───────────────┼───────────────┐
    ┌────┴────┐     ┌────┴────┐     ┌────┴────┐
    │高铁基础 │     │高铁车辆 │     │高铁营运 │
    │  设施   │     │  制造   │     │  维护   │
    └────┬────┘     └────┬────┘     └────┬────┘
    ┌────┴────┐     ┌────┴────┐     ┌────┴────┐
  ┌─┴─┐   ┌──┐   ┌──┐    ┌──┐   ┌──┐    ┌──┐
  │高铁│  │高铁│  │高铁│   │高铁│  │高铁│   │高铁│
  │土建│  │轨道│  │机车│   │动车组│ │信息│   │养护│
  │工程│  │铺设│  │制造│   │制造│  │产业│   │耗材│
  └───┘   └──┘   └──┘    └──┘   └──┘    └──┘
```

图 6-6 中国高铁产业框架

中国中铁股份有限公司是铁路基建的龙头企业，其下属子公司主要分布于北京、成都、郑州和武汉四个城市；其余多分布在各省会城市以及国内传统工业城市如秦皇岛、洛阳和宝鸡等城市；随着台海局势的缓和，福建的平潭和莆田也有中国中铁的子公司。中国铁建股份有限公司下属子公司主要分布在北京、上海、天津和西安四大城市，其中在北京市的子公司涉及建筑业、金融业、保险业、专业技术服务业、房地产业、物流业以及其他服务业；上海和武汉等城市也拥有勘察设计、咨询监理等专业服务业；长沙铁建重工集团则具备较强的建筑工业制造能力和营利能力，表明这些城市占据行业高端，与这些城市知识技术密集相关。

北京是中国高铁车辆制造业的神经枢纽城市，中国南车和中国北车两大高铁车辆制造集团企业总部都设在北京，在国内城市中拥有无可匹敌的地位。中国南车和中国北车是中国轨道交通装备制造行业的领军企业，也是世界轨道交通装备制造行业的重要成员。中国南车拥有19家全资及控股子公司，分布在全国11个省市，员工近9万人。中国北车规模与中国南车相当，拥有下属企业26家，其中全资子公司20家，控股公司5家，分公司1家。

两大高铁车辆制造集团拥有雄厚的科研实力，其中中国南车拥有变流技术国家工程中心、高速列车系统集成国家工程实验室、动车组和机车牵引与控制国家重点实验室、高速动车组总成国家工程技术研究中心4个国家级研发与实验机构、6个国家认定企业技术中心、7个经国家实验室认可委员会认可的检测实验中心、6个博士后工作站，并在美国成立了我国轨道交通装备制造行业第一个海外工业电力电子研发中心，在英国成立了功率半导体研发中心。

两大高铁车辆制造企业集团在北京还拥有研发、设计、制造、维修及服务和相关产品销售、技术服务及设备租赁业务，进出口业务，与以上业务相关的实业投资、资产管理、信息咨询业务等各子公司或控股企业，开展高铁产业链高端服务，这些都为北京牢牢占据产业链高端奠定了基础。

在具体制造环节，株洲是中国南车集动车组整车及核心零部件、机车整车及核心零部件、城轨地铁整车和核心零部件于一身的高铁制造中心城市，拥有南车株洲电力机车有限公司、南车株洲电力机车研究所有限公司和南车株洲电机有限公司三大高铁制造企业。青岛是中国南车的动车组整车、城轨地铁整车的第二大制造基地，其次是常州和南京，成都、洛阳和资阳则能制造机车整车（表6-7）。

表6-7　　　　中国南车集团高铁制造主要城市分布

公司名称	城市	主要业务		
南车株洲电力机车有限公司	株洲	动车组整车	机车整车	城轨地铁整车

续表

公司名称	城市	主要业务		
南车资阳机车有限公司	资阳		机车整车	
南车戚墅堰机车有限公司	常州		机车整车	
南车青岛四方机车车辆股份有限公司	青岛	动车组整车		城轨地铁整车
南车南京浦镇车辆有限公司	南京	动车组整车		城轨地铁整车
南车成都机车车辆有限公司	成都		机车整车	
南车洛阳机车有限公司	洛阳		机车整车	
南车株洲电力机车研究所有限公司	株洲	动车组核心部件	机车核心部件	城轨地铁核心部件
南车戚墅堰机车车辆工艺研究所有限公司	常州	动车组核心部件	机车核心部件	城轨地铁核心部件
南车株洲电机有限公司	株洲	动车组核心部件	机车核心部件	
青岛四方庞巴迪铁路运输设备有限公司	青岛	动车组整车		

资料来源：中国南车股份有限公司2012年年度报告，本书做了相关分类整理。

与中国南车集团业务相似，中国北车集团主要业务范围是以高铁制造为核心的高铁及城轨交通及高铁服务业，高铁服务业在北车集团比重逐步上升，北京作为中国高铁大脑的地位也将进一步巩固。此外，中国北车集团还提供通用机电服务和战略新兴产业服务。中国北车集团高铁车辆及零部件制造业务主要集中于大连、长春和唐山，齐齐哈尔也是重要的铁路装备制造基地。此外，长春和唐山还是中国北车重要的高铁研发中心，与北京一起构成了中国北车高铁研发三角。中国北车集团下属子公司所在地基本上都是中国传统工业城市，除大连、长春、唐山外，其他城市的子公司基本上可归属于高铁运营和维护产业。与南车相似，北车集团在北京聚集了高铁高端服务业，包括北车投资公司、北车物流、北车财务、北车进出口和北车建工等公司。中国南车和中国北车在香港所设立的公司基本上与高铁技术进出口有关，香港成为中国高铁与国外高铁装备和技术交流的窗口城市。除中国南车和中国北车两大高铁装备制造企业集团外，不少原国家工业城市都有涉足高铁零部件制造的上市企业，而新兴的工业城市如嘉兴、漳州和威海等城市也有上市企业涉足高铁零部件制造，但规模都比较小。

高铁信息产业包括高铁信息产品的制造和高铁运营软件产品的提供。北京和深圳是中国高铁信息产业的主要城市，其他城市如广州、郑州、杭州和威海也都有高铁信息业上市企业，但其仅有部分产品为高铁提供直接服务。总体而言，广州在轨道交通设备制造方面不占任何优势，仅在高铁旅客运输方面有优势。而广州已经将轨道交通产业列入未来发展的重点，因此本书将各城市高铁经济发展指数分项数据整理并将一级指标标准化之后，其对应权重分别为 0.20、0.25、0.30、0.16 和 0.09，形成表 6-8。

表6-8　　　　中国城市高铁经济发展指数及分项指数

城市	高铁基础设施指数	高铁制造业指数	高铁服务业指数	高铁建设、维护及下游产业指数	区域经济支撑能力指数	高铁经济发展指数
哈尔滨	0.449	0.033	0.196	0.088	0.380	0.205
长春	0.405	0.365	0.191	0.042	0.315	0.265
沈阳	0.682	0.032	0.238	0.219	0.470	0.293
大连	0.481	0.193	0.195	0.010	0.432	0.243
北京	0.944	1.000	1.000	1.000	0.945	0.984
天津	0.617	0.025	0.231	0.134	0.670	0.281
太原	0.431	0.136	0.418	0.195	0.205	0.295

续表

城市	高铁基础设施指数	高铁制造业指数	高铁服务业指数	高铁建设、维护及下游产业指数	区域经济支撑能力指数	高铁经济发展指数
石家庄	0.541	0.024	0.342	0.108	0.234	0.255
济南	0.510	0.037	0.162	0.099	0.387	0.211
青岛	0.319	0.104	0.312	0.150	0.394	0.243
乌鲁木齐	0.000	0.000	0.000	0.000	0.169	0.015
兰州	0.000	0.025	0.000	0.000	0.141	0.019
西安	0.672	0.028	0.330	0.126	0.406	0.297
郑州	0.650	0.000	0.440	0.140	0.291	0.311
徐州	0.233	0.000	0.418	0.051	0.157	0.194
成都	0.675	0.063	0.266	0.350	0.407	0.323
广元	0.000	0.000	0.000	0.000	0.067	0.006
重庆	0.614	0.000	0.184	0.057	0.649	0.245
武汉	1.066	0.047	0.647	0.329	0.420	0.510
合肥	0.571	0.000	0.412	0.245	0.211	0.296
南京	0.831	0.041	0.272	0.151	0.437	0.322
杭州	0.670	0.033	0.266	0.210	0.450	0.296
上海	1.000	0.032	0.457	0.161	0.952	0.456
宁波	0.342	0.000	0.303	0.125	0.359	0.212
昆明	0.000	0.000	0.000	0.000	0.193	0.017
南宁	0.000	0.000	0.000	0.000	0.189	0.017
桂林	0.000	0.000	0.000	0.000	0.091	0.008
贵阳	0.000	0.031	0.000	0.000	0.189	0.025
长沙	0.579	0.000	0.557	0.108	0.265	0.324
衡阳	0.247	0.000	0.263	0.021	0.093	0.140
南昌	0.506	0.000	0.395	0.048	0.208	0.246
福州	0.487	0.000	0.543	0.083	0.269	0.298
厦门	0.337	0.000	0.528	0.147	0.350	0.281

续表

城市	高铁基础设施指数	高铁制造业指数	高铁服务业指数	高铁建设、维护及下游产业指数	区域经济支撑能力指数	高铁经济发展指数
广州	0.892	0.000	0.399	0.148	0.695	0.384
深圳	0.746	0.000	0.136	0.107	0.733	0.273

（三）中国城市高铁经济发展指数

对城市高铁经济发展指数进行非参数 Kernel 密度估计后发现，国内主要城市高铁经济发展呈现明显的分层特征：北京的高铁经济发展程度最高，位于密度分布图最右端尘峰；武汉和上海的高铁经济发展程度也脱离主峰向右侧延伸；自衡阳至广州共 25 个城市的高铁经济发展程度在密度分布图的主峰位置。从中国城市高铁经济发展指数排名来看，北京因高铁企业总部及相关研究机构的雄厚实力高居全国第一。其次则是武汉因处于中国经济和人口重心而位居全国第二，广州落后于上海居全国第四（图 6-7）。

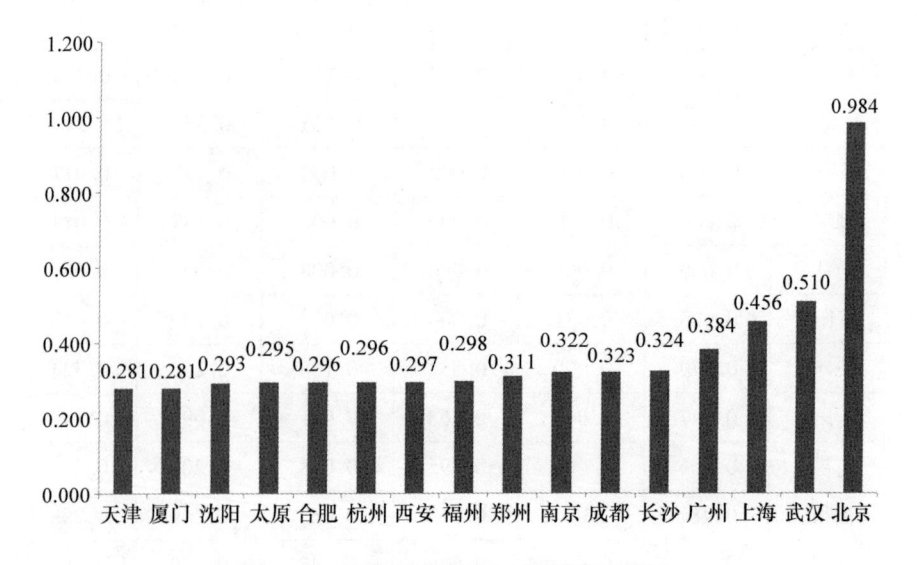

图 6-7 中国城市高铁经济发展指数排名

四 海洋运输

广州港口国际地位的增强与中国加入 WTO 之后的珠三角外贸大增长密切相关。2008 年国际金融危机之后,珠三角产业转移加快,同期东南亚地区和中国中西部地区则进入快速发展阶段,广州港口的地位面临下降威胁。从东亚港口发展史来看,港口产能增长类似日本—亚洲四小龙—中国经济增长序列。中国外贸和港口高速增长期已过,东南亚港口迅速发展的机遇之门已经打开,广州港口基础设施能力飞速增长的动力大为削弱,广州港口未来的发展取决于如何服务好广州腹地与东南亚在客流、物流等方面的互联互通需求。

(一) 世界港口吞吐量排行榜

中国沿海港口吞吐量,广州近年来排名一直保持前几位。2009 年广州港口吞吐量约比排名第三的天津少 1000 万吨,但从集装箱吞吐量来看,2018 年广州比 2009 年净增 1073 万标箱,增长 95.89%,高于同期天津的 83.91% 和上海的 68.04%,也高于同区域深圳的 41.04%。2009 年,上海和深圳在集装箱吞吐量方面遥遥领先,广州与天津、宁波、青岛三个港口城市同处于第二层次。天津 2005 年集装箱年吞吐量高于广州,而青岛直至 2008 年才被广州超过,宁波港自 2002 年以来集装箱吞吐量的增长一直快于广州,这表明宁波的海港型城市发展战略取得较大的成功。值得注意的是,天津近年来加快了海港建设步伐,力图打造成为中国北方航运中心城市,其增长势头强于广州,加上作为其主要腹地的北京发展势头强劲,进口需求持续增长,天津对广州的港口枢纽地位形成强有力的挑战。2009 年以来,国际金融危机对宁波、青岛、天津等港口冲击要大于广州，广州第三的位置得到暂时的维持，2018年广州集装箱数量为2192万标箱，全国处于第四位（图6-8、表6-9）。

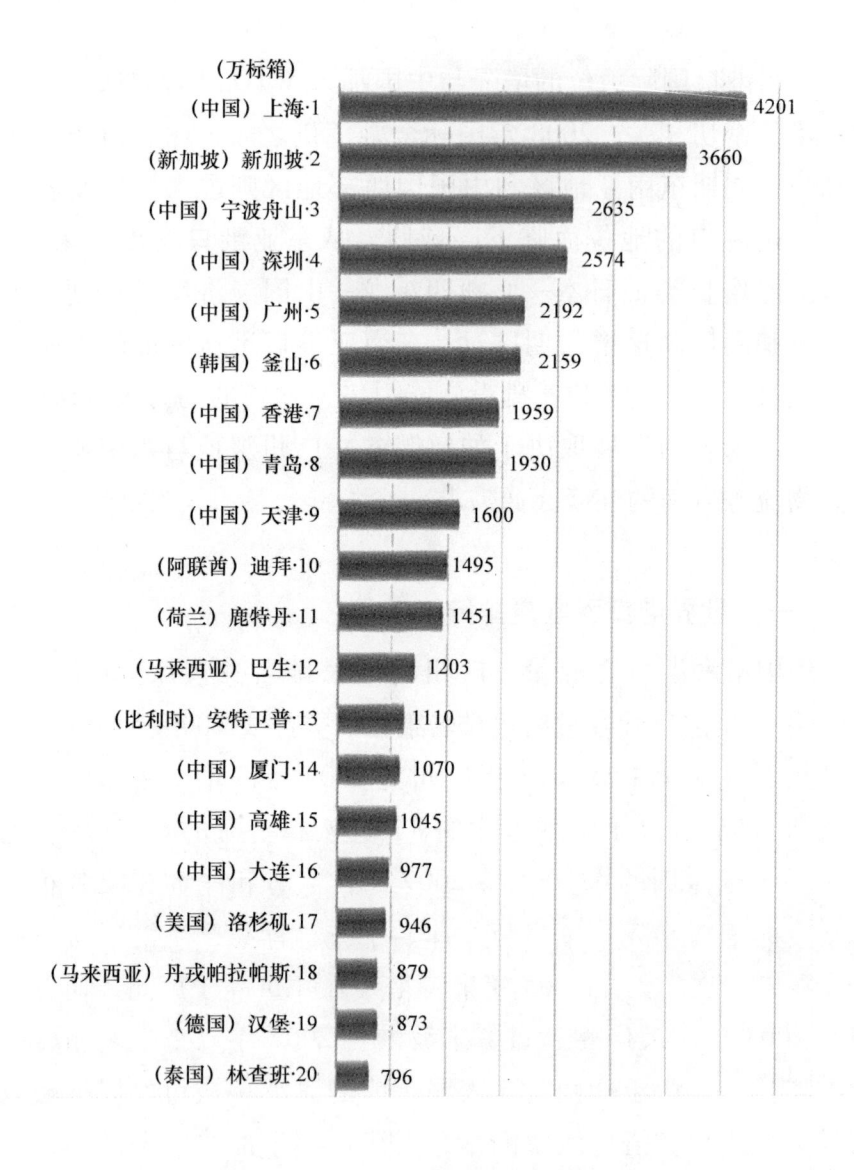

排名	港口	万标箱
1	（中国）上海	4201
2	（新加坡）新加坡	3660
3	（中国）宁波舟山	2635
4	（中国）深圳	2574
5	（中国）广州	2192
6	（韩国）釜山	2159
7	（中国）香港	1959
8	（中国）青岛	1930
9	（中国）天津	1600
10	（阿联酋）迪拜	1495
11	（荷兰）鹿特丹	1451
12	（马来西亚）巴生	1203
13	（比利时）安特卫普	1110
14	（中国）厦门	1070
15	（中国）高雄	1045
16	（中国）大连	977
17	（美国）洛杉矶	946
18	（马来西亚）丹戎帕拉帕斯	879
19	（德国）汉堡	873
20	（泰国）林查班	796

图6-8 2018年世界港口吞吐量排行榜

资料来源：散寒苏：《2018年世界港口吞吐量排行榜》，《聚焦新观察》2019年7月21日。

表6-9　上津广深集装箱吞吐量增长比较（2009年、2018年）

城市	2009年（万标箱）	2018年（万标箱）	增量（万标箱）	增长率（%）
上海	2500	4201	1701	68.04
广州	1119	2192	1073	95.89
天津	870	1600	730	83.91
深圳	1825	2574	749	41.04

（二）建设航运中心是增强城市活力的重要路径

从国内外经验看，无论历史上的纽约、伦敦，还是现在的香港、新加坡、上海，国际贸易中心必然需要国际航运中心相配合。广州具备建设国际航运中心的基本条件，近年来大力推进的国际航运枢纽、航空枢纽建设巩固提升了这一基本条件。依托国际航运中心建设，带动现代服务业和先进制造业发展，是增强城市经济活力的重要路径。广州还是全国乃至全球为数不多拥有海、陆、空交通枢纽的城市，临空经济示范区获批，建设国际港口城市、航空大都市和国际物流中心的条件也十分优越。党的十九大报告指出，"赋予自由贸易试验区更大改革自主权，探索建设自由贸易港"，为广州打造国际航运中心提供了良好的制度创新环境。

全球城市一般都具有强大的国际交往能力。广州一直以来就是我国对外开放重镇和通商口岸，拥有丰富的国际交往经验。依托国际航运战略枢纽，广州正构建起通达全球的交通和产业网络，为广州建设国际交往中心提供强大支撑。在国家内外开放合作战略中，广州始终被赋予重要定位，是"一带一路"枢纽城市和粤港澳大湾区、泛珠三角区域、珠江—西江经济带核心城市，已经成为国际交往交流的"会客厅"。近年来，广州主动"走出去"，在国际上开展全方位、多形式的路演、推介和宣传活动，主办一系列具有世界影响力的重大活动，国际知名度迅速提升。

第七章　广州综合城市功能的总体评价

2018年10月，习近平总书记视察广东广州，要求广州要实现老城市新活力，在综合城市功能、城市文化综合实力、现代服务业、现代化国际化营商环境方面出新出彩。习近平总书记的重要讲话，为新时代广州城市发展提供了根本遵循，注入了强大动力。广州是国家重要的中心城市、国家商贸中心和综合交通枢纽，得益于改革开放的先行优势，广州经济发展总量一直处于全国前列，城市综合实力不断提升。为实现老城市新活力，要深刻认识自身发展基础、优势和短板、不足，找准新时代增强城市功能的着力点和实施路径。

一　广州综合城市功能的基础及优势

（一）经济发展基础雄厚

经过40多年的改革开放，广州经济发展实力不断提升。广州地区生产总值由1978年的43亿元提高到2018年的2.36万亿元，第一产业增加值251.37亿元，第二产业增加值6454.00亿元，第三产业增加值16923.23亿元，第一、第二、第三产业增加值的比例为1.06∶27.32∶71.62，第二、第三产业对经济增长的贡献率分别为25.7%和73.7%。2019年，广州市人均地区生产总值达到156427元，按平均汇率折算为22676美元。来源于广州地区的财政收入6336亿元，城市、农村常住居民人均可支配收入分别为65052元、28868元，进入了高收入地区行列。广州是华南地区工业门类最齐全的城市，制造业综合实力和配套能力居于全国前列，制造业产业体系中，拥有41个工业大类中的35个，汽车、石化、电子、电力热力生产供应产业产值超过千亿元。

积极培育发展战略性新兴产业，一批重大产业项目建成投产，2019年，广州市战略性新兴产业增加值增长7.5%。建成5G基站2.02万座，颁发首批自动驾驶测试、载客测试运营牌照。优化发展先进制造业，部署推进广州制造"八大提质工程"，提升发展服务业，设立上交所南方中心、深交所和新三板广州服务基地，新增上市公司20家（其中科创板5家），全球金融中心指数排名上升到第19位。2019年，服务业增加值增长7.5%，软件和信息技术服务业、知识产权业、人力资源服务业营收同比分别增长14.9%、25.2%和32.9%。加快发展电子商务、新零售等新业态，实现社会消费品零售总额9975.59亿元，旅游业总收入4454.59亿元。不断厚植发展新优势，把发展经济的着力点放在实体经济上，坚持科技创新和制度创新"双轮驱动"，推进新兴产业集聚集群发展，强化优势产业领先地位，发展后劲和竞争力不断增强。

（二）基础设施完善

经过多年基础设施建设，已基本形成"三环十八射"的路网主骨架。到2019年年底，广州开通了13条地铁线路，运营里程400多公里，位居全国第三。拥有5条高快速铁路及4条普速铁路，是华南地区最大的铁路枢纽，形成了珠三角1小时、泛珠三角4小时的发达交通网。2019年，广州白云国际机场这座现代化的国际航空港实现了年旅客吞吐量7338万人次，在全国排名第三，客流总量逼近全球前十强，成为世界上最繁忙的国际航空枢纽之一。广州港吞吐量6.27亿吨，集装箱吞吐量

2323.62万国际标准箱,稳居世界港口前五位。城市信息化建设发展迅猛,邮电业务收入1045亿元。

2019年,白云机场三期扩建工程报告通过国家审批,新开国际航线21条,机场旅客吞吐量7338.6万人次,增长5.2%。南沙国际邮轮母港开港运营,可停靠世界最大吨位邮轮。净增8条国际集装箱班轮航线,港口货物、集装箱吞吐量6.27亿吨和2323.62万标箱,地铁运营里程突破500公里,穗深城际轨道开通运营,南沙大桥建成通车,芳村大道南快捷化改造等12个公路项目顺利完工。加快推动高铁进市中心,加快构建与大湾区城市中心1小时、与邻近省会城市3小时、与国家级城市群主要城市5—8小时互达的交通网络建设。

(三) 开放程度较高

广州拥有广州开发区、南沙经济技术开发区、增城经济技术开发区三大国家级开发区和南沙自贸区、中新广州知识城等国家层面的战略性平台,是"一带一路"重要枢纽城市和粤港澳大湾区核心城市,开放型经济多个领域走在全国全省前列。广州外贸结构发生质的飞跃,服务贸易增速大幅超过货物贸易,跨境电商等外贸新业态实现"井喷式"增长,约占货物贸易的1/3。2019年,商品进出口总值9995.81亿元,外商直接投资实际使用外资金额71.43亿美元。

不断提升开放型经济水平,推进"一带一路"枢纽城市建设。2019年,广州对沿线国家和地区投资增长29.4%,沿线国家和地区来穗实际投资增长19.9%。深化南沙自贸试验区制度创新,累计形成创新成果506项,获全国复制推广42项。白云机场综合保税区二期通过国家验收,成功举办"读懂中国"国际会议、从都国际论坛、国际友城工作40周年大会、海丝博览会、中国法治国际论坛等69场(次)国际重要会议会展,新增外国总领馆2家、国际友城9个、友好港6个。

（四）科教资源丰富

广州地区集中了全省 2/3 的普通高校、70% 的科技人员、97% 的国家重点学科、77% 的自然科学与技术开发机构，以及绝大部分国家重点实验室。2019 年，全市在穗院士人数 51 人，其中，中国科学院院士 22 人和中国工程院院士 22 人，以及国外、境外机构获评院士 7 人，人才集聚效应不断凸显。国家重点实验室 20 家，省级重点实验室 237 家，市级重点实验室 165 家。国家级孵化器 36 家，国家级孵化器培育单位 31 家。全市累计有认定的高新技术企业 12174 家。国家级、省级大学科技园 8 个，高新技术产业发展能力持续增强。

不断加强创新基础能力建设，布局建设高超声速风洞、冷泉系统、人类细胞谱系、极端海洋科考设施 4 个大科学装置。中科院力学所广东空天科技研究院、广东智能无人系统研究院和华南地区唯一的国际 IPv6 根服务器落户南沙，加快再生医学与健康等 4 家省实验室建设。2019 年，广州新增国家重点实验室 1 家、国家企业技术中心 5 家。出台"广州科创 12 条"，启动首批 8 个重大研发专项，专利、发明专利授权量分别增长 16.7% 和 13.2%。技术合同成交额 1273 亿元，增长 77%。科技信贷风险补偿资金池撬动银行贷款超过 140 亿元。牵头完成的 9 个项目获国家科学技术奖，占全省的 90%。获第八届中国创新创业大赛奖 5 项，占全省的 71%，创历史最好水平。

（五）历史人文积淀深厚

作为国家历史文化名城，广州是海上丝绸之路发祥地、近现代中国革命策源地、岭南文化中心地、改革开放前沿地，百越楚庭，汉唐明珠，具有领风气之先、海纳百川的优秀人文传统，中外文化在这里融合发展，是全球唯一千年不衰的商贸名城。文物古迹众多，拥有全国重点文物保护单位 29 处、历史文化街区 26 片、历史文化名镇名村 7 个，非物质文化遗产丰厚，粤剧、广绣等享誉世界。辉煌厚重的历史文化积淀，既是老城市独有的荣光，也是宝贵的资源财富，是支撑国家中心城市地位的重要软实力。

随着文化发展在城市转型发展中发挥着越来越重要的作用，各大城市对城市文化竞争力的认识不断深化，城市文化发展迎来空前热潮，很多城市陆续出台文化规划与政策，包括城市文化发展规划、文化与科技融合、文化遗产保护开发等诸多方面，日益完善城市文化建设的顶层设计。近年来，广州文化建设取得长足发展，文化事业与文化产业双轮驱动，传统经典与现代时尚交相辉映，文化活动与经济发展互促共荣，文化影响力和国际形象大幅提升。城市文化是城市经济新的增长点。21 世纪国际范围内的城市竞争，不仅体现在政治、经济上，而且很大程度上演变为文化竞争力的较量。中国传媒大学文化发展研究院发布的《中国城市文化竞争力研究报告》显示，广州城市文化竞争力综合指数位居第三。

（六）城市更新改造凸显

坚持规划引领发展，开展新一轮城市总体规划、土地利用总体规划编制试点，与审批制度改革相衔接的"多规合一"管理平台上线运行。在全国先行先试国土空间规划编制，制定交通发展战略规划和一批重大发展平台控制性规划。推进全国城市设计试点。精准配置土地资源，有效保障重点项目用地。推动国家历史建筑保护利用试点，开展历史文化名城保护规划实施评估和南粤古驿道重点线路建设。围绕提升广州城市能级和核心竞争力，坚持城乡整体规划、一体建设、精细治理，增强作为国家中心城市和省会城市的经济和人口承载力，不断增强城市影响力、辐射力和显示度。

推进城市更新改造，强化顶层统筹，优化城市更新顶层设计，加强前瞻性规划研究，统筹全局管控，着眼解决"大城市病"突出问题，坚持以绣花功夫管理城市，让城市有机更新成为广州高质量发展的战略抓手。积极开展"三旧"探索与实践，盘活了大量低效存量用地，有力支持了广州经济高速发展。统筹推进城市更新，向存量要空间、以质量促发展，在改善保障民生、完善城市功能、提升城市品质、盘活存量资源、激发内生活力和促进经济高质量发展等方面取得历史性、阶段性成效，坚持"改造治理与新增建设相结合"的总原则，带动城市生产空间、生活空间和生态空间进一步释放。

二 广州综合城市功能的短板与不足

（一）核心技术及自主知识产权开发能力较弱

知识创新能力主要反映的是源头创新、原始创新的能力，主要涉及创新活动的发动水平及上游发展能力。从前面的比较结果看，广州知识创新能力不仅大大落后于当今国际大都市，而且在五大综合城市中也处于较低水平。在创新资源投入和禀赋方面，广州研发经费投入及其占地区 GDP 比重不仅大大低于东京、纽约等国际大都市，也明显低于北京、上海、天津等城市，科技人力资源和独立科研机构也比北京、上海薄弱许多，甚至在一些指标上低于天津。创新资源之不足直接制约了创新产出的水平，目前，广州专利申请和授权量都大大低于京沪两市，其中80%的专利不涉及核心技术，而发明专利仅为北京的1/6、上海的1/4和天津的60%，尤其值得注意的是，广州高新技术产业中拥有自主知识产权产品的比重不足30%，也大大低于京、沪、深等城市。此外，作为知识创新能力的重要体现，广州知识密集型产业也相对滞后，其知识密集型服务业[①]占第三

[①] 这里知识密集型服务业主要包括金融、信息、商务、科技服务业与教育、文化体育娱乐业、卫生及社会福利七大行业。

产业的比重不到50%，也大大低于京、沪、津三大城市。

（二）高端资源集聚和配置能力有待提升

从常识和经验判断，广州是"千年商都"和全国最著名的商业中心城市，市场化程度较高，拥有一大批辐射全国、影响世界的专业市场和"广州价格"，所以在资源配置上应该具有较大"发言权"。然而，事实上由于国家战略性布局的影响、总部经济局限及金融中心地位的制约，广州资源配置特别是高端资源配置的范围和能力仍是较为有限的。从市场化程度看，广州与上海位居第一梯队，表明其资源配置的手段具有先进性，市场化配置资源的能力处于国内领先水平；然而，从金融中心和总部经济发展能力看，广州不仅与国际大都市差距巨大，即使与北京、上海相比也有显著差距，由于这两个指标直接攸关经济控制和重大决策能力，因而这一差距表明广州对高端资源集聚和配置能力仍明显不足。此外，作为全国的商业中心，广州批发业一向发达，目前广州的批发零售比为4，表明其商品批发流转量大大超出城市本身消费量的3倍以上，已具有较高的区域资源配置能力，但这一指标仍大大低于京沪两市（为6左右），甚至略低于后起的天津（为4.66）。总体上看，由于种种因素的影响和制约，广州作为综合城市的资源配置力仍不够强大。

（三）城市文化原创力和吸引力有所下降

作为综合城市，必须在特色文化的生产、传播方面具有较强引领能力和对外吸引力。20世纪八九十年代，广州借改革开放的先发优势，曾经在新文化传播尤其是音乐、电视、时装等时尚流行文化方面起到了前所未有的引领作用，使广东文化风靡全国，盛极一时。然而，进入新世纪之后，随着全方位改革开放格局的形成，广州在文化引领方面的"光环"开始暗淡，特别是随着一大批文化名人纷纷北上，其文化原创力和吸引力逐渐下降。从实践看，当今国际大都市都堪称世界文化名城，在时装、音乐、戏剧、广告、设计等领域形成了全球影响力和辐射力，广州与之相比差距很大。即使与京沪两市相比，广州文化创新能力也薄弱许多，文化产业领军企业偏少，真正拥有独立知识产权的文化产品比较稀缺，文化品牌实力严重不足，文化异质性趋于减弱，城市文化形象较为模糊，文化消费品位总体不高，高雅文化供给较为缺失。

特别值得一提的是，近年来无论在文化体制改革还是文化产业创新发展上，广州都逐步丧失"先行地"或"领头雁"地位，而江浙、湖南等地则在文化发展上异军突起，成为全国文化体制改革与创新的新"标杆"。

文化引领水平有待提升，高端智库较少，文化政策体系不够完善，文化产业竞争力不强，2017—2018年度国家文化出口重点企业中广州（含省属）只有11家，低于北京的37家、上海的25家、深圳的15家，讲好广州故事、传播好广州声音的统筹整合力度有待提升，城市国际形象和国际品牌推广的战略性、系统性、持续性有待加强。

（四）国际交往的结构层次偏低

作为综合城市，必然是连通国内外的枢纽以及国际交往的中心。与其他功能相比，除经济因素影响外，国际交往中心更多受制于国家对一个城市的发展定位，很显然，作为首都一般都是所在国最主要的国际交往中心。由于发展阶段和国际化程度上的差异，广州在国际交往层级上还远不能同当今国际大都市相比。即使与五大综合城市相比，广州也远逊于京沪两市。从总体比较结果看，广州在国际交往的硬件设施和交往人口规模方面勉强与京沪相比肩，其主要差距是国际交往的结构层次明显偏低。广州驻穗国际组织数量少、影响弱，仅有2个；广州友好城市36个，低于上海的83个、北京的54个；大型高端国际会议活动少，2017年广州举办国际会议22场，低于新加坡160场、香港119场、北京81场。目前，广州每年入境国际游客数居五大城市之首，但其中七成以上为寻亲访友的港澳台同胞，且其中多数以广州为中转地，而非旅游目的地，而京沪的国际游客大多为所谓"外国人"。在常住外籍人口中，广州不仅在总量上远远低于京沪两市，而且在结构上也主要以亚、非、拉等从事低端商贸活动的人口占据较大比重，而京沪两市常住外籍人口主要来自欧、美、日等发达国家。此外，广州在拥有外国使领馆、留学生和举办国际学术会议方面也大大落后于京沪两市，表明广州在吸引高端交流人口、机构和活动方面仍远不能与国内一线城市相比肩。

综合前述比较分析结果看，广州在国际交通中心功能上已具备了综合城市的水准，堪与国内顶级城市甚至国际大都市相比肩；广州国际经济中心地位也日益凸显，并呈现以商贸中心为引领的发展特色和主体格局。然而，与其他综合城市尤其是京沪两市相比，广州在知识创新、文化引领、国际交往、高端资源配置等功能方面还存在较大差距，这凸显出广州在城市"软实力"和社会发展领域的相对不足，需要引起我们高度重视。

（五）城市部分重点功能区建设进展缓慢

经过多年发展，广州空间布局逐渐形成"3+8+1"增长格局，对城市发展形成强有力支撑：以开发区、南沙、增城三大国家级开发区为核心的区域，成为广州城市发展最核心的区域之一；以天河中央商务区、琶洲会展总部经济区、广州国际金融城、广州国际创新城、广州南站商务区、天河智慧城、白云新城、黄埔临港商务区8大高端服务业功能区，开始形成城市发展的新增长点；依托珠江黄金水道沿线的白鹅潭经济圈、北京路文化核心区、珠江新城、国际金融城、国际创新城、黄埔文化旅游区等多个功能组团,对城市发展的贡献日益凸显。

部分重点功能区建设进程缓慢,对广州城市发展未能形成重要增长极:以琶洲互联网创新集聚区、广州国际金融城、珠江新城为主的黄金三角区,除珠江新城外的功能区尚处于建设阶段,对城市发展的贡献未能体现;空港经济区未形成高端化、集聚化、链条化发展的航空产业集群,未能对城市发展形成强有力支撑;广州南站商务区、广州北站商务区发挥交通枢纽作用,但尚未形成融企业管理服务、商务咨询、法律服务、人力资源服务为一体的综合商务服务业态,仍有较大提升空间;北京路文化旅游核心区、白鹅潭经济圈、黄埔临港经济区建设受"三旧"改造政策影响进程缓慢,距离形成完善的城市功能新区仍有较大差距。

(六)广州新城区反磁力效应较弱

一个城市的实力和活力,不仅在于中心城区的繁荣,还在于郊区的"小镇式繁荣";不仅表现为中心城区强大,还应表现在郊区的强大。在这方面,北京、上海与广州形成了鲜明对比。北京包括西城、朝阳、海淀等六区在内的中心主城区占全市GDP的比重高达75%左右,人口占比也超过70%,而其面积却不到全市面积的8%,土地产出率大致为郊区的30倍以上。相对而言,上海主城区GDP大约仅占全市的40%,而且比较分散,浦东新区就分流了老城区很大部分的功能和人口,而郊区如青浦、闵行、嘉定、松江等区,其经济产值与核心几个区都大致相当,形成多级驱动,这些远郊强区容纳了大量的就业人口,而上海主城区人口,不过700万人左右,不到总人口的1/3。

北京尽管拥有首都的功能优势,也具有更大的空间资源,但在综合实力上还是上海要更胜一筹。反观广州,以越秀、天河为代表的中心六区经济总量占到全市 GDP 的近 70%，而其他各区中，除黄埔区具有较强实力外，实力都较弱，远不能与中心区相比。此外，公共服务资源也高度集中配置于中心区，使得郊区或新区的反磁力效应很弱，就业人口仍主要拥挤在中心城区，而郊区新城多沦为缺乏实力的"卧城"。如图 7-1 所示。

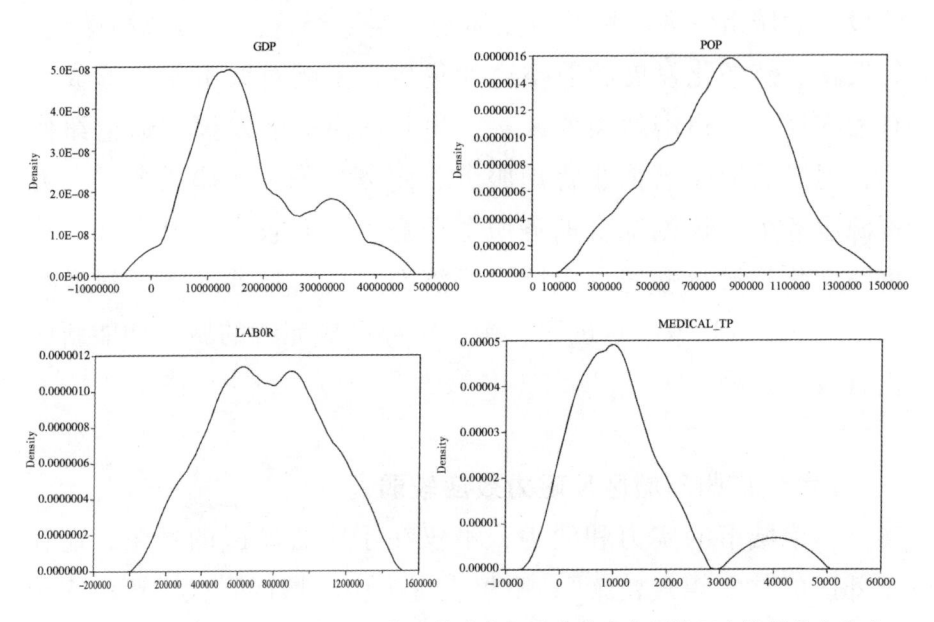

图 7-1 广州各区 GDP、人口、从业劳动力与医疗技术人员的正态增长分布密度

三 新时代广州面临的外部挑战

广州综合城市功能提升除了面临自身发展短板和不足外，还面临更为严峻的外部挑战和隐忧。

（一）国家实施新一轮战略转型为内陆城市加速崛起提供了发展机遇

在我国新近确定的五大综合城市中，中西部城市重庆首次进入了国家战略性规划框架，从而彻底改变了东部沿海城市"一统天下"的发展格局。这是一个良好的开端，昭示着国家战略的调整和转型。过去，东部沿海城市得益于对外开放战略和出口导向型经济发展模式而率先崛起，在国家战略中占据了重要地位。今后，我国将加快转变经济发展方式，大力发展内生性经济，这给中西部地区富有潜力的中心城市提供了追赶发达地区的重大机遇。在出口导向型经济背景下，内陆中心城市的优势难以发挥，但是当国家战略重点转向发展内生性经济，靠内需拉动经济增长的时候，内陆中心城市的后发优势特别是国家新战略试验区优势将变得更为明显和有利。由此，随着内需主导战略的深化实施，将会有更多的大区中心城市进入国家战略规划的实施重点中，如武汉市，随着以武汉为中心的高铁运输网络和东湖国家自主创新示范区的逐步建成，武汉极有可能成为国家实施自主创新与扩大内需战略的重要支点，这将给广州这样素以外向型经济为主体的中心城市带来巨大挑战。

（二）珠三角区域竞争格局使广州综合城市地位面临挑战和压力

近期，虽然国家给广州赋予了综合城市的地位，但这种地位其实是不稳固的，在大珠三角地区，与上海在长三角的绝对龙头地位有所不同，广州在珠三角的中心城市地位和面临的竞争格局是有些尴尬的。长期以来，香港坐拥珠三角龙头地位，在高端服务业和国际金融上占据了绝对优势，深圳依托体制优势在高科技产业方面成为全国的领军城市。因此，对广州而言，不仅要直接面临近在咫尺的国际大都市香港的强势竞争，而且要面对省内快速崛起的深圳的有力挑战，这两个城市，无论在城市规模能级、财富创造力还是辐射能力方面，都不输于广州，这种"三足鼎立"的格局无疑给广州争夺高端资源及博弈特殊政策方面带来了负面影响。此外，周边二线城市的崛起也使广州备感压力和挑战，由于国际商务及要素价格的大幅上升，这些二线城市先后步入大规模的产业升级行动，在部分高端产业领域对广州形成了强有力的冲击，如在会展领域面临着深圳、东莞、珠海的巨大挑战等。因此，在这错综复杂的区域格局中，广州若不能确立自己的核心竞争力，将无法巩固综合城市地位，毕竟这种地位说到底还是市场选择的结果。

与上海、北京在各自经济圈的绝对龙头地位有所不同，广州所在的珠三角经济圈还同时面临着另外两个能级大致相当的中心城市——香港和深圳的竞争，由此，在小小的珠三角地区，广州的中心城市地位不但面临着国际大都市——香港的强势竞争，在高端服务业方面处于下风，而且还面临着快速崛起的新经济中心——深圳的有力挑战，在高科技制造业方面大大落后。更为不利的是，这两个中心城市均为特区，一个是行政特区，另一个是经济特区，能够直接从国家获得许多优惠政策，这使得广州在一些战略性资源的争夺上处于不利地位，许多战略性发展平台、重大改革试验及优质大项目都先后被香港、深圳夺走，许多本来属于广州的优质资源（如企业总部、金融机构等）也因优惠政策吸引而迁往特区，从而使广州可获得的高端资源被大大分薄，中心城市功能效应相对弱化，龙头地位受到了较大程度的削弱。

区域分工协作体系不利于广州。珠三角地区长期形成了以外资经济为主导的格局，而这些外资所需的生产性服务主要在香港等境外地区，同时，由于外资主导的强势，广州自身也成为外资生产基地的一部分，整个珠三角未能形成以广州为核心的"广州总部+珠三角生产"的垂直型产业分工体系，由此导致广州与东莞、惠州等二线城市之间缺乏紧密的产业链协作，对"广州服务"的总体需求不强也不大，制约了广州服务能级的进一步提高。

（三）广州区域支撑能力总体弱于京沪

目前，围绕京沪穗三个中心城市，在我国分别形成了三大经济圈,而相比于北京、上海,广州所面临的区域支撑无疑是最弱的。首先,有效腹地空间较小。从直接腹地的空间规模看,广州所在珠三角经济圈仅有 4 万平方公里左右,远低于北京所在环渤海经济圈的 21 万平方公里和上海所在长三角经济圈的 11 万平方公里。腹地规模较小,就意味着中心城市可集聚运筹的资源相对较少,这必然影响到中心城市的规模能级。从历史上看,珠三角经济圈为广州中心城市的初期发展起到了重要的支撑作用,但从广州作为国家中心城市的能级提升和进一步发挥区域龙头带动作用看,这种腹地空间就显得相对有限。其次,所面临的区域竞争格局不利。上海、北京都是各自经济圈的首位城市或龙头"老大",是所在经济圈内城市能级最高、产业集聚最高端、最密集的核心城市,特别是上海所在的长三角经济圈,已形成了国内产业分工布局最完善、城市功能分异最明显的大都市圈。而广州作为中心城市所面临的区域竞争格局却十分尴尬。反观上海,由于其在长三角的绝对龙头地位,其他城市都主动寻求与之错位发展或"接轨上海",避免同质化竞争,使得上海能够雄霸区域产业链高端;在环渤海经济圈,随着北京"十三五"期间将生产制造功能逐步向河北、天津转移,京津冀的竞合关系得到显著改善,北京进一步向总部经济、金融控制、信息中心、文化创意中心等高端功能演化,形成"服务全国"的能力。

(四) 内需型经济功能培育尚需假以时日

国际金融危机后,中国经济社会与城市化进入了一个全新的发展阶段,从生产大国进入了消费大国,从贸易大国进入了贸易强国,也正在从制造大国进入创造大国,随着中国经济在世界上的地位不断提升,势必需要拥有一批具有全球经济主导权的综合城市,以代表国家参与国际竞争,并提升中国在国际产业分工链中的地位和话语权。与此同时,我国即将进入"十四五"规划期,未来5—10年我国仍处于重要的战略机遇期,但威胁和挑战进一步加大。从国际环境特点看,国际金融危机尚未完全平息,持续近5年的世界黄金发展期宣告结束,贸易保护主义重新抬头,全球外需萎缩将呈长期化趋势。同时,在全球气候变化及世界气候大会之后,绿色新政大规模兴起,转变发展方式,倡导发展绿色经济、低碳经济与创新型经济,推动新的能源革命,成为全球新一轮经济竞争发展的焦点和"主旋律"。从国内发展态势看,新冠肺炎疫情对我国外部需求造成巨大冲击,拉动我国改革开放以来经济高速增长的出口导向模式已难以为继,我国经济发展将在较长时期转向内需主体型增长,因而城市经济功能的培育则要转向内外兼修,对内着重培育内需型经济功能。

第八章　提升广州综合城市功能的战略思路

思路决定出路，思路决定高度，思路决定成败。提升广州综合城市功能的关键在于有明确的战略思路。根据本书在前文中对综合城市基本功能、战略性功能的内涵所进行的规范，以及对广州综合城市功能现状的分析，特别是根据对制约广州综合城市功能提升的瓶颈的剖析，提出提升广州综合城市功能的战略性思路。

综合性城市一般具有经济、文化、科技、交通、信息、交往等多方面的功能，不同能级、不同区域的城市有其不同的功能特色。增强综合城市功能，是建设国际大都市的重要基础条件。提升广州综合城市功能的关键在于有明确的战略思路，广州既是大城市又是老城市，需要在增强城市功能上出新出彩，立足广州现实条件，着力强化经济中心、枢纽门户、创新带动、国际交往等功能，根据城市发展趋势提出战略思路和实现路径。

一　战略思路

把"高端、广域、控制性"集散功能贯穿综合城市发展的全过程，代表国家参与全球竞争，建设国际经济中心、知识创新中心、国际交往中心、文化引领中心、资源配置枢纽和国际交通枢纽"四中心两枢纽"，完善国际大都市所应该具有的战略性功能。坚持"双轮驱动",坚持高端制造业和现代服务业并举战略,二者互相支持、互相带动、互相融合,共同组成广州的现代产业体系。在发展要素上,坚持创新驱动和投资驱动并重,加大对广州城市建设的投资,包括新城建设、基础设施建设,战略性新兴产业发展以及现有核心产业的产业链完善和提升,都需要进行大量的投资。以打造"国际商贸中心""装备制造业基地""世界文化名城"为三大战略突破口。发展汽车制造、电子信息、精细化工、机械装备、生物医药、新材料、商贸会展、现代物流、金融保险、文化创意十大核心产业。重点抓好城市腹地拓展工程、南方教育高地工程、制造业高端化工程、智慧广州工程、广州价格工程、网络商都工程、区域性金融中心工程、中新知识城工程、购物天堂工程、总部经济工程十大战略工程。建设一批核心产业突出、集聚效应大、辐射范围广、高端控制力强的产业功能区或现代服务业集聚区,从而为资源配置、知识创新、文化引领、国际交往等战略性功能提供有效的空间载体支撑。

紧紧抓住粤港澳大湾区建设机遇,充分发挥核心引擎作用,加强与大湾区城市规划衔接和资源共享,在更高起点、更高层次、更高目标上深化改革开放,在推动高质量发展上聚焦用力,促进城市功能不断完善。推动新时代广州发展出新出彩,实现老城市新活力,处理好长远与短期、老与新、传统与现代的辩证统一关系,夯实底板、补齐短板,增强弱项,坚决打赢三大攻坚战,在若干领域打造一批体现世界一流水平、引领未来发展、具有国际竞争力和影响力的新高地,推进广州国家中心城市建设全面上水平。建设国际大都市,努力探索具有鲜明特色的老城市新活力的广州模式。

二 实现路径

抓住粤港澳大湾区建设大机遇,重点突出国际商贸主导型、综合交通枢纽型都市特色，补齐商贸业控制与带动能力不强、国际综合交通枢纽集散能力不强、全球定价议价能力不强、全球价值链主导能力不强、国际交流交往与活动策划力不强和国际宜居宜业环境不够优越等短板，促进老城市展现新活力，形成综合城市功能强大的国际大都市。

（一）强化经济中心功能

以供给侧结构性改革为主线，坚持主导产业引领，龙头企业带动，加快构建现代产业体系。建设"中国智造2025"试点示范城市。实施制造业强市战略，建设国家制造业创新中心，大力发展高端装备、智能与新能源汽车、机器人、能源与环保设备、轨道交通、传播与海洋工程等先进制造业，培育一批千亿级产业集群。实施产业路径创新、智能制造示范和服务型制造三大工程，开展新一轮工业企业技术改造行动，加快建设一批智能工厂或数字化车间，推进工业互联网平台建设。深化工业云、大数据等技术集成应用，推动传统制造业数字化、智能化、绿色化升级。对标国际先进质量标准，实施重点产品质量国际化对比提升工程，建立健全各行业各领域质量管理体系、标准化管理体系，扩大"广州标准"的影响力。

大力发展战略性新兴产业。重点发展新一代信息技术、人工智能、生物医药和新能源、新材料、数字经济、涵养经济等战略性新兴产业，实施 IAB 产业发展行动计划，打造万亿级产业集群。实施未来产业培育计划，提前规划布局量子通信、低轨卫星移动星座系统、细胞治疗、天然气水合物开采及其衍生技术等前沿产业。高标准建设价值创新园，在价值创新园复制推广自贸区、经济技术开发区政策，将广州建成世界显示之都、国际软件名城、国际工业互联网基地、国际一流的人工智能应用示范区、具有全球影响力的生物医疗产业高地。

加快培育新支柱产业和世界 500 强。学习借鉴深圳、上海和杭州等城市产业发展经验，发挥现有产业优势，集聚国内外高端创新资源，重点发展新一代信息技术、人工智能、生物医药产业和新材料、新能源产业，培育发展形成一批基于新兴支柱产业的国际化龙头企业，广泛拓展新支柱产业在粤港澳大湾区发展的网络及平台，以此抢占新一轮产业发展制高点和价值链高端环节，形成与粤港澳大湾区其他城市合理分工、优势互补的生态产业链。

着力培育龙头企业和独角兽企业。通过引进一批、壮大一批、培育一批，造就众多在国际产业分工中处于关键环节，具有产品、资本和技术输出能力的十亿级、百亿级龙头企业。发挥龙头企业孵化带动与辐射作用，通过投资、参股、担保、合作、共享等途径，推动优势中小企业裂变式创新发展。研究制定高成长性企业扶持政策，建立"独角兽种子企业"储备库，设立"独角兽"培育基金，培育一批"独角兽""瞪羚企业"，推动广州企业进一步"走出去"，通过并购有品牌、技术、资源和市场的国外企业，开展全球高端资源和价值链整合。

增创产融结合新优势。抓住全球经济中心和金融中心东移趋势，面向现代化经济体系构建适宜的、特色的现代金融体系，推动金融与实体经济协同发展。大力发展产业金融，重点在航运金融、航空金融、文化金融等领域迅速形成明显优势，打造具有鲜明特色的国际产业金融中心。适应未来流量经济、平台经济、商贸经济、总部经济发展以及个人财富增长带来的海量资金管理需求，加快构建涵盖银行、证券、保险、基金、信托等领域的财富管理体系，着力打造国际财富管理中心。推动国家绿色金融改革创新试验区建设，抢占未来绿色经济、生态经济，以及绿色金融发展主动权和领先权，致力于集聚全球绿色金融机构和绿色金融交易平台，打造国际绿色金融中心。推动"科技+金融"紧密结合，建立健全科技金融服务体系，打造国际风投创投中心。

（二）强化国际综合交通枢纽功能

实施"枢纽+"战略，增强国际综合交通枢纽、信息枢纽等功能，集聚高端要素和带动区域协同发展，持续提升广州在全球城市体系中的话语权和影响力。实施"全要素型国际航运中心"建设行动计划，建立与各类世界级航运机构的战略合作关系，加速国际航运、航空服务要素集聚，建设超级枢纽大港。

加快广州白云机场扩建工程。发挥"一带一路"倡议枢纽城市和粤港澳大湾区核心城市作用，积极争取更多航空航权资源，积极加入国际港口联盟，拓展国际航运网络布局。推进白云机场三期扩建工程建设，完善机场航线网络，搭建以广州为起点的"空中丝路"，形成与国内、东南亚城市"4小时航空交通圈"和全球主要城市"12小时航空交通圈"。推进军用机场搬迁，着力解决白云机场空域问题。加快临空经济示范区建设，布局发展航空总部、航空物流、飞机维修、航材制造、跨境电商、飞机租赁、专业会展及配套生活服务等临空产业。以白云机场扩建工程为引领，完善航空和航运集疏运体系，提升航空航运服务品质，打造国际一流的航空航运枢纽。建设新一代信息网络基础设施及智慧城市，打造虚拟型国际化网络交易、集散、交流、合作、信息平台及国际信息网络枢纽。编制新一轮交通发展战略规划，加强与粤港澳大湾区城市机场、港口、高快速路、轨道交通等基础设施互联互通。完善机场集疏运体系，大力拓展国际航线，扩大空域和航权，搭建以广州为起点的"空中丝路"。

加快推动区域港口资源整合。推进广州港深水航道拓宽工程等港航设施建设，提升港口生产服务能力。建立国际航运服务集聚区，发展现代航运服务业和航运总部经济。开辟更多的国内外航线，拓展无水港网络，打造世界级枢纽港区。按照"政府主导、市场化推进"原则，加快推进珠江口内及珠江西岸港口资源整合，积极开辟国际班轮航线，建设以广州港为主体的世界级港口群。深入实施"珠江流域战略"，加强与珠江流域的中小码头合作，通过合资、参股等方式与流域有发展潜力或战略地位较好的中小码头形成业务合作或战略联盟关系。面向泛珠三角广大区域腹地加快建设"无水港"，并完善区域多式联运体系。加快推进南沙港区四期自动化码头建设，打造智慧港口。加快发展航运金融、航运保险、航运交易等现代航运服务业，推进南沙国际仲裁中心建设，加快培育邮轮游艇产业，建设国家邮轮旅游发展试验区。

推动铁路改造和提升。推动广州汕客专、东北外绕线、南沙港铁路等一批国铁项目建设，规划建设广深港高铁引入中心城区联络线、京广高铁引入广州站联络线，完善珠三角城际轨道交通线网。推进广州火车站和广州东站改造提升，推广广州南站整治经验，提高广州交通站场管理服务水平。

推进空铁联运、海铁联运、公铁联运、江海联运，建设互联互通的国际综合交通枢纽。争取自贸区获得更大的改革自主权，探索建设更高能级、更深层次、更新要求的自由贸易港。对标国际最高标准投资贸易规则体系，推进投资自由化、贸易便利化改革，构建以负面清单为核心的全过程投资管理体制，将南沙自贸试验区建设成为高水平对外开放门户枢纽和城市副中心。构建连接"一带一路"沿线城市的货运物流和贸易网络，打造"一带一路"战略枢纽城市。

（三）强化国际商贸运营控制功能

高标准建设一批国际高端商贸会展功能区，促进实体经济和虚拟经济融合发展，把广州建设成为拥有高度发达的商品交易平台、内外贸高度繁荣的国际商品集散中心、流行时尚和消费信息的重要传播地、新型服务和著名品牌的重要集聚地。

打造全球供应链。以国家"一带一路"倡议下枢纽城市建设和广交会创新发展为引领,坚持"引进来"和"走出去"并重,主动参与全球产业分工与合作,建设广州面向全球的贸易、投融资、生产、服务网络和国际化网络交易、集散、交流、合作、信息平台及国际信息网络枢纽,高效率吸纳国际化枢纽型网络企业、功能性机构和高端资源集聚,建设国际资源配置中心和国际消费、交往和旅游中心,打造全球供应链,提升全球资源配置能力和全球服务能力。推进大宗商品交易中心建设,大力发展流量经济,完善"广州价格"体系,构建具有远程控制和辐射能力的"国际采购与商品定价中心"。

推动商贸创新发展。加快完善琶洲地区会展基础设施,高标准规划建设广交会新展馆,在流花地区打造老广交IP硅谷,优化展区布局和参展企业结构,提升广交会的辐射力和影响力。制订实施建设国际消费中心城市行动方案,推动城市重点商圈品牌化、国际化发展,以第二中央商务区为重点打造商贸总部集聚区,推动实体商贸创新发展,完善现货、大宗商品及金融期货等现代市场体系建设。合理规划提升都会级商圈和特色商圈,积极推进国际品牌与购物消费中心建设。举办有世界影响力的商品创意展览、产品发布会,建设国际商贸创意和信息交流中心。

培育发展商贸新兴业态。抢占外贸新业态、新模式制高点,推进跨境电商综合试验区、市场采购贸易方式试点、汽车平行进口试点建设,争取广州钻石交易中心、广东珠宝玉石交易中心上升为国家级交易平台,探索将广州空港经济区建设成为中国跨境电商枢纽港。支持颠覆性的商业模式,培育一批辐射全国、有世界影响力的优秀平台企业。加快发展服务贸易,积极发展保税贸易、跨境电商和市场采购等外贸新形态,推动本地贸易、转口贸易向离岸贸易和离岸金融发展,探索建设离岸贸易中心和离岸金融中心,推动广州国际商贸中心从传统的贸易中心逐步发展成为世界离岸贸易中心、全球贸易营运和控制中心。

加快建设"一带一路"倡议商贸合作园区。支持广百、唯品会以及雪松等本土大型商贸流动企业"走出去"到"一带一路"沿线国家和地区建立境外经贸合作区和国际产能合作的重要载体。在南沙自贸区和临空经济试验区等特殊功能区布局建设"一带一路"倡议商贸合作园区，发挥广州千年商都优势集聚国际商贸资源，推动广州建设成为拥有高度发达的商品交易平台、内外贸高度繁荣的国际商品集散中心、流行时尚和消费信息的重要传播地、国际新型服务和著名品牌的重要集聚地。

加强智慧城市建设。建设全球顶级的通信网络、大数据基础设施，打造高速度、高普及、高容量和更广泛的国际网络环境。实施信息基础设施建设行动计划、"互联网+"行动计划和大数据战略，以5G为引领布局建设新一代信息基础设施，建设国家大数据综合试验区，提升国际信息枢纽能级。完善政府信息化云平台，推行"互联网+政务服务"，建设"数字政府"。建设物联、数联、智联"三位一体"的新型城域物联专网，大力发展智慧交通、智慧能源、智慧市政、智慧社区，促进城市管理和社会治理智能化。

加快抢占数字城市发展新高地。把握现代信息技术和产业模式发展新趋势，加速推动信息和互联网加速向传统产业渗透，促进制造业、服务业和信息化融合发展，大幅提升知识密集型服务业所占比重，实现新型工业化与服务高级化协同发展。密切关注"互联网+"经济、智慧经济、分享经济、平台经济、体验经济和工业互联网等数字经济发展趋势，率先推进理念与文化、网络与平台、内容与模式、知识与技术、互动与体验、服务与市场等创新，加速推动孕育新的商业模式、产业形态创新应用，率先在全国乃至全球形成数字城市示范和标杆。

（四）强化科技创新带动功能

坚持创新第一动力，优化创新环境，推进广深港澳科技创新走廊建设，集聚全球创新资源，立足国际科技创新枢纽建设，强化科技创新引领，打造重大原创性技术成果和战略性新兴产业重要策源地，努力建设具有全球影响力的科技产业创新中心。

实施"新一代战略性新兴产业"梯度培育计划。重点围绕IAB、NEM、机器人、3D打印、基因工程等领域，培育一批世界级新兴产业集群。高水平建设价值创新园区，率先探索全国产业园区"升级版"。积极推进广深科技创新走廊建设，高水平建好广州东部创新带，利用五山高校区、天河智慧城及岑村机场搬迁契机谋划建设广州中央创新区。强化战略性科技力量，瞄准世界科技前沿，设立国家实验室，引进更多重大科研装置和平台。拓展国际科技创新合作网络，加快推动中以生物产业孵化基地、中以智能制造合作基地、中瑞合作基地、中欧生命科技园、美国华人生物医药科技协会等一批高端国际合作平台落地。鼓励企业加强国际科技合作及加入世界技术标准组织，牵头建立国际性产业技术创新联盟。发挥南沙国家人才管理改革试验区、广州开发区中央海外高层次人才创新创业基地等示范带动效应，完善创新人才培养、引进、使用、评价和激励机制，打造全球高端人才创新创业中心。

建设一批重大创新平台。推动广州超算中心、人类细胞谱系大科学设施、冷泉生态系统观测与模拟装置等纳入国家重大科技基础设施建设项目，积极争取国家和省重大科技基础设施、大科学装置、产业技术创新中心和重大科技专项布局广州，在区块链、基因检测、新型治疗等领域布局若干重大科技创新平台，建设综合性国家科学中心。组建粤港澳大湾区高校创新联盟，推进中心广州知识城粤港澳科技创新合作区、南沙庆盛科技创新产业基地、科学城粤港澳大湾区青年创新创业基地等平台建设，与香港攻坚区块链国际创新中心建设。以诺贝尔奖得主、两院院士等为核心，在医学、生物、通信等领域建设伙伴实验室。培育建设高水平新型研发机构，出台合作攻坚新型研发机构经费使用"负面清单"。推动企业与高校、科研院所攻坚企业研发机构，布局建设具有国际影响力的海外研发机构。

加强基础研究源头创新。实施重点领域研发计划，瞄准量子通信、干细胞与再生医学、纳米科技、脑科学、航空航天等前沿领域，安排基础研究项目，进行重点科技攻关。以重大基础研究项目为牵引，充分发挥在穗高校、科研院所优势和作用，采取科研众筹众包、难题招贤等方式，加强重大共性技术和关键核心技术攻关，争取在生命科学、细胞治疗、集成电路、物联网等领域形成一批原始创新成果。制定支持高校和科研院所创新发展的政策措施和释放大学城创新资源的专项政策，促进其创新成果在价值创新园区转化。建设华南技术转移中心和港澳技术成果产业化集聚区、高端产业对接核心区。在智慧城市、自动驾驶汽车、在线医疗、新零售、智能家居等行业为新技术提供应用场景。完善全社会研发投入增长机制、创新型企业培育机制、人才激励机制、科技成果转移转化机制，提升新兴技术原创能力。

开展国际创新合作。加快中心广州知识城、中日生物医药合作产业园、中以高技术产业合作园、中欧合作示范区等科技合作园区建设。发挥广州在海外的创新板式机构作用，加快在全球创新指数前20名的国家和地区设立板式机构，深化与发达国家相关研究院开展科研平台合作，拓展与发达国家、地区以及"一带一路"沿线城市的创新合作，推动广州科技创新融入全球科技创新网络。

建设引领新科技革命的全球创新枢纽。以高水平创新型大学和科研院所等为主体，集聚国际研发创新资源，汇聚学术会议、科技论文、专利获得和合作研究等知识流，打造全球知识创新枢纽。以创业者为主体，建设国际性专业园区、孵化器等创新创业载体，引进培育高度全球化的风险投资、天使投资和私募股权投资等创新创业融资体系，打造全球极具活力和吸引力的创新创业枢纽。以全球跨国公司和本土大型总部企业为主体，面向全球引进高端创新人才和高端研发机构，强化国际科技创新合作，打造全球研发产业化网络枢纽。争取布局国家重大科技项目，建设国际科技中心，合作推进粤港澳大湾区国际科技产业创新中心建设。

构建连接国际资源市场的全球服务枢纽。大力发展创意、广告、营销和策划等高端专业服务业，为全球提供品牌塑造、营销设计等服务。大力发展与国际标准高度对接融合的信息、决策、咨询、法律和会计等高端专业服务业，为全球资源配置提供决策管理功能。大力发展现代金融业，重点在"航运＋金融""贸易＋金融""租赁＋金融""文化＋金融"和"科技＋金融"等产业金融领域形成明显优势。依托国家绿色金融改革创新试验区建设，抢占未来绿色经济、生态经济和绿色金融发展主动权。

（五）强化国际交流交往功能

打造国际会议之都。争取引进和创立国际组织，加强与国际大会及会议协会、国际协会联合会等国际组织的合作，推动各层次国际组织总部落户，利用举办国际活动之机，发起设立新的国际组织，研究制定吸引国际组织的税收减免、准入落地、户籍管理、出入境等政策措施。打造国际会议之都，成立专门促进机构，长远规划国际组织与会议产业发展。

积极吸引国际组织落户广州。采取统一部署、分口负责的办法，加强与国际组织或商业机构的合作与交流，吸引部分国际组织在广州设立分部或代表处，吸引外国商协会等外国机构入驻广州。利用策划举办国际活动的机会，发起设立新的国际组织，研究制定吸引国际组织及其分支机构的税收减免、准入落地、户籍管理、出入境和优先办理护照等政策措施。加强对外交往资源统筹，推进国际交往平台、网络和服务环境建设，拓展完善国际交往格局，提升城市国际显示度和影响力。

增强培育本土组织国际活动的能力。遵循国际惯例，重点培养一批运作基础良好和经验相对丰富的本土枢纽型非政府组织，搭建非政府组织国际交流平台，鼓励其积极参与到国际事务中，深度参与全球人力、物力和公共资源的整合分配。提高政府服务购买强度，给予枢纽型组织更多参与承办政府重大经济社会活动、对外交流活动等的机会，加速推动其成长。

加强与"一带一路"沿线国家合作。建设面向"一带一路"沿线国家的航空客货运国际中转枢纽，有序推进中欧、中亚等货运班列发展。在沿线国家和城市布局产业合作园区、重点投资项目和企业销售采购网络，鼓励支持企业开拓沿线国家市场。抓好中新广州知识城等国家级双边合作项目，构建各类外事资源和国际组织落户广州，携手港澳建设中国企业"走出去"综合服务基地，推动穗港澳企业联手"走出去"，共同参与"一带一路"建设。

建设广州国际交流合作中心。努力打造一批国际交流合作平台，统筹集聚广州的境外科技、文化、商务等机构，做好重大国际会议活动的策划和运营，继续办好《财富》国际科技论坛、全球市长论坛、从都论坛等国际会议活动，争取承办更多国际性高端工商、行业及政府间会议活动，扩大"广州奖"影响力，吸引更多的城市间国际组织落户广州，打造国际组织和跨国机构聚集地，利用世界旅游组织、广州国际旅游展览会等平台，加强国际旅游交流合作。统筹广州驻外机构和网络体系，强化综合服务功能，打造一批集外联、招商、推介、引才于一身的平台。

积极开展城市外交。借鉴中国知识产权广州指数发布经验，联合国家有关部委和权威媒体、专业机构策划推出更多"广州指数"。围绕城市品牌形象的核心要素，精心设计统一的城市形象视觉识别系统。探索建立华裔卡制度和华侨身份证制度，对来穗创新创业符合一定学历和居住年限的外籍华人可申请华裔卡，给予永久居留权。完善城区交通、重要商圈、旅游景点的双语标识、外币兑换点等配套建设。促进广州友城资源共享，建设国际友好城市数据库，加强与各国驻穗领事馆的联络与交流，组织开展重点侨领、新华侨人广州行等活动，建立海外华侨华人联系网络，办好中外友人运动会、国际友城市长面对面、友城之旅、相约广州等项目，广泛开展民间友好往来。

（六）强化文化软实力功能

振兴"传媒之都"。打造具有核心竞争力的综合跨界性传媒集团，鼓励传统媒体创新发展，以新媒体为突破口，针对多元人口创设传媒细分市场，加强谋划和设置国际重大话题。利用文化部授予北京路文化核心区第一批国家级文化产业示范园区契机，做好古城、非遗保护及其活化利用，借鉴上海新天地和佛山新天地模式，引入社会资本，高起点规划、高标准建设、高水平经营、高效能管理、高品质服务。促进文商旅深度融合发展，探索发展文商旅综合体、文化电商、文化地产、城市文化体验中心等新业态。精心实施广州城市品牌形象的策划与定位，整合设计统一的城市形象视觉识别系统，突出广州城市国际形象的唯一性、独特性和显示度。

实施城市文化名片工程。精心打造"海上丝路""十三行""广交会""北京路""广州花城""食在广州""粤剧粤曲"和"珠江景观带"等城市文化名片。逐步扩大中国音乐金钟奖、中国（广州）国际纪录片节、羊城国际粤剧节、中国国际漫画节以及中国（广州）国际演艺交易会等重大文化会展品牌形象，重振广州广告节和流行音乐之都，提升广州文化传播力和影响力。推广永庆坊改造经验，加强北京路文化核心区等历史文化街区的保护利用，营造城郭和骑楼文化景观带，活化提升西关民宿风情区。创新推进文商旅融合发展，整合推介"海丝"文化、革命文化旅游资源，推动各类理事建筑的活化利用，加大对红色文化的挖掘保护和宣传力度。构建激发文化创新的各类平台，率先探索对文化市场的经营与管理。通过"故事塑造""氛围营造""活动创造"等手段，塑造、展现广州"开放、包容、务实、创新"的城市精神。

促进文化双向交流。推动文化产品和服务出口交易平台建设，重点培育一批外向型文化内容出口企业和产业基地，打造一批具有较强国际影响力以及较高国际市场占有率的文化企业和品牌。鼓励和支持各演出团体、文化交流协会、文化组织等开展对外文化交流活动。利用商贸服务与文化旅游融合发展的资源优势，吸引国际文化品牌入驻，支持国际知名文化传播公司、中介服务机构在广州设立分支机构。

创新文化产业发展模式。加大金融业支持文化产业力度，激发文化产业创新创造活力，实施文化"互联网+"工程，加快发展数字出版、网络视听、移动多媒体、网络音乐等新兴文化产业，建设网上博物馆和"广州云"旅游商务服务平台。打造文化产业发展平台，办好广州文交会，打造广州东部数字动漫、南部会展和文化演艺装备、西部岭南风情、北部生态旅游等高端文化产业集聚区。综合运用数字化、信息化、智能化技术，提升文化表现力、感染力，讲好广州故事，增强人民群众的体验感、获得感。

（七）强化宜居宜业功能

打好城市三大攻坚战。学习借鉴芝加哥、纽约和上海等城市中心区改造的经验，按照扩充公共空间、绿色空间和新产业空间的要求，大力推进城市"三旧"改造，坚决控制或减少城中村，彻底整治好珠江及河涌，攻克整治好城中村、河涌及批发市场三大城市痛点。以老城区为重点实施城市更新战略，以土地管理制度改革创新为依托，以存量土地空间开发再利用为重点，以保护传承城市文脉为根本，下大力气加快推动城市更新步伐，实现更高层次的经济发展、社会进步和城市品位提升，为城市建设源源不断注入新活力。

打造国际大都市城市客厅。按照世界眼光、广州特色和以人为本的要求，精细做好广州城市设计，高标准建设好30公里的精品珠江、城市中轴线、绿色走廊和绿色公园景观体系，超前建设现代化的城市基础设施和公共服务设施，促进基础设施及公共服务与粤港澳大湾区、泛珠三角城市互联互通，深入建设干净整洁平安有序的城市环境和现代化国际化城市环境。

推动城市治理能力现代化。提高运用新技术、新工具、新方法治理管理城市的能力，深化建设干净整洁平安有序的城市环境，建设安全城市和韧性城市。致力用智能技术和智能思维解决城市面临的各种问题和挑战，为城市的发展提供新的产业机会、创新机会、投资机会和工作机会，提供更好的公共安全、教育医疗和社会关怀等。全面建成覆盖全民、城乡统筹、权责清晰、保障适度、可持续的多层次社会保障体系，实现更高质量和更充分就业，市民健康水平和生活品质不断提高。

建设现代化国际化营商环境。对标香港等先进城市，全面落实营商环境综合改革系列政策，压减企业开办时间、工程建设项目审批制度改革以及优化税收营商环境等单项国家级试点取得实质性突破，通过简政放权、流程再造和资源整合共享等举措，切实解决企业"痛点""难点""堵点"。推动自主创新示范区、自由贸易试验区以及临空经济示范区等功能区政策叠加联动，建立与国际接轨的投资贸易、商事服务、人才管理和城市管理等体制机制，提高国际规则制定话语权。

推进城乡协调发展。持续加强具有岭南特色的生态城市建设，加快形成节约资源和保护环境的空间格局、产业结构、生产方式、生活方式，还自然以宁静、和谐、美丽，不断增强生态环境国际竞争力。以北部山区为重点实施乡村振兴战略，推动优质公共服务均等化布局，促进城乡居民收入与经济同步增长。以老城区为重点实施城市更新战略，以土地管理制度改革创新为依托，以存量土地空间开发再利用为重点，下大力气加快推动城市更新步伐，实现更高层次的经济发展、社会进步和城市品位提升，为广州综合城市建设注入新活力。

第九章 提升广州综合城市功能的对策措施

综合城市除了具有比一般城市更优越的地理区位、交通枢纽等基础条件外,还要有合理的城市功能布局,雄厚的经济实力,互联互通的交通体系,以及良好的创新能力和政府服务及营商环境,针对影响广州综合城市功能的主要瓶颈因素,本书提出以下对策建议。

一 进一步优化城市功能布局

(一)构建以特色功能为导向的空间格局

进一步完善城市功能区规划,充分发挥规划的引领作用,构建广州各个功能区特色鲜明的空间分布格局。一是构建中央活力区。激活中心城区内核,创建中央活力区。中心中央活力区是城市CBD的内涵延伸和外延拓展,在继承中心商务区CBD主要功能基础上,又进一步适应城市发展需要,突出了功能的多样性,增加了活力要素,打造体验式购物街区、休闲娱乐首选目的地,创造工作、休闲、生活一体化的现代办公区域,建设文化展示体验区,为创业创客提供办公生活空间。作为一个城市的核心功能区和标志性战略区域,中央活力区有足够的功能密度和适宜的空间尺度,具有开放、多元、混合等包容性特征,孕育着城市活力的创新基因。广州中央活力区以现在的珠江新城、金融城、琶洲片区为核心，向北、向南、向东、向西扩展，可包括越秀区东山片区、第二 CBD、火车东站、万亩果园等区域，集聚广州各类核心要素，突出展示广州综合城市的形象和风貌。

二是规划新的城市发展轴。广州应当打造新的中轴线，在更大空间范围内展开功能布局，联结城市中心和副中心，也推动南沙副中心发展。这条中轴线可依托于帽峰山脉，以中新知识城、科学城、生物岛、大学城、国际创新城、广州新城（含亚运城）、海鸥岛、庆盛枢纽、明珠湾为轴线，最后通向大海。广州城市空间发展的历史就是一部沿珠江两岸延伸的历史，纵观广州城市发展格局，是沿着珠江两岸从西向东然后往南一路挺进，最终走向珠江口。历史上广州城区一直在白鹅潭到广州大桥之间珠江前航道两岸耕耘，近 30 年来主要在广州大桥至黄埔大桥两岸发展，珠江前后航道已成为广州中心城区。从黄埔大桥到虎门大桥之间狮子洋两岸目前正处于快速发展时期，西岸是广州这边，目前有大学城、国际创新城、广州新城（含亚运城）、海鸥岛、南沙自贸区，东岸是东莞水乡地区（麻涌、洪梅、沙田）和虎门等镇街。狮子洋西岸是广州今后主要发展空间，代表着广州走向未来，引领城市空间布局的导向，将会成为连接城市中心与副中心之间的发展轴，从而推动城市南拓，助力南沙发展，逐步连成一片。

（二）规划建设现代服务业集聚区

一是科学引导不同集聚区形成不同的功能特色和定位。严格遵循城市功能区规划的引导，利用集聚区的认定和遴选机制，在不同地域重点支持符合该地域功能定位的集聚区，即使同类集聚区，也要引导形成不同的发展特色和核心竞争力。二是构建协同产业体系的重要平台。从产业特征来看，现代服务业具有高端要素集聚、整合，以及资源配置引领、优化等特点；从广州城市发展战略来看，现代服务业是现代产业体系的重点建设领域，是构建"实体经济、科技创新、现代金融、人力资源协同发展产业体系"的重要推动力。以现代服务业集聚区建设为契机，借助集聚区强大的要素集聚能力，提升现代服务业辐射力，充分调动科技、金融、人才等生产要素积极性，深化"政企学研资中"等发展主体的合作水平，进而形成一批可复制、可推广的经验做法。三是坚持与轨道交通和新城建设相结合。依托交通站点设置和公交导向型新城建设，规划建设都市服务业集聚区，推进交通体系、地下空间、建筑形态、生态环境等一体化建设，实现城市多种功能的叠加复合，以及产业之间的有机关联，带动更大范围的新城建设。

（三）加快南沙副中心建设

南沙地处珠三角几何中心，叠加国家新区、自贸试验区、"一带一路"、国家自主创新示范区和国际航运中心建设等战略机遇，拥有区位优越、生态良好、制度创新等优势，具备建设城市副中心的基础和条件，被赋予建设广州未来之城的使命。未来的南沙，将打造成为珠三角的核心交通枢纽，实现半小时直达广州中心城区，半小时到达深圳、东莞、中山、佛山等邻近城市，1小时到达珠三角主要城市，以南沙为中心的1小时交通圈呼之欲出。提升广州综合城市功能，要举全市之力，建设好南沙副中心，当前阶段是立足广州、面向国际，发挥国家新区与自贸试验区"双区"叠加、自贸试验区与国家自主创新示范区"双自"联动的优势，把南沙新区建设成为国家"一带一路"战略枢纽、珠三角汇集高端要素的先导区，强化新区和自贸试验区对珠三角及全国的辐射功能，形成粤港澳深度合作示范区。坚持世界眼光、国际标准、中国特色、高点定位，高标准推进城市规划建设管理，高水平推进南沙科学城、中科院明珠科技园建设，努力创建综合性国家科学中心重要承载区，构建全领域城市智能生态，建设绿色智慧宜居的广州城市副中心。高起点布局一批优质教育医疗文化设施，建设大湾区教育医疗新高地，致力打造宜居宜业宜游优质生活圈，把南沙建设成为湾区明珠、开发枢纽和未来之城。

二 大力推进"互联互通"，构建大交通体系

（一）构建广佛大都市区"多机场"体系

随着我国经济社会发展和航空运输需求增长，部分超大城市或大都市圈需要两个及以上的运输机场提供航空服务。2017年国家发展改革委基础产业司发布的研究课题指出，要深入分析"一市（区）多场"的发展趋势、实施条件，借鉴国外发展经验，研究提出超大都市圈多机场体系的发展路径，各机场合理的功能定位，以此促进各机场之间以及与区域经济间实现协同发展，为我国打造世界级机场群和枢纽机场、提升国际竞争力提供有力支撑。

从现实需求和未来发展来看，广佛大都市区将形成多机场体系。现有的白云国际机场、新建的广州第二机场和改建的佛山沙堤机场（建议命名为"广佛城市机场"）构成直接服务于广州的"2+1"机场体系，加上规划建设的珠三角干线机场（广佛大都市区南部机场）共同构成广佛大都市区"3+1"机场体系。加上深圳、惠州新建的深惠机场（建议命名为"深圳第二机场"），整个粤港澳大湾区在2030年将形成"7+2"机场体系。

建设广佛大都市区东部机场。随着投资610亿元的富士康第10.5代显示器全生态产业园区正式开工建设，未来增城将建设成世界一流水平的科技、智能、健康新城。广州开发区和增城开发区的产业发展无疑对航空需求极为强烈。广州东部产业发展与人口聚集已经形成强大的现实需求，天河、黄埔、增城

三区实有人口超过500万，2017年GDP将超过8000亿元，且年均增速有望在较长时间内保持8%以上。东莞北部各镇实有人口在500万以上，GDP超过4000亿元。而惠州西部土地资源丰富，人口相对较少。因此，从客流来源和产业布局需求出发，机场位置首选广州东部、东莞北部和惠州西部三地交界处，可服务广州东部、东莞及惠州西部超过1000万人口。作为珠三角世界级城市群的核心城市，广佛大都市区东部机场（广州第二机场）是推动广州与东莞、惠州深度合作，带动和引领东莞和惠州发展的最佳区域。

据首都机场公司联合北京交通大学共同成立的课题组发布的《首都机场区域经济影响研究报告》中的同等条件推算，广州第二机场建设直接投资800亿—1000亿元，带动的社会投资将达4000亿—5000亿元，巨大的投资将弥补广州自2010年亚运会以来投资规模过低的窘境；第二机场建设也将成为投资大广州的信号灯，从而带动更多的资本流向和投入广州各行业。从目前广州白云国际机场客流量和近年增长趋势来看，2025年广州民航国内客流量将有可能突破1亿人次，国际客流需求也将突破3000万人次。因此，广州应在2025年前建成并运营第二机场，投入使用后，当年旅客吞吐量有望达到3000万人次，将为广州市带来超过600亿元的经济贡献。随着第二机场的建设，在第二机场周边将聚集起以高端制造业、现代服务业为核心的产业区、物流区、会展区、商业区、居住区、酒店休闲娱乐区，未来20年每年可为广州市带来3000亿元（依据首都第二机场研究报告）的经济贡献，其中仅旅游业贡献就将超过600亿元。可以预见，广州第二机场将成为带动广州东部和东莞北部地区高端生产要素投入的最活跃因素，促使广州不断完善和优化城市功能布局、空间布局和产业布局，深化广州和东莞、惠州的全方位合作，带动粤港澳大湾区进入建设世界级城市群的快车道。

建设广佛大都市区西部机场。建议佛山沙堤机场全面转变为民航机场，使之成为广佛大都市区第三机场。从机场发展定位来看，白云机场主要承载京广线以西中远距离民航客流和京广高铁南下中转客流，执行西飞国际航班为主；第二机场主要承载京广线以东中远距离民航客流和京九、广杭、广汕高铁中转客流，执行东飞国际航班；第三机场主要承载泛珠三角区域的国内短距离航班。沙堤机场2016年的民航吞吐量仅35.6万人次，只有广州白云机场的1/168，在很长一段时间内可作为白云机场的备降机场。

沙堤机场始建于1954年，2009年恢复民航服务改为军民合用机场。沙堤机场的复航主要为了缓解广州白云国际机场空域资源紧张造成的供需矛盾。由于沙堤机场属于军民合用机场，机场建设受到限制，因此被誉为中国最小民航机场，但2016年其在中国219个机场中民航吞吐量也排在第129位。2015年2月，佛山新机场项目提议选址佛山市高明区并取代现有的佛山沙堤机场及发展为国际级干线机场。从广佛大都市区客运需求出发，应保留沙堤机场，将其定位为广佛城市机场，执飞国内小型航班。若广佛城轨环线在此设站，并将其与横贯广佛东西的快速轨道交通相连接，沙堤机场的旅客年吞吐量可达500万人次以上，完全具备经济可行性。

建设广佛大都市区南部机场。珠三角新干线机场可作为广佛大都市区第四机场。若沙堤机场全面民用化，珠三角新干线机场最佳位置应南移至江门北部，可服务于佛山南部、江门和中山北部。由于珠海机场远离城市人口和产业聚集地，其客流和货流功能短期内依然十分有限。南移的另一个重要考虑是深茂高铁开通后可与该机场形成良好的互动作用，即该机场亦可作为深圳宝安机场的辅助机场。

总体来看，珠三角至少需要改建或新建四个机场：一是服务广州东—东莞北—惠州西的广州第二机场，二是沙堤机场全面民用化，三是服务深圳东—东莞东—惠州西南的深圳第二机场，四是服务佛山南—江门—中山的珠三角新干线机场。这四个机场与珠三角原有的五个机场构成2030年粤港澳大湾区"7+2"机场体系（图9-1）。九大机场中，广州白云机场、深圳宝安机场、香港机场定位为珠三角三大国际机场，广州第二机场、深圳第二机场、珠三角新干线机场定位为国内中短途航班，珠海机场、澳门机场和佛山沙堤机场则定位为城市机场。此外，广佛肇与深莞惠之间除需要多个机场外，还必须建设多条高速铁路和城际轨道线路连接，形成"纺锤形高铁—城轨"快速轨道交通网络体系。

图9-1 粤港澳大湾区九大机场位置

（二）构建机场与铁路枢纽之间高效互通的衔接网络

新建环珠三角城市群普速铁路。普速铁路为我国的经济社会发展做出了重要贡献，在高铁、城轨和城市地铁主导旅客运输时代，普速铁路的功能和车站布局都必须进行重大调整。早期国内普速铁路车站大都位于城市中心区与郊区交界的边缘地带，随着城市的不断扩张，这些普速铁路及车站已经位于城市中心地带。由于普速铁路票价低廉，每年春运或节假日以普通列车为主的广州火车站人满为患，城市安保形势严峻，城市管理面临巨大挑战。为应付春运客运需求，远离火车站的琶洲国际会展中心都用来作为临时候客中心。

从经济角度来看，中心城区应该从事高价值的商务活动，而普速铁路及其相关活动价值较低。同时，春运和节假日期间高价值商旅人群却因交通拥堵而形成昂贵的出行成本。因此，从长远来看，无论是广州还是珠三角城市群地区，乃至全国各特大城市，都必须将其区域内的普速铁路实行城轨化，即将贯穿市区的普速铁路改扩建为快速城轨铁路，同时在城市（群）边缘地带新建普速铁路。

新建珠三角城市群东部环线的普速铁路。该线路起自京广铁路朱朝市站，沿 G94 高速公路经从化、增城三江镇（或石滩镇）。在增城分两条支线：一条支线向东，与现有广深线平行，大体沿 S29 省道至深圳盐田港，成为深圳盐田的港铁联运线；另一条支线则经东莞直至沙田港，作为大广州港的港铁联运线。线路总长 210 公里左右，除沙田 40 公里的联运线建造成本高之外，自朱朝市站至深圳盐田 170 公里线路由于沿线人口稀少，预计每公里成本 1 亿元左右，广州境内加上车站建设成本也可以控制在 100 亿元以内。

新建珠三角城市群西部环线的普速铁路。该线路起自京广铁路朱朝市站，沿西南方向南下至花都赤坭镇，经乐平，沿佛山一环（S82 省道）南下与广三线相交，该线可与规划的南沙进港铁路相连。

原有普速铁路城轨化。原有广深线、广三线全部城轨化，改造后运行 200 公里以上的城轨列车。线路全长 115 公里，相比广州地铁 18 号线每公里 7.34 亿元的造价，该线路横贯广佛大都市区东西部，线路改造成本预计120亿元。为分散广州火车站、广州东部的客流压力，可以通过新建城轨车站的方式加以解决。

自广州火车站以东，可设淘金路站、华景新城站、环城高速站、黄埔体育中心站、新塘立交站（凤凰城站）、增城开发区站、宝田站、石滩站、第二机场站共9个城轨车站。火车站以西至佛山高铁西站可设3—5个城轨车站。广佛大都市区东西快速轨道线车站建设成本预计240亿元左右。由于现有线路改造可节省大量拆迁成本，因此每公里造价预计4亿元左右，比市区地铁建设成本低40%左右。

多车站建设除了减少市区两大火车站的安全压力和客流压力外，还可以大大降低两大火车站改造规模和投资。另外，多车站形成的网络规模优势可有效增加客流量，部分市区客流转化为城轨客流，预计东西快速城轨大通道日均客流13万人次以上，年客流量5000万人次左右。

构建"多机场—市区—铁路枢纽车站"衔接网络。建设广州南至南沙快速客流轨道，南沙副中心1小时内到达机场。东西轨道、南北轨道与广佛环线共同构成广佛大都市圈快速轨道交通网络（图9-2），优化沿途站点设计，采取"公交化+隔站停靠"运营方式，疏解广州火车站和广州东站的大站客流模式，快速疏解市内交通，达成快速轨道交通时间、速度和效益的优化组合。

（三）设立大交通管理委员会

现代城市的交通运输是个复杂的系统，不仅与经济、科技密不可分，还与社会需求结构相关。从国际超大城市的经验来看，日本东京—横滨大都市赋予城市道路交通设施、公共空间、防灾设施、组成城市要素四大功能，从规划设计、投资建设、运营管理和交通网络体系上互联互通，离开了各个职能部门的

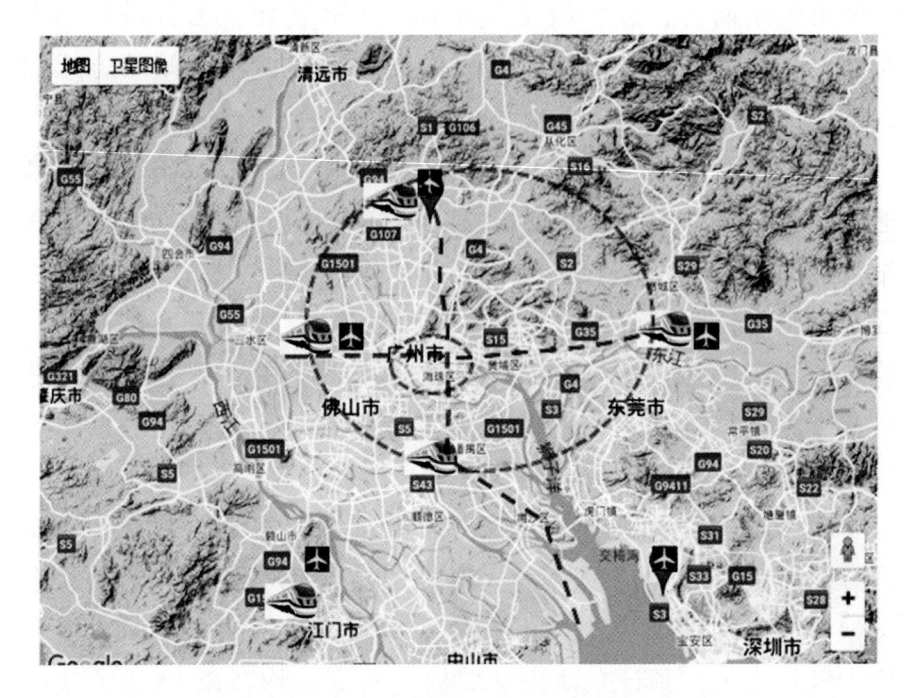

图 9-2 广佛大都市区机场与快速城轨网络

紧密合作根本无法完成。目前，广东省域机场布局体系主要由省（区、市）政府相关职能部门或机场运营管理部门负责编制，提法各异。建议结合粤港澳大湾区国家战略层面的区域规划，由省（区、市）政府和民航局相关机构共同进行区域机场布局方面的专项规划，并将其纳入民航局与省（区、市）签署的战略性合作框架协议范围内，以有利于加强民航局与省（区、市）政府之间的横向协调，共同促进省域机场体系的建设发展。

以客流为主的综合交通体系既涉及机场、高铁、地铁，也涉及城际轨道和普速铁路，还涉及高速公路和普通公路。未来以广州—深圳为核心的珠三角城市群国际交通枢纽建设既涉及央企，也涉及省属及市属国有企业；既涉及产业发展，也涉及人口分布及需求。由于粤港澳大湾区"机场+高铁+城轨"建设涉及面极广，建议设立国家级的粤港澳大湾区大交通管理委员会，下设技术、经济金融、规划、建设、运营等专业委员会，推进线路规划、设计论证、建设融资和运营管理各项事宜。既要重视线路建设，也要重视车站建设以发挥共享优势，更要重视未来的运营管理，避免运营长期亏损项目投入建设。推进珠三角"多机场+快速轨道网"建设，为我国打造世界级机场群和枢纽机场，提升粤港澳大湾区的全球竞争力、影响力和全球资源配置能力提供有力支撑。

（四）着力打造广州南部综合运输通道

一是增强南沙国际航运功能，助力广州国际航运中心建设。南沙作为华南第一内贸大港，又是广州建设国际航运中心的主要载体，毫无疑问首先需要承担建设腹地型国际航运中心的功能。打造粤港澳大湾区国际航运调度中心，与香港国际航运中心、珠三角航运资源深度合作，整合湾区航运资源与航运服务能力，为内地企业参与"一带一路"建设和国际贸易提供航运服务。建成连接内地与海外的国际物流枢纽，贯通海运与内陆交通网络，为内地企业提供全球物流服务。大力发展现代航运服务业，构建航运服务企业集聚地，促进航运物流、航运金融、船舶交易、海员服务等现代航运服务业企业的集聚，形成新的经济增长极。

二是推进交通基础设施互联互通。以轨道、公路为支撑的陆运，船舶为支撑的水运，飞机等航空器为支撑的空运等多措并举，加快南沙道路、地铁、省市际客运等交通基础设施建设，对内构建城市交通"1530"时效圈（南沙中心城区及各组团内部出行15分钟以内，各组团间出行30分钟以内），对外构建"半小时经济圈"，建设内外贯通、客货分离、经济高效、现代智能综合要素通道体系，实现多种交通模式运行的无障碍、无隔断、无短板的无缝连接，形成连接广州市中心、辐射大湾区的现代化综合运输通道。此外，加快航运基础设施建设，加快发展多式联运，通过构建江海联运、海空联运、铁水联运、公水联运立体交通网络，推进海港、空港、陆港间的联动发展，建设具有国际航运枢纽的辐射和服务功能的重要战略性通道。

三是进一步强化佛山与广州三大交通枢纽连接，共同打造一批具有全球影响力的枢纽型基础设施。加快推进广佛轨道交通、高快速路、市政道路的建设，构建顺畅高效的同城化交通综合网络。包括推动佛山地铁11号线规划建设，打造广佛都市圈中部的轨道交通快速联系通道，串联广钢新城、南海三山新城组团、顺德大良容桂组团。继续推进广州地铁7号线西延顺德段、佛山地铁2号线引入广州南站等项目建设。积极推动广佛地铁28号线西延至佛山西站。加快推进珠三角（广州新）机场规划建设，共同构建国际航空枢纽。加快推进广佛都市圈高等公路系统，加快推动广佛肇高速二期、增佛高速、花莞高速西延线等高速公路项目建设，推进碧江大桥、沉香沙大桥、大坦沙大桥等跨市桥梁建设，推动规划多条地铁广佛对接融合。

三　强化广州作为粤港澳大湾区核心城市的空间网络枢纽功能

提升广州综合城市功能，离不开珠三角城市群的协同发展。未来30年，珠三角城市群综合实力将加速提升，成为全球的超大城市群之一。从城市体系看，珠三角城市群将呈现出高密度、强联系特征，由严格的等级结构向网络扁平化转变，形成嵌套型多层次的大都市圈。从区域边界看，珠三角城市群行政边界不断弱化，行政、经济、地理边界将高度耦合，一体化趋势不断加强。从生态环境看，珠三角城市群将走向生态化的可持续发展道路，低碳绿色发展大大加强。

（一）构建全球城市区域格局

以构建具有全球竞争力的全球城市区域为目标，以高速铁路、高速公路为轴线，强化广州核心城市的空间网络枢纽功能，打破资源要素流动与配置的行政区划割裂，构建由广州市域、广佛大都市区、广佛肇大都市圈、珠三角城市群组成的圈层式、网络化全球城市区域多维空间架构。其中，市域空间层面作为全球城市区域核心城市功能的承载区，未来应注重中心城区功能疏解、郊区新城区域节点功能塑造。大都市区层面覆盖与广州具有高度经济社会联系的广佛中小城镇（佛山禅城区、顺德、南海、东莞西北部镇区、中山东部及北部、佛冈等），未来要成为设施连接、资源共享、紧密互动的同城化国际大都市区；大都市圈层面由广州与周边地级市（佛山、清远、东莞、中山、肇庆等）组成，未来要成为合理分工、功能互补、具有强大竞争力的广佛肇大都市经济圈；珠三角全球城市区域由粤港澳大湾区组成，未来要重点强化"节点—走廊—网络"空间组织，提升珠三角参与全球竞争力的综合实力。

（二）构建战略性空间板块格局

战略性空间板块是指有功能特色、有国际竞争力、与广州全球城市战略高度契合的战略性空间区域，是承载广州全球城市核心功能的空间战略载体。重点打造八大战略性空间板块：中心城区高端服务战略空间板块；黄埔高端制造战略空间板块；白鹅潭及拓展区创新战略空间板块；环海珠（国际马拉松线）国际贸易战略空间板块；南沙自由贸易区战略空间板块；广州长隆及周边地区世界级旅游目的地战略空间板块；从化—增城北生态战略空间板块；广州北—广州东大航空与轨道交通战略空间板块。

（三）构建城市东西和南北功能轴线格局

进一步强化功能轴线对城市空间布局的引领作用。①城市东西功能轴线。充分发挥其对广州市域东、中、西部的联系功能，向西延伸至佛山禅城区，加强与东莞环城北大通道、与西部佛山市各城镇走廊联动衔接，打造成为一条连接广州东西两翼、传导中心城区辐射功能、衔接国际国内市场的城市东西功能主轴。②城市南北功能轴线。充分利用珠江沿线高端服务集聚和生态资源优势，保持一江四岸空间布局统一性和整体性，引导高端功能向重点区域集聚，打造成为一条集聚全球城市高端功能、展示优秀城市文化、示范生态文明的世界级广州海珠环岛国际马拉松滨江发展轴带。

（四）共同构建大湾区新型产业分工格局

紧密依托珠三角城市群，加强经济社会联动发展，为建设具有全球辐射力和影响力的全球领先城市提供有力支撑。一是进一步强化经济支撑。加强广州与珠三角其他省市的产业分工和协同互补，促进各类要素在区域内高效流动，共同推进全球科技创新枢纽建设，提升区域在全球产业链中的地位和产品附加值，为广州全球城市建设提供强大的产业支撑力。二是进一步拓展空间支撑。在广佛大都市区构建具有较强空间连绵和功能联系的大都市区次区域城镇群，与中心城构成多中心网络化的大都市区空间格局，在更大范围内实现资源优化配置。三是进一步深化机制支撑。建立相应的发展战略导向和协调合作机制，在产业发展、基础设施、生态环保等方面加强联动，推动广州与珠三角、粤港澳在一体化发展基础上实现紧密对接。

（五）推进非中心城市功能疏解，大力发展"飞地经济"

国家发改委出台的《关于支持"飞地经济"发展的指导意见》，鼓励各地打破行政区划界限，创新跨区域合作模式，探索政府引导、企业参与、优势互补、园区共建、利益共享的"飞地经济"合作，发挥不同地区比较优势，优化资源配置，提升市场化运作水平，完善发展成果分享机制，加快统一市场建设，促进要素自由有序流动，推进区域协同发展。广州经济技术开发区在开发多年后，出现了土地紧缺的发展瓶颈，需要对部分有条件转移的产业实施迁出，实施"飞地经济"是实现企业、政府、迁入地三方共赢的战略。广州和粤西、粤北以及泛珠三角地区产业梯次明显，实行"飞地经济"模式同时解决两地的经济发展瓶颈，广州和珠三角地区可以集中优势发展现代服务业和高新技术产业，周边地区承接产业转移，逐步缩小与珠三角的差距，并形成产业互补，促进泛珠三角整体发展。

四　着力形成对外开放新格局

（一）在粤港澳大湾区建设中发挥核心作用

在粤港澳大湾区建设中，充分发挥广州比较优势和核心作用，高水平参与国际合作，与香港、澳门及湾区其他城市携手打造国际一流湾区和世界级城市群，为不断提升大湾区在国家经济发展和全方位开放中发挥引领作用做出广州的贡献，为全省率先形成全面开放新格局提供战略支撑。加快完善市场一体化体制机制，推进基础设施互联互通，不断提升人员进出、贸易、投资自由化便利化水平。以广深科技创新走廊为重点，完善协同创新体制机制，破除影响创新要素流动的障碍和弊端，共同打造国际科技创新中心，加快构建国际化、开放型区域创新体系，集聚全球高端创新资源。

（二）围绕"战略产业链"开展招商引资

聚焦战略性新兴产业，遴选合格目标企业，推进重大项目落地，集中优势资源招大引强。优化区域统筹招商模式，市级层面主要以引导、服务为出发点，加强对各区产业布局定位的统筹指导，坚持高端化、智能化、绿色化、服务化方向，促进结构调整、布局定位和产业植入同步推进，聚焦重点行业、重点园区、重点项目，协调解决重大政策保障问题；区级层面，则以招商、引商为出发点，瞄准项目投资规模、技术水平、市场前景，引入龙头企业、建设引领性项目。针对性地开展战略产业链招商，加强战略产业链和新型主导产业群的发展，按照"功能性机构—核心企业—产业链—产业集群—产业基地"的发展思路，依托全球500强等核心企业，引导外资"建链、补链、强链"，吸引上下游关联企业进入，发挥产业集聚效应，加强产业链协同。

抓住国际产业转移的新机遇新特点，依托大产业、大项目和大基地，推进制造流程创新，以智能制造作为主攻方向，重视引进投资规模大、科技含量高、集聚效应强的制造业大项目，重视引进市场带动功能强、就业吸引能力大的服务业项目，大力吸收外资发展高新技术产业，集中引进一批产业关联度高、能带动产业结构升级、引发产业裂变、增强发展后劲的国际一流高新技术项目，以外资带动内资，不断提高自主创新能力，发展技术含量高的新兴产业和战略产业。加强引进资源节约型项目、高层次产业带动型项目，注重产业价值链中的高端环节，拓展创新型现代产业链条，重点吸收外资发展智能制造、高端制造、绿色制造、服务型制造和高端生产性服务业。

对符合条件的外企施行《广州市建设"中国制造2025"试点示范城市实施方案》有关支持政策。积极支持外资通过并购方式参与国内企业优化重组，鼓励外资通过横向并购拓宽产品线、进入新市场，通过纵向并购向上下游拓展、延伸产业链、进入细分行业，通过并购新兴行业实现跨界转型。支持国内企业多渠道引进国际先进技术、管理经验和营销渠道。鼓励外资参与国有企业混合所有制改革。通过合资、并购等形式推动高端产业的发展。

（三）加大高端制造和现代服务业开放

进一步探索缩减外商投资负面清单，减少准入限制，加大高端制造业和服务业开放力度,特别是新能源、生物制药、金融保险、物流运输、信息服务、医疗、文化等行业的开放,大力发挥引资示范区效应。增强政策透明度,完善公平竞争制度,实施内外资一致的市场准入制度、对内外资申请业务牌照和资质统一审核标准和时限。完善准入"单一窗口",推动企业准入"单一窗口"功能从企业设立向变更、注销等环节延伸。

研究影视后期制作、文物拍卖、保险资产管理公司外方股比、外资证券管理公司外资股比、增值电信对外资开放范围等可争取减少的负面清单条款的特别管理措施,探索逐步放开旅行社、演出经纪、教育培训等服务业领域的外资准入限制,形成可复制可推广的具体管理办法,积极争取新一批对外开放措施先行先试。

改进持牌类金融机构市场准入工作,推动国际知名投行、海外资产管理机构落户,鼓励外资金融机构在穗设立合资证券公司。制定与对外开放政策相匹配的行政规章制度,推动开放政策颁布后的落地问题,关注其产生的效应。在南沙自贸试验区做好行业开放前的压力测试和风险评估,探索建立产业预警机制,确保产业安全。

(四) 营造具有全球竞争力的投资环境

不断完善利用外资投资的环境和法律法规,严格执行国家政策法规,从制度层面保证外商投资政策的透明度、连续性、稳定性、可预期性以及执行上的一致性,防止监管机构执行的随意性。落实内外资企业统一的注册资本制度,放宽外企注册资本最低限额、实收资本数额、外方出资比例等标准的条件。强化对外企知识产权的保护,加强知识产权对外合作机制建设,建立知识产权侵权查处快速反应机制,鼓励外来资本投资设立专业化知识产权服务机构。保障境外投资者利润自由汇出。

加大信息安全保护力度。推进"放管服"改革、转变政府职能，改造政府管理体制和监管模式，切实提高行政审批效率，进一步降低制度性的交易成本，提高外资监管程序的效率及有效性，深入推进简政放权、放管结合、优化服务，从以微观管理、直接管理为主转向宏观管理、监督管理为主，建立健全权力清单和责任清单制度，扭转政府职能缺位、越位、错位的现象。切实落实为企业提供第一时间、第一责任人"一门式"服务的"重点企业首问联络员制度"。通过各种途径和方法有效宣传并落实中国与广州关于促进外资发展的新政策。

（五）积极鼓励企业"走出去"

加强与发达国家的经贸合作。广州对外经济联系紧密，具有地缘人缘等条件和优势，抓住欧美发达国家化解公共债务危机，经济深度调整的机遇，提升对欧洲美发达国家的开放合作水平。利用发达国家跨国公司研发基地向中国转移，中国从全球制造中心向全球创造中心转变的机会，鼓励和吸引发达国家知名企业到广州设立地区总部、研发中心、技术中心等。"傍大款、结对子"，探索广州市与欧盟国家经济强市一对一合作，建设特色产业园区，推动关键技术、人才培养、经营管理、市场开拓等方面的合作。

积极鼓励企业"走出去"。充分利用境外工业园、商贸城、合作区等载体，积极整合广州市企业在全球建立的境外投资网络资源，以行业为基础带动中小企业"抱团出海"。鼓励外资更多地进入金融、医疗、文化、电信、法律等现代服务业领域，放开育幼养老、建筑设计、会计审计、商贸物流、电子商务等服务业领域外资准入限制。

五 提高创新驱动发展能力

推动广州经济从高速增长转向高质量发展，必须坚持走创新发展道路,把创新的理念和举措贯穿改革发展各方面全过程。对标国际最好最先进,破除一切制约创新的思想障碍和藩篱,加速营造有利于创新的环境。

(一) 强化企业在技术创新中的主体地位

引导鼓励企业成为技术创新主体。完善中小企业创新支持政策,落实企业研发费用税前加计扣除政策,改进企业研发费用计核方法,合理扩大研发费用加计扣除范围,加大企业研发设备加速折旧等政策的落实力度,激励企业加大研发投入。营造公平竞争的市场环境,大力支持民营企业创新活动。加大对中小企业、微型企业技术创新的财政和金融支持,落实好相关税收优惠政策。扩大科技型中小企业创新基金规模,通过贷款贴息、研发资助等方式支持中小企业技术创新活动。建立政府引导资金和社会资本共同支持初创科技型企业发展的风险投资机制,实施科技型中小企业创业投资引导基金及新兴产业创业投资计划,引导创业投资机构投资科技型中小企业。

(二) 建立与国家、省高端科研机构及高校对接机制

为提升广州整体科技竞争力,培育科技支撑产业发展动力,要逐步改变广州以往更加重视应用端而相对忽视基础研究的弊端,加强与国家、省高端科研机构、高水平高校对接,通过与这些机构合作,参与国家、省重大科技项目产学研,实施科学研究专项,衔接国家重点研发计划,开展前沿性的基础研究和产业共性技术研究,在国家、省有关部门的支持下,布局一些科技重大基础设施及项目建设,从整体上提升广州科技竞争力和发展实力。

(三) 推动广州自主创新示范区各园区协调发展

广州是珠三角国家自主创新示范区的核心城市,要以自主

创新示范为引领，加强与产业园区融合发展，建设好"一区十九园"，突出科技创新区域集聚规律，以科技创新带动产业园区发展。根据《广州国家自主创新示范区空间发展规划（2016—2025年）》"一区十九园"的发展模式，重点推动广州高新区、知识城、智慧城、琶洲互联网创新集聚区、生物岛等创新功能区建设，形成"多点支撑"的发展格局。各产业园区积极整合政策、人才、资本、产业等要素，提升土地集约利用，完善公共配套设施，完善科技创新配套服务，壮大战略性新兴产业和培育新业态，发展创新型经济，形成各具特色、错位发展的创新布局。

（四）深化科技成果转化机制改革

认真落实《广州市促进科技成果转化实施办法》《广州市高校、科研院所科技成果使用、处置和收益权改革实施办法》等政策，全面激发科研人员的积极性，通过股权激励、专利、知识产权等形式，保护科研人员的科技创新，让科研人员的价值和智慧能够充分体现。完善科技成果转化机制，加大科技成果转化力度。推动政产学研深度融合，促进科研成果结构优化、增量扩大，提高科技成果确权和转化效率。推动高校和科研机构科技成果使用权、处置权、收益权改革，在科研立项、成果处置等方面，赋予高校和科研院所更多自主权，促进技术知识从高校和科研机构向企业转移，助力高水平大学建设。在高校校园周边打造一批开放式科技成果转化基地。加快建设华南（广州）技术转移中心，培育技术转移人才。

（五）完善科技创新服务体制

党的十九大之后，中国经济发展步入新时代，新时代是发展新经济、加速新旧动能转换的时代，发展新经济、培育新动能一定要有新的科技服务，服务创造价值，服务成就未来。根据广州科技创新服务资源整合不够、市场细分不够等问题，加强科技创新服务实现创新链、产业链、资金链、服务链"四链"融合发展。进一步完善科技金融综合服务体系，大力推进普惠性科技金融改革，推动更多创新成果转化为现实生产力。实施最严格的知识产权保护制度，加快构建统一开放、互联互通的技术交易市场体系，完善知识产权代理、运营、鉴定、维权援助等服务体系，加强知识产权审判领域改革创新，加快建设一批国家级知识产权快速维权中心。

（六）加强创新人才吸引、集聚与培育

人才是第一资源，科技创新人才是科技创新的原动力，要学习和借鉴上海从人才高地向人才高峰建设迈进的经验与做法，在制度建设与功能完善上谋新求变，不断提升领军企业及高端人才比重，为创新经济营造最佳的生态环境。一是重点吸引国外人才来广州创新创业；二是采取海外养兵、深海养龟的模式，在国外培养，回国创业。组织实施产业领军人才集聚工程，做好创业领军团队、创新领军团队、创新创业服务领军人才、杰出产业人才遴选工作，加快集聚更多高端产业人才。

六 坚定不移地继续发展先进制造业

随着经济社会发展，第三产业在整个产业结构中的比例会逐渐提高。如有些发达国家的服务业比例达到了80%以上。但是，这种产业结构是建立在经济高度发达、制造业也高度发达的基础之上。这些国家都已经经历和跨越了工业化的高级阶段。如果一个国家和地区，特别是在一个大国，在工业化过程没有完成，经济社会发展还尚未达到发达的现代化阶段，就出现第三产业比例高企，第二产业比例下降，那是一种不健康的产业结构高级化。这种比例结构的出现，是工业过早衰落而出现的

结果。

纵观世界各国产业发展的历史，都是先有发达的制造业，以及由此带来的庞大物资集聚，然后才有相应的商贸业和金融业等服务业的发展。发达的现代工业一定是现代服务业的先导和基础。由于巨大而快速的利益诱惑，有限的土地资源被以各种理由注入房地产业，工业发展的空间被无情挤压。由于房地产业的火爆，高企的地价与房价，事实上从厂房价格和住房价格等方面造成了对工业的驱赶。由于房地产利润的诱惑，必然吸引大量资本逃离工业领域而进入房地产业，造成工业投资萎缩。

（一）紧紧把握"装备制造业基地"的基础支撑功能

要充分利用广州现有的工业基础，利用中国制造业在国际市场上的竞争优势，利用珠三角及其国内的巨大需求市场，大力发展高端制造业，将广州建设成为国内有重要影响力的重大装备制造业基地，以此为自主创新创造平台，带动现代服务业的发展。

装备制造业是广州现发展阶段所必须发展的战略性产业。目前，作为国内先进制造业基地之一，广州高端制造业，特别是以汽车、船舶、重型机械等为代表的装备制造业，对国家中心城市的产业带动和功能提升仍具有不可忽视的重大作用。从创新实践来看，高端制造业，特别是装备制造业，毫无疑问是推进自主创新的主要载体。从发达国家的实践来看，虽然在服务业中也可以进行技术创新，但是对经济社会进步有重大促进作用的革命性技术创新，大都还是发生在高端制造业领域。特别是一些具有战略意义的新兴产业技术创新，更是离不开高端制造业。所以，在国家规划的战略性新兴产业中，无一例外地全是制造业。广州要建设创新型城市，自然也需要大力发展高端制造业。

装备制造业基地对广州国家中心城市建设具有强大的基础支撑作用。在现阶段，广州在资源禀赋上已不适宜发展一般性加工组装业或重化原材料工业，但在装备制造业上仍具有较大发展潜力和良好发展基础。更为重要的是，装备制造业基地建设对广州国家中心城市建设，对国家中心城市功能的整体提升，具有强大的、不可替代的基础支撑作用。

一是装备制造业最能够体现国家中心城市的基本功能——"高端、广域、控制性"集散功能，装备制造业对其他产业具有强劲的带动力，可以强劲拉动现代服务业的发展。二是装备制造业往往是科技自主创新的主体行业和主要载体，其庞大的技术需求往往带动科技研发和高新技术产业配套，从而对区域科技创新中心形成有力支撑。三是装备制造业是工业的"母机"，对改造提升传统产业、促进区域产业升级也具有关键性作用，将充分凸显中心城市对周边区域的带动功能。

（二）大力发展高端制造技术

制造业高端化是指通过创新和变革促使制造业获得核心技术、具有高附加值和处于产业链的关键部位，形成难以复制的竞争优势而占据高端地位。占据高端地位的制造业对区域经济具有强大的影响力、辐射力和带动力。这是广州建设国家中心城市，进一步提升集散功能，带动区域、引领全国发展所迫切需要的。因此，要加快推进制造业高端化工程建设，提升广州在华南地区甚至全国的产业龙头带动功能。

广州推进制造业高端化，主要从发展高端制造技术，以企业为主体，鼓励和支持产学研结合，努力提高制造业核心技术的自主化水平体现出来。以汽车、电子信息和装备等优势制造业为重点，开展重大科技专项，着力突破汽车发动机和核心部件制造、下一代信息技术设备制造、智能装备制造三大战略性技术。围绕节能环保和新能源利用、新材料、生物工程等领域，大力发展战略性新兴技术。大力推进云计算技术在制造业建立虚拟运作管理模式，提高制造业信息化水平，形成高端制造模式。

（三）着力推动高端制造业发展

一是大力规划扶持高端产业。根据现有产业基础，充分考虑国家中心城市的发展定位和要求，大力扶持发展新能源汽车、重大装备、生物医药、新材料四大战略性新兴产业，积极抢占国家和世界战略产业发展高地。尤其要重点发展包括专项设备、大功率船舶修造、大功率机车修造、汽车制造等在内的高端装备制造业，使高端装备制造产业成为带动整个制造行业升级的重要引擎，并为各领域新兴产业提供装备和服务保障。在政策导向上，对符合四大战略新兴领域的产业项目，政府要创造"宽松"的准入环境。

二是选择进入制造业的高端环节。鼓励企业加大研究和开发力度，从技术、品牌定位、市场开拓等方面突破抢占制造业产业链的高端环节，赢取产业分工的优势地位。大力推动工业企业产业链由生产加工功能为主向自主研发、品牌营销等服务价值链延伸，大力吸引跨国公司在广州设立区域总部、研发中心、投资公司和采购中心，促进工业企业由单纯生产型向生产研发型乃至服务主导型衍生转变。依托工业园区和科技园区，衍生发展研发、物流、培训、批发市场等配套生产性服务业，积极借鉴与推广广州轻纺集团规划建设广州 TIT 纺织服装创意园的经验，在遵循市场规律的前提下，充分利用适宜的区位优势和地块条件，引导具有优势的工业企业分离发展现代服务业。

（四）加快传统制造业升级，完善高端制造产业链

广州的传统优势制造业主要有石油化工、机械、轻纺、食品、制药等。要积极推动技术设备更新，引进采用国际先进管理方法，对传统优势行业进行改造和技术升级，提高行业制造

流程管理水平，大力提高生产效率和产品附加值，保持和增强传统制造行业的竞争力。

着眼于增强区域辐射力及资源集聚和配置能力，围绕机械装备、汽车、造船、石化等优势产业，积极与周边地区就核心技术设计、零部件加工制造、分体组装、总装集成以及上下游制造环节等方面建立有效距离内的分工协作关系，构建以广州为核心的高端制造业区域产业链，强化广州中枢控制与带动功能。

（五）保持一定比例的先进制造业，防止制造业空心化

产业空心化是指在一个区域内，由于制造业的全面衰退而引起的产业失调、国民经济基础削弱的现象。虽然，在产业演进规律的推动下，服务业超越制造业而成为主体产业是一种趋势。但事实证明，完全放弃制造业，最终会伤害一个国家或地区的产业基础，服务业的发展也会成为无源之水、无本之木。设立产业保护区可以有效增强广州经济的持续竞争力。无论是一个国家还是一个地区，其最终的竞争力还是体现在先进制造业上。近代以来，世界各强国发展的历史表明，一个国家和地区，制造业兴则国运兴，制造业衰则国运衰。即使到了当今知识经济时代，美国等发达国家依然重视制造业的发展，大力推行"制造业回归"。

我国那些经济增长走在前列的省市，在经济下行的大环境中能保持着较强的发展势头和竞争力，其基本的动力就是来自先进制造业的发展。即使是我国经济的龙头城市上海，也长期坚持先进制造业与现代服务业"双轮驱动"战略，正在建设的上海临港高端装备制造产业区，被定位为上海21世纪的实力代表区。设立产业保护区可以为科技创新提供平台。世界科技创新的实践证明，科技创新成果，绝大多数产生于制造业领域。美国之所以能够成为当今世界科技创新强国，就是因为美国在电子信息、生物工程、航空航天、军工生产等制造业领域站在了当今世界的高端。深圳之所以能够成为我国科技创新的代表城市，也是因为其立足于电子信息等强势高新技术产业领域之上。

七 着力扶持本土民营高技术企业做大做强

（一）以优质营商环境稳定企业做大做强的信心和预期

参照世界银行、国家发改委等指标体系，确立广州营商环境总体评估框架，对标国际先进模式，尽快建立和发布全国一流营商环境的"广州标准"。在各级政府部门中弘扬崇商重企文化，全面开展相关宣讲，改进监管理念，减少执法"扰企"，并将之纳入巡查整改和主题教育中，同时对优质企业探索试行政府派驻特派员制度，随时帮助企业协调或反映发展中遇到的各种难题。全面落实企业"国民待遇"，在财税奖补、土地拍卖、人才政策、政府招标、项目申报等方面，除国家有关规定外，全面清除国有与民营、本土与外资的政策差别和歧视性规定。落实广州市纪委制定《关于支持改革创新宽容失误的意见》，适当提高对政府产业引导基金和国企决策投资新兴产业项目的风险容忍度，推广海珠区行政服务"容缺受理制"，向社会明确公开"可容缺材料""补齐方式"和"容缺时限"。提升政府决策与政策透明度。全面规范政府项目申报中的指定中介服务行为，研究制定适合全市各部门各区统一执行的标准化办事程序，减少执行标准不一、解释不同的现象。

（二）以多渠道资金"输血"化解中型企业成长瓶颈

多渠道拓展、疏通资金渠道，加大资金供给，重点改善中大型民营科技类企业的融资环境。改善政府产业引导基金的管理。加强基金的优化整合，改变基金部门分割状况，提高引导基金的风险容忍度。扩大基金设立规模和支持力度，谋划设立类似于上海集成电路产业基金这样的战略重点产业引导基金；探索推动市、区引导基金整合合作，试行市、区两级基金联动投资重点项目的办法。引导更多国有大行设立科技支行。推广中国银行广东省分行设立科技支行的经验，鼓励更多商业银行在广州设立科技支行，鼓励国有银行通过政银风险分担、投贷联动等方式服务支持规模以上的高成长科创企业。积极扩大信贷风险补偿"资金池"。继续扩大资金池合作银行数量及资金规模，改善运作管理机制，提高资金池风险容忍度及对投资机构的补贴比例，适度提高合作银行为中小企业提供贷款所产生的本金损失补偿标准。大力吸引风投创投基金落户集聚，按照股权投资基金对地方财政的贡献给予奖励，对基金公司租赁办公用房给予补贴，并参照深圳做法给予企业高管个税减免的优惠政策；参照越秀民间金融街模式，谋划在琶洲或广州科学城择址设立"广州国际风投创投一条街"。支持引导产业园区设立各种发展基金。鼓励有资质的基金管理机构、国企或优质园区运营机构等设立园区产业投资基金、建设基金和信贷资金池。

（三）以强有力的产业政策支持引导优质企业"中变大"

借鉴上海、深圳等城市做法，加快制订前瞻性强、体系完整的广州现代产业发展中长期规划，突出对新经济、新产业的规划引导，以前瞻性产业规划引导企业的投资与发展。加强前瞻性产业政策研究和储备。吸取网络贷、网约车等新业态、新模式的管理教训，超前研究新经济发展规律，及时更新政府产业指导目录，对新技术和新商业模式做好行政管理准备，形成政策储备，以匹配新兴产业的发展需求。加大优质产业载体供给。持续推进工业园区提质增效和村镇工业园、专业市场整治提升工程，稳步推进价值创新园区 2.0 建设，释放更多优质载体并推动向优质大中型企业集中；积极争取国家政策支持，实施推进广州高新区"扩区"计划；积极落实新型产业用地（M0）、产权分割等政策，加快相关实施细则落地操作。深化拓展区域产业一体化。借鉴深莞惠、深汕合作区产业一体化模式及案例经验（如华为外迁东莞等），推动广州与周边城市形成"总部+基地""研发+制造""孵化+产业化""总装+配套"等多种产业合作模式，探索制订广佛肇清云产业一体化发展规划，建立跨区域协调机制，扩大广州的产业空间和市场空间，催生一批跨区域龙头企业崛起，同时吸引腹地企业总部迁入广州。

（四）精准实施大型龙头企业和独角兽企业培育计划

一是通过实施"引进一批、壮大一批、培育一批"，推动优质中型企业成长为大企业，努力造就一批成长性好、核心竞争力突出、产业带动力强的百亿级龙头企业和独角兽企业。分层分类推进龙头企业的发展。二是加快制订广州市龙头企业培育引进计划，分类推进龙头企业培育发展，在深化国企改革促进并购重组基础上新增一批有国际影响力、竞争力的大型企业集团，在支持"四新"经济发展基础上培育一批独角兽企业和细分行业"单打冠军"，在引导本土企业与BAT互联网巨头战略合作基础上培育一批平台型头部企业，在实施"一带一路"支持企业"走出去"基础上扶持壮大一批跨国企业。三是着力加大对大企业的服务与政策支持。成立市大型企业引进培育专责工作小组，加大对世界500强、央企、知名跨国公司、中国企业500强等大型企业的引进力度，加强对本土优质潜力型中型企业的联系和服务。全方位扶持优质中型企业"变大"。着力引导孵育优秀创新型企业申报进入科创板，各区及金融局定期举办上市说明会，同时，建立广州科创板企业培育后备库。四是大力引导优势企业实施并购重组。以近期成立的广州国资产业发展并购基金为基础，发起设立规模更大的混合型企业并购基金，整合利用国有资本投融资平台和上市公司平台，推动市属国有企业和优秀民营企业以并购重组方式培育大型企业集团。五是积极支持优势企业"走出去"。市政府投资引导基金参与设立市级"丝路"基金,对纳入"一带一路"国家重点建设项目的企业给予支持;支持本土企业开展海外并购,对并购所涉费用给予一定优惠,完善企业"走出去"综合服务体系,健全对外投资合作风险防范机制,建立应对贸易摩擦等预警协调机制。

(五) 以平台化战略实施促进一批规模化平台企业的成长

在互联网时代,平台经济已成为世界产业发展的新趋势,也成为孕育超大企业的重要路径和摇篮。广州应力促传统企业平台化转型,并推动平台型头部企业发展。一是着力引进国内外平台化龙头企业。积极引进国内外电子商务龙头企业及其区域总部、营销中心、数据中心、结算中心、研发中心等高端项目。二是培育壮大本土平台化企业。大力鼓励发展工业互联网。充分利用航天云网、阿里云等两大龙头企业共同打造服务全国的工业互联网平台,促进传统工业企业通过嫁接、利用工业互联网而转型为平台型企业。鼓励传统装备制造企业逐步转型为总集成总承包,成为"制造+服务"新业态、新模式的平台企业。三是发挥好腾讯、阿里巴巴等头部企业的投资孵化功能。改变过去方略,实施以"市场换投资",充分发挥腾讯、阿里等巨型平台企业的投资孵化功能,引导它们在布局广州市场的同时要成立科技金融平台,并积极参与投资孵化更多独角兽企业。四是充分利用电商平台支持实体企业做大做强。借鉴上海"四新"经济发展经验,以市场需求为导向,鼓励实施产业链服务对接的电子商务"双推"工程。

(六) 合理运用市场机制推动潜力型科技企业做大做强

市场是企业成长之基、壮大之源。合理运用开放应用场景、政府采购等手段促进本地龙头企业进一步做大做强。一是运用政府采购手段支持本土优质企业发展。在不违反政府或公共项目招标有关规定前提下，多采用定向邀标、单一来源模式选定政府采购项目提供商，尽量为本地优质民企或行业龙头企业提供更多市场机会，助推其做大做强。二是充分利用广州庞大的公共服务市场引导培育龙头企业，利用广州在网联智能汽车、轨道交通、航空枢纽等领域的巨大建设和服务需求，优先支持本土企业参与投资、采购和供应服务，也支持外地相关设备供应商到广州投资或合作设立新企业。三是有条件地开放开发应用场景，包括医疗采购、手机用户、银行客户、交易平台改造、公共交通升级等，通过开放应用场景，扶持壮大本土龙头企业。

（七）积极引导企业"走出去"

一是探索竞办国际组织的投资基金、风险基金和股权投资等新体制，引入国际前沿业态，引导企业参与拓展国际市场，特别是共同或参与建设生产基地、经贸合作区、商品城、营销中心、融资中心和结算中心等具有实体意义的业务合作。二是将"友城拓展"（广州—奥克兰—洛杉矶三城经济联盟）战略延伸至"一带一路"沿线国家的重点城市，降低企业"走出去"的风险和门槛。这可以通过强化当地华侨和商会组织，以凝聚侨胞、侨商和相关社团的资源和力量，提高本土企业"走出去"的内在动力和外在吸引力，为其创造便捷条件。无论何种方式，其目的都是推动广州企业"走出去"，加强与沿线国家和地区的产能合作，带动广州优势产品出口。三是建设企业"走出去"综合服务基地，建立全球综合性经济服务平台。通过与香港共同打造高效服务国内企业"走出去"的中转枢纽，建设面向国内的海外投资及国际贸易企业的服务基地，为我国海外投资和国际贸易提供支持。打造企业"走出去"的战略联盟聚集地。依托中银、中交、中铁、中铁建、中核电等大型央企总部的海内外资源，推动国内企业建立行业联盟或联合体，投资布局海外，抢占国际市场。建设企业"走出去"中介服务中心，打造集信息发布、展示对接、交易中心、数据服务等功能于一身的境外投资"一站式"综合服务平台，构建一套高效集成、方便快捷、线上线下一体化运作的专业化国际投资和技术合作综合服务体系，为企业"走出去"提供中介服务。

八 促进更高层次的对外开放

开放是城市功能形成的重要基础和前提。一个城市与外部的联系越广泛，国际开放度和要素集聚度越高，在世界经济网络中的核心节点功能就越强，形成综合城市功能的基础条件就越扎实。未来30年，我国仍处于通过融入全球化获得开放红利的战略机遇期，将加快从贸易大国向贸易强国转变，在全球贸易规则制定中的影响力日益增大，"引进来"和"走出去"双向引领持续增强，人民币国际地位进一步上升。在此快速崛起的过程中，广州作为国家开放门户的作用将进一步凸显。广州要立足全局，实施积极主动的开放战略，更加充分地发挥开放对城市发展的驱动作用。

（一）致力打造全球资源配置的网络平台

综合城市本质上就是提供各类要素流动和配置的平台，使不同要素通过更高效率的组合扩散到全球，产生集聚辐射效应。广州要顺应互联网时代的要求，与时俱进深化"三枢纽一中心"的内涵，在注重规模实力的基础上，更加注重基于开放网络的节点能级提升，打造"三枢纽一中心"升级版。要在继续吸引跨国资本、技术等要素的同时，不断加大"走出去"的力度，鼓励更多的本土企业到海外并购投资，整合全球创新资源，形成协同聚变效应。要紧密结合国家战略，在"一带一路"建设中发挥不可替代的作用，使广州成为利用国内外两种资源、两种市场的枢纽和跳板。

（二）加强对外开放载体和环境建设

广州要想在更高层次扩大开放，离不开功能性机构集聚和制度环境的支撑。一是要大力集聚各类功能性机构，特别是跨国公司总部和国际组织入驻广州。在一定意义上，跨国公司是全球经济网络的核心主体，一个城市的全球网络连接度主要取决于功能性机构的对外联系度。要吸引更多的跨国公司在穗设立总部，发挥全球运营统筹功能。二是要努力营造良好的制度和文化环境。广州要加强与国际投资贸易通行规则的衔接，加大知识产权保护力度，为要素自由流动提供保障。广州要营造多元、包容的文化氛围，为国际人士在穗生活提供良好的社会文化环境。

（三）提升国际交往的枢纽中心功能

综合城市必然是对外交往频繁密切的城市，要积极开展国际交流活动，与国际社会、文化、体育组织建立广泛的沟通和联系，经常性地开展国际性科技、教育、文化、体育等交流，使广州成为国际最新潮流的风向标。以建设海珠环岛国际马拉松为契机，争取国际奥委会将城市国际马拉松赛事委员会常驻广州，常年举办5公里、10公里、半程马拉松、全程马拉松等国际赛事，全年不间断举办民间各种类型的马拉松赛事。以此推动并争取在广州举办大型国际活动，包括奥运会、足球世界杯等大型体育赛事，不断扩大城市国际影响力，为迈向全球城市营造良好氛围。以海珠环岛国际马拉松建设引领广州中心城区商旅文融合发展。

九　推进行政服务创新，为企业提供健全的服务体系

政府对市场的管制方式与服务模式，决定了一个地区内各

类市场主体活动的运作成本，从而对中心城市的要素组合效率、创新成本和对外服务能力产生重大影响，也直接关乎城市的对外形象和吸引力。下一阶段广州要重点在推进行政服务创新，为企业提供健全的服务体系上不断探索。

（一）推进行政服务创新

一是优化行政资源配置，切实减少多头管理。优化整合行政资源，进一步精简机构，提升执政能力，提高办事效率。按照中央大部制改革精神，遵照事权集中的原则，进行机构精简和调整，在这过程中优化人员配置，裁撤冗员，提高办事效率。参大部制机构改革模式，将一些性质雷同、业务交叉较多的政府管理部门加以合并、裁减，以减少行政资源的重复配置，减少对市场主体的监管成本。同时，深化机构改革，在交通物流、文化、内外贸、会展、信息服务等领域探索新的管理体制，打破条块分割，减少多头管理。二是简化行政审批和办证程序，继续完善行政审批"一站式"服务模式。要有效吸引高端企业与人才，必须进一步解放思想，从旧的思维定式中解放出来，把可有可无的一些烦琐程序去掉，把政府的服务方式和各个环节进行改造、重建，以缩短所需时间和降低办事成本。要及时修订相关政策法规，进一步简化行政审批及办证程序，继续完善和推广行政审批"一站式"服务模式，进一步探索项目审批从"一门式"推进到"一表制"。改善执法检查制度，争取把工商、物价、卫生、质量监督等部门的分散执法体制改变为综合执法体制。三是转变行政理念与作风，着力构建"服务型"政府。从服务民众的角度来讲，要坚持公平和正义，要逐步从资源配置和经济管理的职能中"退出"，把改善民生作为首要工作，致力于营造宜居环境、缩小贫富差距、构建和谐社会，甘心做民众利益代言人，"想群众之所想，急群众之所急"。

(二) 加大对企业创新能力扶持

加大对企业自主创新能力建设扶持力度。一是鼓励企业建立研发机构、加大创新投入，不断提高创新能力和产业技术水平。对新获批国家级重点（工程）实验室、工程（技术）研究中心以及企业技术中心、技术创新示范企业、工业设计中心的培育对象，给予建设经费补助，对其创新团队给予奖励；对围绕广州先进制造业产业领域开展技术创新、商业模式创新和战略性新兴产品、重点新产品研发的培育对象给予最高经费资助；对牵头承担国家重大科技专项、科技支撑计划等项目的培育对象，按国家实际到位经费给予配套支持；对广州重点技术创新成果产业化项目给予补助。二是加大对企业管理与研发人才引进力度。建立和完善创新人才的激励与评价机制，制定和落实科技成果收益分配、股权期权激励等政策，推进科技成果处置权改革，让高等院校、科研人员自主实施、运用、转让科技成果，盘活创新资源。发挥广州区位优势，放开国际人才机构注册限制，吸引国际"猎头"公司、人力资源咨询公司等人才服务机构进驻广州，助力引进国际高素质人才。完善人才奖励政策，形成以企业缴税与个人缴税为标准的针对民企的人才定位体系，并按照社会综合贡献度给予奖励。充分贯彻落实国家出台的支持企业发展、鼓励创新创业、加快转型升级、支持高新技术产业发展等一系列税收优惠政策。制定完善广州行政审批中介服务事项清单，并由相关职能部门制定完善中介服务的规范与标准，推出后续清单目录，进一步扩大减负范围。

(三) 完善中小企业的用地支持政策

一是制定形成以土地要素为中心的全要素生产率评价体系，将制造业企业分级划类，将有限的扶持资源重点倾向于优质中小企业，通过政策引导工业园区内的低效企业搬离或改建，盘活土地存量，提升用地效率。二是加强中小企业用地保障。明确市、区"三旧"改造面积应不低于一定比例用于发展制造业，市、区各级财政对"三旧"改造用于制造业的给予一定额度资金奖励。三是实施先租后让供地模式。出让土地依法需以招标拍卖挂牌方式供应的，在公平、公正、不排除多个市场主体竞争的前提下，可将投资和产业主管部门提出的产业类型、生产技术、产业标准、产品品质要求作为土地供应的前置条件。以先租后让方式供应的工业用地，租赁期满达到合同约定的投资、建设、税收就业等条件的，按规定直接转为出让。四是对"三旧"改造计划，经政府和当地集体经济组织同意，允许征为国有建设用地后以协议方式出让给原用地企业。五是在产业区块内的从事先进制造业的工业企业，经批准在原有用地范围内提高工业用地土地利用效率、增加容积率的，放宽限制条件，简化审批程序，不再增收土地价款。

（四）优化民间投资环境，拓展民间投资领域

一是优化民间投资环境。全面落实民间资本准入平等待遇。鼓励支持民间资本投资社会事业和科研事业，如邮政、教育、体育、医疗卫生、社会福利等，并在土地、财政方面给予补助支持。二是拓展民间投资领域。科学界定并严格控制政府投资范围，鼓励民间资本投资可以实行市场化运作的交通运输、市政设施、能源设施、信息基础设施、文化设施、特色小组和价值园区等领域项目，每年面向民营资本推出一批 PPP 项目。三是鼓励民营企业参与建立 PPP 引导基金。鼓励国有金融平台联合民营制造企业共同建立 PPP 基金，服务于民营制造企业参与 PPP 项目，解决其融资能力不足的问题。四是鼓励民间资本参与国企混合所有制改革。发挥市场机制作用，推动一批广州市属国有企业开展混合所有制改革试点。通过资产证券化、特许经营等方式，引导民间资本参与轨道交通、高速公路、污水处

理等领域的国有资本投资运营。

（五）鼓励企业积极融入"一带一路"建设

一是鼓励民企积极开拓"一带一路"市场。通过为企业对外投资创造便利化条件，提供对外投资风险评估和辅导，鼓励民营制造企业在东南亚、南亚等市场发育相对成熟，政治和法律风险较低的国家开展对外投资，以独资或合资的方式兴建生产基地，积极开拓当地市场。二是加大对企业出口"一带一路"的政府服务和资金扶持力度。引导支持企业参加"一带一路"各类国际展览会、博览会和对外招商推介活动，拓展"一带一路"国际市场。协调海关、税务等部门加大政策创新力度，推动通关、出境等便利措施先行先试。引导企业开展对"一带一路"沿线国家的对外投资、对外承包项目和对外劳务合作，建立海外生产基地、研发中心和境外营销网络。三是引导企业实施品牌发展战略。充分发挥"产品品牌"和"企业品牌"的优势，增强国际竞争力。支持培育对象打造名牌产品，争创省级及以上名牌产品、驰（著）名商标，对新获得中国驰名商标等国家级品牌的培育对象给予奖励。支持培育对象加大技术标准研制力度，对牵头制定并获批国际、国家、行业标准的培育对象或对牵头制定并经认定为产业技术联盟标准的培育对象给予奖励。

十 营造良好的营商环境

（一）弘扬勇于改革创新图变的岭南文化

要发扬改革开放初期广州大胆创新、敢闯敢试的岭南文化精髓，根据改革开放处于关口期的特点以及走在全国前列的要求，以爬坡过坎、杀出一条血路的气魄、干劲和冲劲，勇于突破体制机制藩篱，解放思想，改革不停顿，开放不止步，努力营造改革开放、创新发展、求新图变的社会氛围。不要为不合时宜的教条主义和条条框框捆住改革创新的手脚，以先行先试的勇气和智慧谋创新、谋发展，构建推动经济高质量发展的体制机制。激发和保护企业家精神，探索建立鼓励创新、宽容失误制度和违法行为甄别处理机制，区分改革创新中失误与违法问题，对企业家合法经营中出现的失误给予更多理解、宽容和帮助。

（二）增强主动服务企业意识

市、区政府及相关部门要建立联系服务企业的制度，落实责任部门，构建亲清新型政商关系。增强主动服务企业意识，多下企业调研，倾听企业呼声，设身处地从企业角度考虑政策制定，针对企业发展不同类型，探索分类施策。聚焦企业反映集中的办事环节痛点、堵点和难点，把疏通制度瓶颈和解决体制机制问题作为营商环境改革重点，形成政府、企业、社会共同构建高质量体制机制的良性互动。鼓励企业积极主动同党委和政府相关部门沟通交流，通过正常渠道反映情况、解决问题，依法维护自身合法权益。

（三）降低企业运营成本

优化企业发展环境，进一步规范涉企经营服务收费，建立健全收费清单公示制度，定期公布并动态调整市、区两级政府定价的涉企经营服务性收费目录清单。根据行政审批前置中介服务目录清单，对各领域中介服务收费进行清查，全面清理取消违规中介服务收费。按照税收现代化的要求，以办理时间大幅缩短、办税效率最大限度提高为目标，推进纳税便利化改革，持续为企业减负松绑，打造协同共治体系，加强政府部门信息共享互认，推进银税互动，实行跨部门网络化合作，简化企业办税流程。提升办事指南的标准化和易读性，制定标准化表格、格式文本及样表范例，定期开展窗口申请材料易读性评估，提高企业递交材料一次性通过率。

全面落实外资优惠政策和降成本各类政策措施，进一步降低外商投资企业税费负担、融资成本、制度性交易成本、人工成本、能源成本和物流成本。支持各区、各开发区在法定权限范围内制定出台招商引资优惠政策，对就业、经济发展、技术创新贡献大的项目予以支持，降低企业投资和运营的成本。

（四）推进更深层次政务服务管理改革

全面推行清单管理制度，公布权力清单、责任清单、市场准入负面清单、行政事业性收费清单、证明事项取消清单，建立健全清单动态调整公开机制，推进"互联网+政务服务"，制定全市政务信息资源共享开放管理办法，加大审批部门对进驻窗口授权力度，促进市政务服务中心"一站式"审批，实现数据"一次汇聚、多次共享"，打造"一号申请、一窗受理、一网通办"的对外政务服务统一门户。以政府机构改革为契机，以"信息技术+制度创新"推动政务流程再造、政府管理体制变革，重构行政审批和服务流程及标准。所有政务服务事项按照"应尽必进"原则，进驻市政务服务中心，为企业提供集中的政务服务。

（五）采取多种办法解决企业用地难

对产业业态先进、技术含量高、发展前景好的科技型、创新型企业，优先解决用地问题，优先安排进入各类产业园区，以先租后让方式供应的工业用地，租赁期满达到合同约定条件的，同等条件下原租赁企业优先受让。鼓励工业"上楼"，提高产业用地容积率，鼓励建设高标准厂房，允许按幢、按层等固定界线为基本单元分割登记和转让。开展旧工业区转型升级和综合整治，鼓励采取异地置换、产权入股等手段，促进老旧工业区连片升级、功能优化。降低企业用地用房成本，在符合规划不改变用途的情况下，经批准利用以建成工业园区内剩余用地增加自用生产性工业厂房及相应辅助设施的，不计收地价。

对符合产业规划的重大引进项目，可按照"一事一议"的方式，采取多种措施保障项目合理用地需求。统筹安排用地计划指标，特别是要保障重大战略性新兴产业项目，对生物工程、智能制造、新能源、新材料等领域新增外资项目满足工业用地需求。对企业确实用于技术改造的土地使用需求，土地出让金可给予一定优惠。促进存量工业用地调整升级。加强对闲置、低效利用工业用地的管理，提高集约利用效率，加快存量土地的二次开发。明确土地续期条件和价格。针对企业土地到期后是否允许继续使用以及涨价的担忧，政府可实行工业用地弹性年期出让，确定合理的弹性出让年限，在土地出让合同当中明确续期条件，有生产、有产值、有利润、有制造能力的企业可继续使用该地块，同时续期价格提前约定好，以稳定制造业企业经营信心。

十一 促进城乡区域协调发展

城乡区域发展不平衡不充分是广州最突出的短板制约，也是下一步发展的巨大潜力所在。进入新时代，要深刻把握广州城乡区域特点和发展条件变化，与时俱进完善城乡区域发展思路，以更精准化的政策、精细化的措施、机制化的安排推进城乡协调发展，推进乡村振兴，补充农业农村发展短板。

（一）推进农业供给侧结构性改革

经过多年不懈努力，广州农业发展进入新阶段，农业农村发展的主要矛盾由总量不足转变为结构性矛盾，阶段性供过于求和有效供给不足并存，问题出在供给侧。因此，必须推进农业供给侧结构性改革。一是激发市场竞争活力，深化重要农产品价格形成机制和收储制度改革，让农产品价格主要由市场决定，推动多元购销主体入市，有效促进农产品加工，延长农业产业链条。二是加快现代农业发展，激活土地要素，顺应发展适度规模经营的时代要求，加快农业农村要素集聚、资源集聚、产业集聚，开启广州现代农业加速器。三是激活农业农村创新创业主体，农业农村发展还得靠人，要积极培育和发展新型农业经营主体，吸引各类人才到农村创新创业，推动农业农村快速发展。

（二）加快建立现代农业产业体系

在广东推进实施乡村振兴战略中，要把大力发展农村生产力放在首位，紧紧围绕促进农村产业发展，引导和推动更多的资本、技术、人才等要素向农业农村流动，充分调动广大农民的积极性和创造性，保持农业农村经济发展的旺盛活力。建立现代农业产业体系、生产体系和经营体系，加强土地流转，开展农业适度规模经营，提高广东农业发展规模化、集约化和组织化水平，逐步改变小规模、分散经营的发展弊端，合理调整农业产业结构，以农产品加工业和农村"双创"为重点，加快发展特色产业、休闲农业、乡村旅游、农村电商等新业态，加快农业转型升级。

（三）大力促进农民持续增收

要坚持农民主体地位，把促进农民持续增收作为农业农村发展的根本出发点和落脚点。让农民有持续稳定的收入来源，经济宽裕，衣食无忧，生活便利，共同富裕。千方百计提高农民收入，确保农村常住居民人均可支配收入增速不低于同期经济增长速度，不低于城镇常住居民可支配收入速度，更加注重培养农村内生发展动力。继续抓好精准扶贫、精准脱贫，更好地巩固扶贫开发成果,加大力度培养懂技术、会经营、会管理的新型职业农民。积极培育农业龙头企业、农民专业合作社、家庭农场、种养大户等新型农业经营主体,依托新型农业经营主体,带动广大农民致富奔康。完善农业支持保护制度,发展多种形式适度规模经营,支持和鼓励农民就业创业,拓宽增收渠道。

(四) 加大绿色优质农产品供给

随着生活水平不断提高,人们将更加注重农产品供给,要把增加绿色优质农产品供给纳入重要议事日程。一是加强农产品质量安全监管。在生产环节建立一支贴近农民、深入田间地头,能够连接销售市场的镇街基层农产品质量安全监管人员队伍,强化生产环节农产品质量安全监管,加大监管执法力度,营造农产品质量安全监管的高压严打态势。二是实施标准化战略,建立健全农业标准体系,分门别类制定广东农业生产产前、产中、产后全过程生产操作规程标准,创建一批标准化生产示范区,推广绿色、无公害、有机农产品生产、加工样板示范区。三是深入推进"三品一标"认证工作,把开展无公害、绿色、有机和地理标志产品认证作为引领农业标准化,保障农产品质量安全的重要举措,实现由"数量经济"向"质量经济"再向"品牌经济"的跃升。

(五) 加强农村第一、第二、第三产业融合

推进农村第一、第二、第三产业融合,是广州加快农业发展方式转变,发展现代农业的必然要求。一是拓展农业多种功能。加强农业与旅游、教育、文化、健康养老等产业深度融合,积极发展多种形式的农家乐,建设一批具有历史、地域、文化特色的乡村旅游示范村,有序发展新型农村旅游休闲产品。二是推进农业产业链整合。树立大农业观念,加强农业产前、产中和产后互动发展，既要"种得好"，还要"销得好"，更要"融得好"，推动农产品生产、加工、流通、消费全产业链均衡发展，促进农业产加销紧密衔接，推进农业产业链整合和价值链提升。三是引导产业集聚发展。依托各类农业科技园区、农业院校和"星创天地"，培育农业科技创新应用企业集群，集聚资本、技术、人才等农业高端要素，打造一批高起点、大规模、不同特色的现代农业园区样板。

附录 《广州综合城市功能的评价分析与提升路径》调查问卷分析处理结果

为更好吸收专家智慧，选取高校和科研机构32位对综合城市功能有较深研究的专家和学者，开展问卷调查。为保证专家的权威性，选取副高级及以上专家作为问卷受访专家。问卷调查的主要目的有两个：一是设置广州综合城市功能指标体系。二是参考专家对广州综合城市功能评价指标的得分和评价，为撰写提升广州综合城市功能战略思路和对策建议提供借鉴和参考。在设置本书综合城市功能评价指标体系中，参考了日本城市战略研究所——全球城市评价指标体系、广州市社科院课题组——综合城市功能评价指标体系、北大汇丰商学院海闻课题组——深圳国际化城市指标体系，最后形成本书研究——广州综合城市功能指标体系，从经济总量、人口和劳动力、知识创新和先进产业、全球资源配置枢纽功能、城市文化引领功能、国际交通枢纽六个方面，设置51个指标。

一 广州综合城市功能指标对广州的重要性和适应性专家调查问卷

指标分类	指标名称	指标对广州城市功能的适用性
市场规模	GDP（亿元）	
	人均 GDP（万元/人）	
市场魅力	GDP 增长率（%）	
	经济自由度	
经济聚集	证券交易所的股票总市值（亿元）	
	全球 300 强企业（家）	
人口聚集	就业人数（万人）	
	事务所服务业就业人数（万人）	
商务环境	工资水平	
	优秀人才聚集能力	
	人均办公面积（m²/人）	
法律法规及风险	法人税率（%）	
	政治、经济及经营风险	
研发聚集	从事研发的人数（万人）	
	全球 200 强大学（家）	
研发环境	教学及科学相关学术能力	
	外籍研究人员的接纳情况	
	研发支出（亿元）	
研发成果（项）	专利注册数（项）	
	主要科技奖项获奖人数（人）	
	研究人员的交流机会	
文化交流及传播能力	国际会议召开次数（次）	
	主要世界文化活动举办次数（次）	
	会展出口金额（亿美元）	

续表

指标分类	指标名称	指标对广州城市功能的适用性
文化资源及机会	艺术创作环境	
	联合国教科文遗产数（100公里以内）（个）	
	与文化、历史和传统的接触机会	
文艺设施	剧场、音乐厅数量（家）	
	美术馆及博物馆数量（座）	
	体育场馆数量（个）	
接待能力	高档酒店客房数量（问）	
	酒店数量（家）	
	购物魅力	
	餐饮魅力	
交流业绩	外籍居民人数（人）	
	海外游客数量（万人）	
	留学生人数（人）	
就业环境	失业率（％）	
	总劳动时间（天/年）	
居住成本	房屋平均租金（元/m²）	
	物价水平（元/m²）	
居住安全	单位人口中杀人案件数量（人次）	
	防灾脆弱性	
生活环境	健康寿命（岁）	
	社区环境	
	单位人口医生数量（人）	
生活便利性	人口密度（万人/km²）	
	单位外籍人口的外国人学校数量（所）	
	零售店铺的充实度	
	饭店的充实度	
环保	ISO14001企业数量（家）	
	可再生能源比率（％）	
	回收再利用率（％）	

续表

指标分类	指标名称	指标对广州城市功能的适用性
污染情况	二氧化碳排放量（万吨/年）	
	SPM 浓度	
自然环境	水质	
	城市中心绿化情况	
	气温的舒适性	
国际交通网络	开通国际客运直达航线的城市数量（个）	
	开通国际货运直达航线的城市数量（个）	
国际交通基础设施	国际航线旅客数量（万人）	
	飞机跑道数量（条）	
市内交通服务	公交地铁车站密度（km/km^2）	
	公交地铁完善及准点情况	
	通勤及通学的便利性	
交通便利性	从市中心到国际机场的行车时间（分钟）	
	单位人口的交通事故死亡人数（人）	
	出租车运费（元/km）	

注：此表参照日本城市战略研究所——全球城市评价指标体系。

指标分类	指标名称	指标对广州城市功能的适用性
财富增值功能	国内生产总值（GDP）（亿元）	
	GDP 占全国比重（%）	
	第三产业占 GDP 比重（%）	
	全球 500 强企业收入（亿美元）	
	金融业增加值（亿元）	
	金融业增加值 GDP 占比（%）	
	劳均 GDP（万元/劳动力）	
	中心城区产出密度（亿元/km^2）	
知识创新功能	创新城市（专利申请）指数	

续表

指标分类	指标名称	指标对广州城市功能的适用性
知识创新功能	专利授权量（件）	
	本科院校数（个）	
	独立科研机构数（个）	
	科技活动人员数（万人）	
	R&D 支出（亿元）	
	拥有两院院士数（个）	
资源配置功能	市场化进程指数	
	中国金融中心指数	
	总部经济发展能力指数	
	批发零售比	
文化引领功能	文化产业产值（亿元）	
	文化产业从业人员数（万人）	
	报纸发行量（亿份）	
	期刊发行量（亿册）	
	图书出版量（亿册）	
国际交流功能	全球 500 强企业数（个）	
	引进全球 500 强（家）	
	引进跨国公司地区总部（家）	
	海关进出口总额（亿美元）	
	外国使领馆数（个）	
	年国际游客数（万人）	
	常住境外人口数（万人）	
	国际学术会议次数（次）	
	国际友好城市（个）	
	外国留学生人数（人）	
国际交通功能	港口年货物吞吐量（亿吨）	
	年货物周转量（亿吨公里）	
	年旅客周转量（亿人公里）	
	机场年旅客吞吐量（万人次）	
	民航国际航线（条）	

注：此表参照广州市社科院课题组——综合城市功能评价指标体系。

指标分类	指标名称	指标对广州城市功能的适用性
经济开放	服务贸易进出口总额占 GDP 比重（%）	
	外商直接投资额占 GDP 比重（%）	
	对外直接投资额占 GDP 比重（%）	
	国际班轮航线（条）	
	国际知名企业总部数量（家）	
创新文化	《自然》杂志（Nature）全球前 200 位科研机构数（个）	
	国际主流学术期刊发表论文数（篇）	
	国际学术会议举办数（次）	
	国际专利申请量（件）	
	从事经济活动人口中大专及以上学历持有者比重（%）	
	常住外籍人员来源国家（地区）的数量（个）	
	每 10 万人拥有博物馆与文化艺术场馆数（座）	
	每 10 万人年度欣赏有国际影响的文化演展数（次）	
宜居宜业	空气质量（PM 2.5 年均浓度）（PPM）	
	人均公共绿地面积（m^2）	
	公共交通分担率（%）	
	使用外语（非母语）的媒体数量（报纸、电台、电视台）（家）	
	国际中小学学校数量（所）	
	外籍常住人口占总常住人口比重（%）	
国际影响	国际组织总部和地区代表处数（含领事机构与代表处数）（个）	
	国际友好城市数/友好交流城市数（个）	
	国际主流媒体报道数（次）	
	互联网检索数（次）	
	国际会展年举办次数（次）	
	国际旅客占总常住人口比重（%）	

注：此表参照北大汇丰商学院海闻课题组——深圳国际化城市指标体系。

二 调查问卷指标评价分析

广州综合城市功能专家问卷调查，每一项指标最高值为10分，专家在1—10分打分，对每一位专家的打分情况进行汇总，取32个专家的平均分为这一指标的最后得分，现将专家打分情况整理分析如下。

（一）经济

经济方面选取GDP、人均GDP、GDP增长率、经济自由度、证券交易所的股票市值、全球300强企业、就业人数、事务所服务业就业人数、工资水平、优秀人才聚集能力、人均办公面积、法人税率、政治、经济及经营风险等指标。

从专家问卷调查的情况看，得分较高的指标有：GDP为8.44分、优秀人才聚集能力为7.88分；得分较低的指标有：人均办公面积为5.25分、事务所服务业就业人数为6.19分、证券交易所的股票市值为6.19分（附图1）。

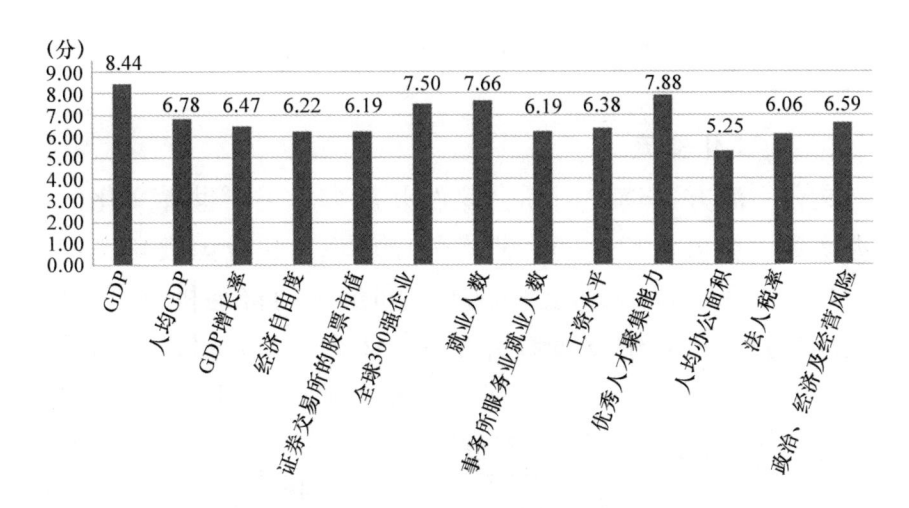

附图1 经济方面指标得分情况

（二）研究开发

研究开发方面选取从事研发的人数、全球200强大学、教学及科学相关学术能力、外籍研究人员的接纳情况、研发支出、专利注册数、主要科技奖项获奖人数、研究人员的交流机会等指标。

从专家问卷调查的情况看，研发支出得分最高为7.81分，外籍研究人员的接纳情况最低为6.13分（附图2）。

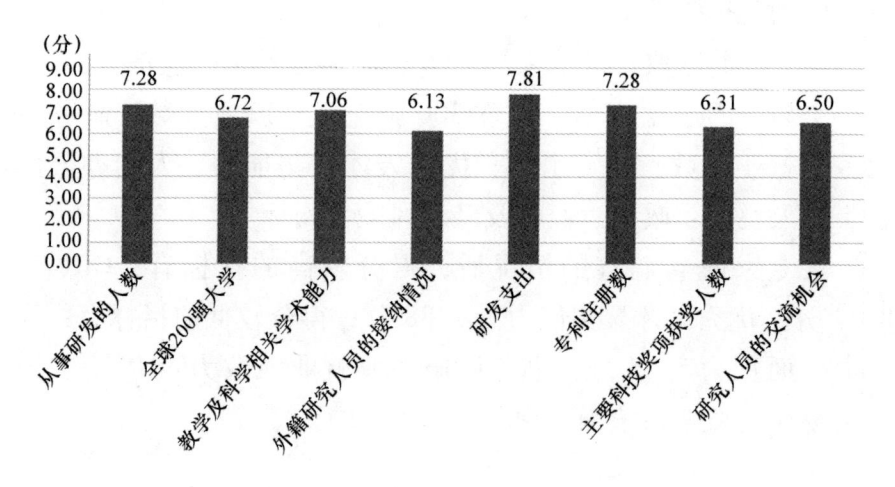

附图2 研究开发方面指标得分情况

（三）文化交流

文化交流方面选取国际会议召开次数、主要世界文化活动举办次数，会展出口金额，艺术创作环境，联合国教科文遗产数（100公里以内），与文化、历史和传统的接触机会，剧场、音乐厅数量，美术馆及博物馆数量，体育场馆数量，高档酒店客房数量，酒店数量，购物魅力，餐饮魅力，外籍居民人数，海外游客数量，留学生人数等指标。

从专家问卷调查的情况看，得分较高的指标有海外游客数量7.25分，餐饮魅力7.03分；得分较低的指标有联合国教科文遗产数（100公里以内）5.22分、留学生人数5.53分（附图3）。

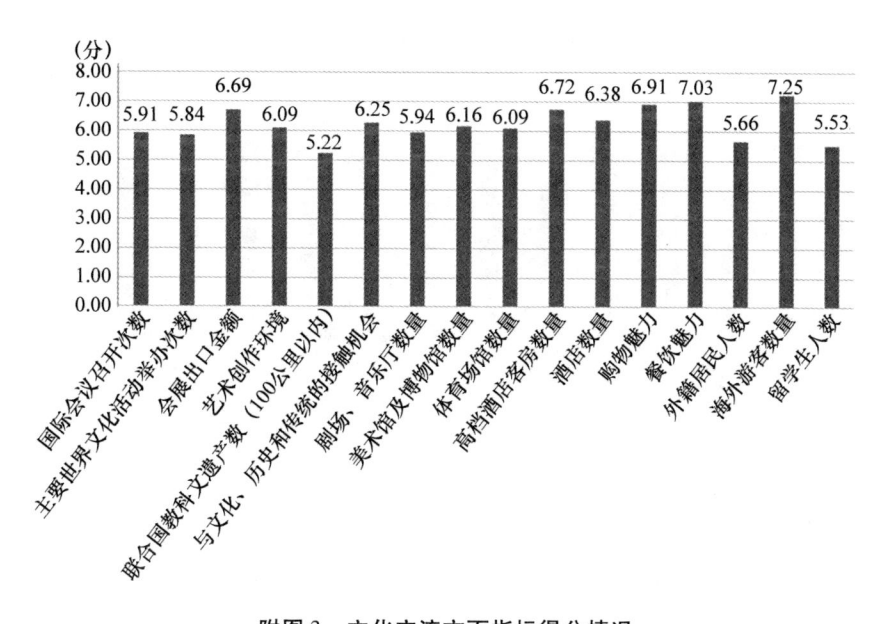

附图3 文化交流方面指标得分情况

（四）居住

居住方面选取失业率、总劳动时间、房屋平均租金、物价水平、单位人口中杀人案件数量、防灾脆弱性、健康寿命、社区环境、单位人口医生数量、人口密度、单位外籍人口的外国人学校数量、零售店铺的充实度、饭店的充实度等指标。

从专家评价的情况看，得分较高的指标有：房屋平均租金6.98分、人口密度6.83分；得分较低的指标有：单位外籍人口的外国人学校数量4.98分、单位人口中杀人案件数量5.31分（附图4）。

（五）环境

环境方面选取ISO14001企业数量、可再生能源比率、回收再利用率、二氧化碳排放量、SPM浓度、水质、城市中心绿化情况、气温的舒适性等指标。

从专家的评价情况来看，得分较高的指标有：气温的舒适性7.02分，水质、城市中心绿化情况均为6.91分；得分较低的指标有：回收再利用率5.89分、ISO14001企业数量5.97分（附图5）。

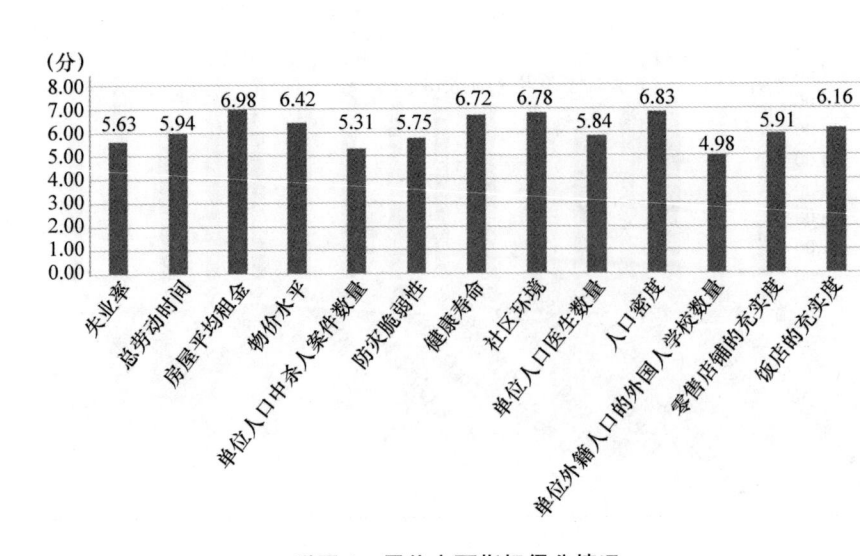

附图 4　居住方面指标得分情况

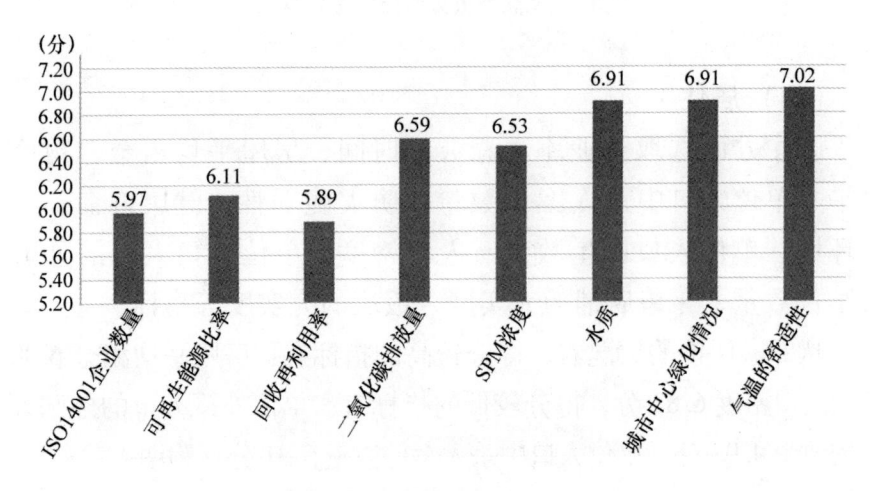

附图 5　环境方面指标得分情况

（六）交通便利性

交通便利性选取开通国际客运直达航线的城市数量、开通国际货运直达航线的城市数量、国际航线旅客数量、飞机跑道数量、公交地铁车站密度、公交地铁完善及准点情况、通勤及通学的便利性、从市中心到国际机场的行车时间、单位人口的交通事故死亡人数、出租车运费等指标。

附录 《广州综合城市功能的评价分析与提升路径》调查问卷分析处理结果 211

从专家的评价情况来看，国际航线旅客数量得分最高为7.25 分，单位人口的交通事故死亡人数得分最低为 5.38 分（附图 6）。

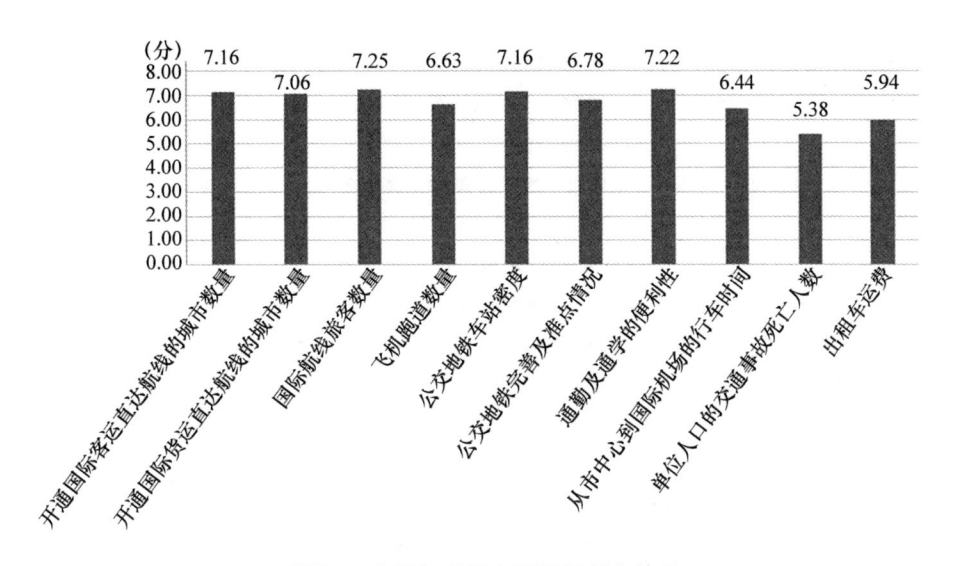

附图 6　交通便利性方面指标得分情况

（七）财富增值功能

财富增值功能方面选取创新城市（专利申请）指数、中心城区产出密度、劳均 GDP、金融业增加值 GDP 占比、金融业增加值、全球 500 强企业收入、第三产业占 GDP 比重、GDP 占全国比重、国内生产总值指标。

从专家的评价来看，国内生产总值得分最高为 8.25 分，全球 500 强企业收入得分最低为 7.09 分（附图 7）。

（八）知识创新功能

知识创新功能方面选取拥有两院院士数、R&D 支出、科技活动人员数、独立科研机构数、本科院校数、专利授权量等指标。

从专家的评价情况来看，R&D 支出、科技活动人员数得分较高，分别为7.75分、7.19分；拥有两院院士数得分最低为6.00分（附图8）。

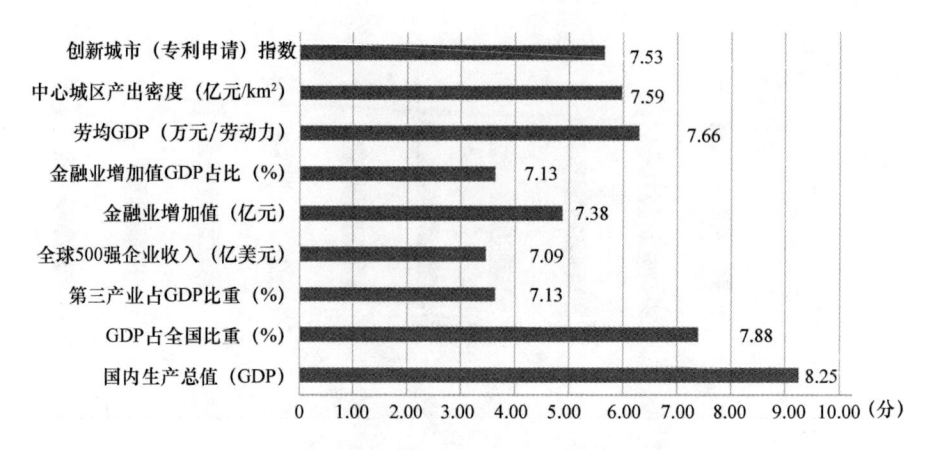

指标	得分
创新城市（专利申请）指数	7.53
中心城区产出密度（亿元/km²）	7.59
劳均GDP（万元/劳动力）	7.66
金融业增加值GDP占比（%）	7.13
金融业增加值（亿元）	7.38
全球500强企业收入（亿美元）	7.09
第三产业占GDP比重（%）	7.13
GDP占全国比重（%）	7.88
国内生产总值（GDP）	8.25

附图7 财富增值功能方面指标得分情况

指标	得分
拥有两院院士数（个）	6.00
R&D支出（亿元）	7.75
科技活动人员数（万人）	7.19
独立科研机构数（个）	6.91
本科院校数（个）	6.72
专利授权量（件）	7.09

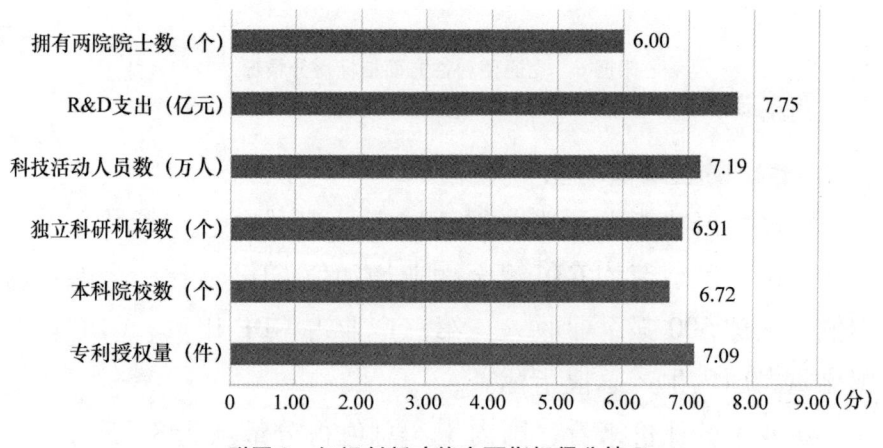

附图8 知识创新功能方面指标得分情况

（九）资源配置功能

资源配置功能选取批发零售比、总部经济发展能力指数、中国金融中心指数、市场化进程指数等指标。

总部经济发展能力指数得分较高为7.50分，批发零售比得分较低为6.69分（附图9）。

附录 《广州综合城市功能的评价分析与提升路径》调查问卷分析处理结果 213

指标	得分
批发零售比	6.69
总部经济发展能力指数	7.50
中国金融中心指数	7.34
市场化进程指数	7.13

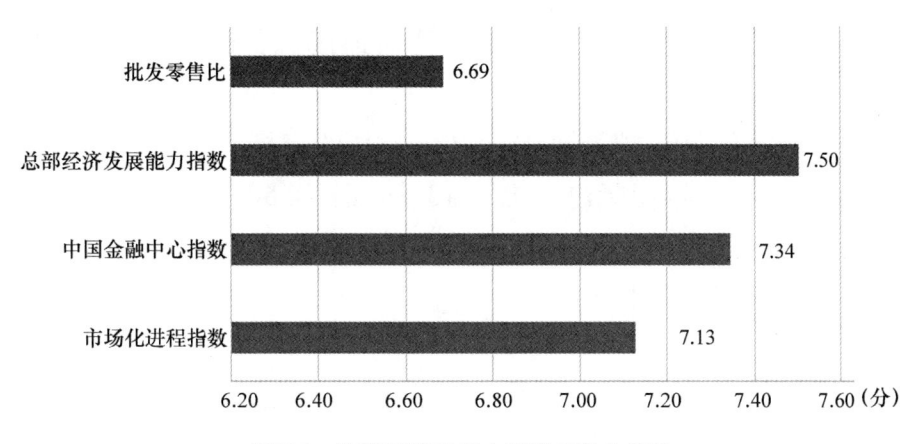

附图 9　资源配置功能方面指标得分情况

（十）文化引领功能

文化引领功能方面选取图书出版量、期刊发行量、报纸发行量、文化产业从业人员数、文化产业产值等指标。

从专家的评价情况来看，得分较高的指标有：文化产业产值 6.53 分、文化产业从业人员数 6.38 分；得分较低的指标有：报纸发行量 5.72 分、期刊发行量 5.97 分（附图 10）。

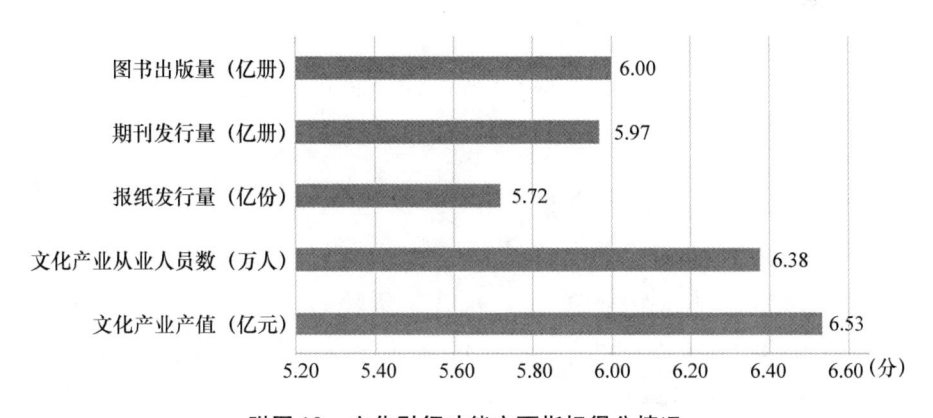

指标	得分
图书出版量（亿册）	6.00
期刊发行量（亿册）	5.97
报纸发行量（亿份）	5.72
文化产业从业人员数（万人）	6.38
文化产业产值（亿元）	6.53

附图 10　文化引领功能方面指标得分情况

（十一）国际交流功能

国际交流方面选取外国留学生人数、国际友好城市、国际学术会议次数、常住境外人口数、年国际游客数、外国使领馆数、海关进出口总额、引进跨国公司地区总部、引进全球500强、全球500强企业数等指标。

从专家的评价情况来看，得分较高的指标有：海关进出口总额7.59分、年国际游客数7.13分、全球500强企业数7.13分；得分较低的指标有：外国留学生人数5.53分、常住境外人口数5.59分（附图11）。

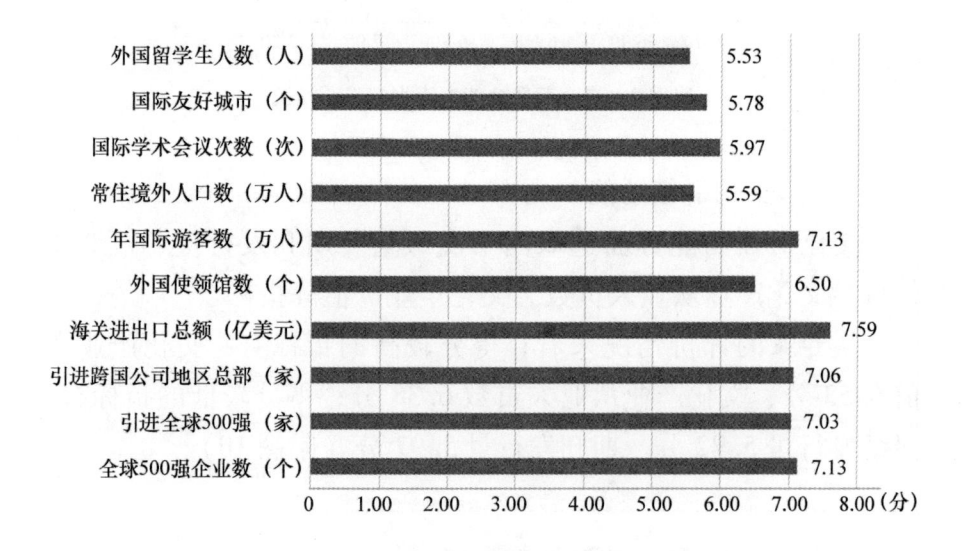

指标	得分
外国留学生人数（人）	5.53
国际友好城市（个）	5.78
国际学术会议次数（次）	5.97
常住境外人口数（万人）	5.59
年国际游客数（万人）	7.13
外国使领馆数（个）	6.50
海关进出口总额（亿美元）	7.59
引进跨国公司地区总部（家）	7.06
引进全球500强（家）	7.03
全球500强企业数（个）	7.13

附图11 国际交流功能方面指标得分情况

（十二）国际交通功能

国际交通功能选取民航国际航线、机场年旅客吞吐量、年旅客周转量、年货物周转量、港口年货物吞吐量等指标。

从专家的评价来看，机场年旅客吞吐量得分最高为7.72分，年旅客周转量得分较低为7.22分（附图12）。

（十三）经济开放

经济开放方面选取国际知名企业总部数量、国际班轮航线、对外直接投资额占GDP比重、外商直接投资额占GDP比重、服务贸易进出口总额占 GDP 比重等指标。

从专家评价情况来看，服务贸易进出口总额占 GDP 比重得分较高为 7.59 分，国际班轮航线得分较低为 7.00 分（附图 13）。

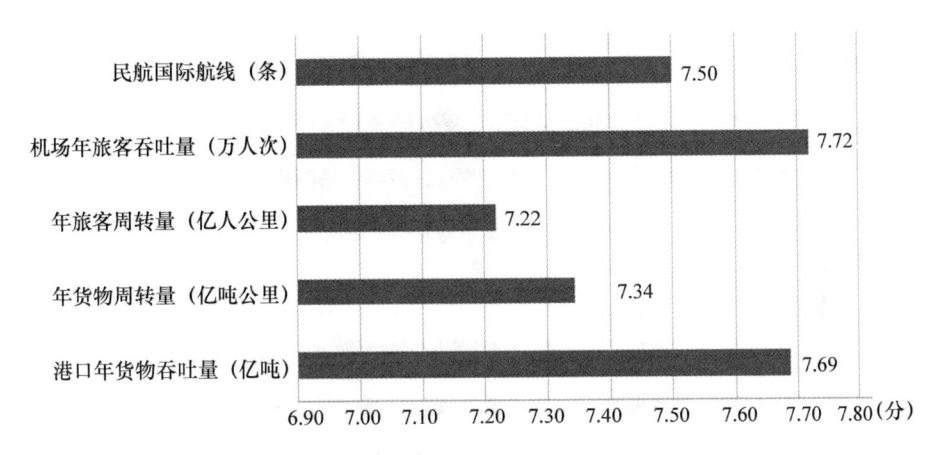

指标	得分
民航国际航线（条）	7.50
机场年旅客吞吐量（万人次）	7.72
年旅客周转量（亿人公里）	7.22
年货物周转量（亿吨公里）	7.34
港口年货物吞吐量（亿吨）	7.69

附图 12　国际交通功能方面指标得分情况

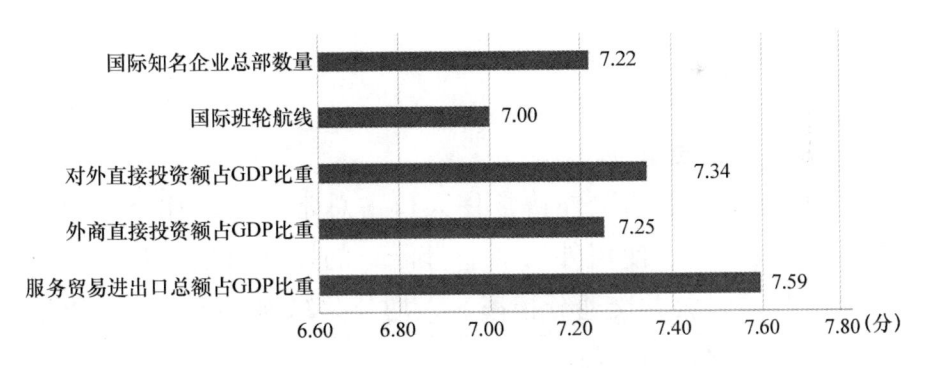

指标	得分
国际知名企业总部数量	7.22
国际班轮航线	7.00
对外直接投资额占GDP比重	7.34
外商直接投资额占GDP比重	7.25
服务贸易进出口总额占GDP比重	7.59

附图 13　经济开放方面指标得分情况

（十四）创新文化

创新文化方面选取《自然》杂志（Nature）全球前 200 位科研机构数、国际主流学术期刊发表论文数、国际学术会议举办数、国际专利申请量、从事经济活动人口中大专及以上学历持有者比重、常住外籍人员来源国家（地区）的数量、每 10 万人拥有博物馆与文化艺术场馆数、每 10 万人年度欣赏有国际影响的文化演展数等指标。

从专家的评价来看，得分较高的指标有：国际专利申请量7.35分，得分较低的指标有：常住外籍人员来源国家（地区）的数量5.75分（附图14）。

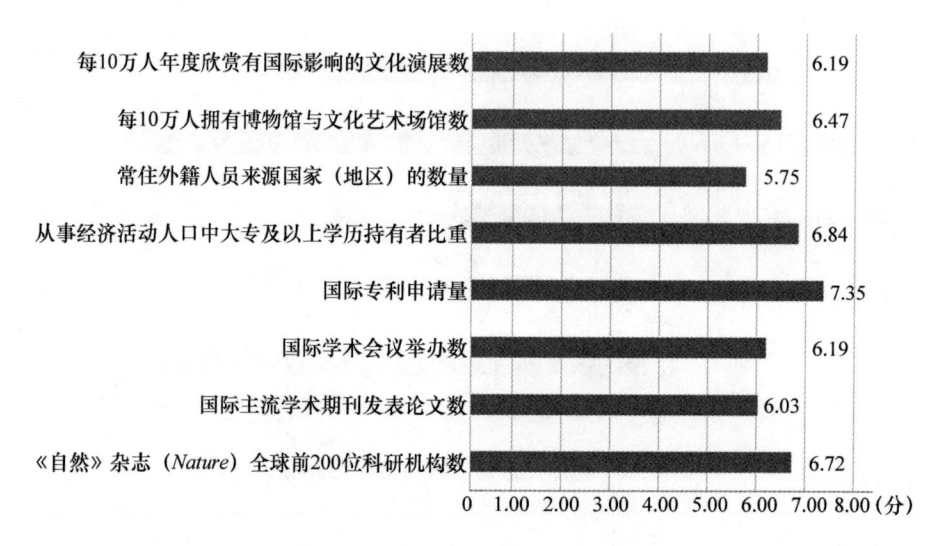

指标	得分
每10万人年度欣赏有国际影响的文化演展数	6.19
每10万人拥有博物馆与文化艺术场馆数	6.47
常住外籍人员来源国家（地区）的数量	5.75
从事经济活动人口中大专及以上学历持有者比重	6.84
国际专利申请量	7.35
国际学术会议举办数	6.19
国际主流学术期刊发表论文数	6.03
《自然》杂志（Nature）全球前200位科研机构数	6.72

附图14 创新文化方面指标得分情况

（十五）宜居宜业

宜居宜业方面选取外籍常住人口占总常住人口比重、国际中小学学校数量、使用外语（非母语）的媒体数量（报纸、电台、电视台）、公共交通分担率、人均公共绿地面积、空气质量（PM 2.5年均浓度）等指标。

从专家的评价情况来看，得分较高的指标有：空气质量（PM 2.5年均浓度）7.16分、公共交通分担率6.81分；得分较低的指标有：使用外语（非母语）的媒体数量（报纸、电台、电视台）5.75分、外籍常住人口占总常住人口比重5.78分（附图15）。

（十六）国际影响

国际影响方面选取国际游客占总常住人口比重、国际会展

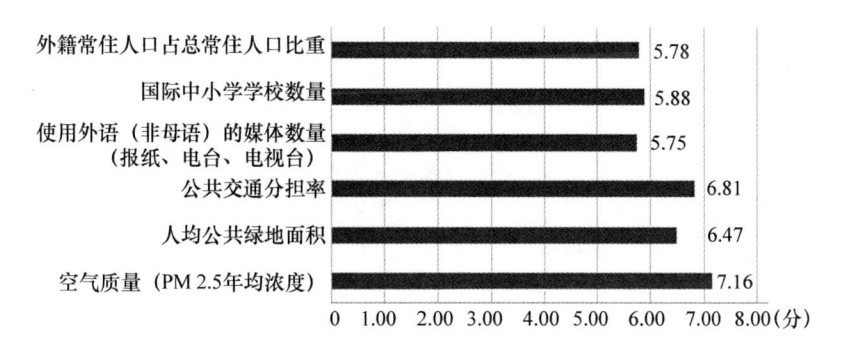

附录 《广州综合城市功能的评价分析与提升路径》调查问卷分析处理结果 217

指标	得分
外籍常住人口占总常住人口比重	5.78
国际中小学学校数量	5.88
使用外语（非母语）的媒体数量（报纸、电台、电视台）	5.75
公共交通分担率	6.81
人均公共绿地面积	6.47
空气质量（PM 2.5年均浓度）	7.16

附图 15 宜居宜业方面指标得分情况

年举办次数、互联网检索数、国际主流媒体报道数、国际友好城市数/友好交流城市数、国际组织总部和地区代表处数（含领事机构与代表处数）等指标。

从专家的评价情况来看，得分较高的指标为国际组织总部和地区代表处数（含领事机构与代表处数）6.47 分，国际友好城市数/友好交流城市数得分较低为 5.75 分（附图 16）。

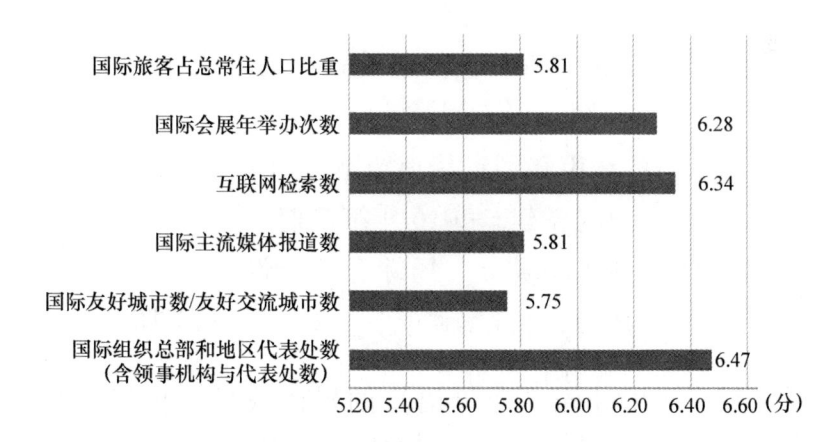

指标	得分
国际旅客占总常住人口比重	5.81
国际会展年举办次数	6.28
互联网检索数	6.34
国际主流媒体报道数	5.81
国际友好城市数/友好交流城市数	5.75
国际组织总部和地区代表处数（含领事机构与代表处数）	6.47

附图 16 国际影响方面指标得分情况

参考文献

《"北上广"发展比较及广州的追赶策略》,广东省哲学社会科学优秀成果研究报告三等奖,2015年。

陈恭:《未来30年上海应打造什么样的全球城市社会文化功能》,《科学发展》2015年第6期。

陈家海:《上海城市功能的进一步提升与重点发展产业的选择》,《上海经济研究》2008年第2期。

《广州从全球城市体系中寻找标杆的思路与对策研究》,广州市社科院规划智库课题,结题等级"良好",2017年。

贺菁伟:《国际首都城市特色功能建设经验及启示》,《中国统计》2020年第3期。

黄金平:《上海的城市转型:从消费城市到迈向现代化国际大都市》,《上海党史与党建》2016年第8期。

江娟、曾萃华:《现代城市广场综合功能设计研究——以Z市HY国际广场为例》,《科技和产业》2016年第7期。

李瑶、安树伟:《城市群视角:北京城市副中心的形成机制、路径与对策》,《城市》2018年第8期。

刘乃全、刘学华:《上海新兴功能区的定位和布局问题研究》,《科学发展》2011年第10期。

马海倩、杨波:《上海迈向2040全球城市战略目标与功能框架研究》,《上海城市规划》2014年第6期。

朴松花:《论城市功能缺失对中国城市可持续发展的影响》,《现代经济信息》2014 年第 12 期。

《全球城市体系中的广州未来发展思路》，广州市社会科学院专报件（获得市领导批示），2017 年。

上海市人民政府发展研究中心课题组：《上海城市非核心功能疏解研究》，《科学发展》2016 年第 11 期。

盛维、陈恭、江育恒：《全球城市核心功能演变及其对上海的启示》，《科学发展》2018 年第 5 期。

石崧、王周杨：《上海全球城市功能内涵及产业体系的新思考》，《上海城市规划》2015 年第 8 期。

帅重庆、陈明：《大城市综合改造的几个相关理论问题》，《中南财经大学学报》1995 年第 1 期。

苏强：《城市功能区的形成机制及规划特征》，《上城乡建设》2012 年第 7 期。

覃剑：《增强广州综合城市功能路径分析》，《城市》2019 年第 3 期。

《提升广州城市软实力与增创广州发展新优势研究》，广州市第 27 次社会科学研究招标课题，2016 年。

《提升广州国家中心城市功能的战略思路与对策研究》，广州市社科规划重点课题（二等奖），2010 年。

田美玲、刘嗣明、朱媛媛：《国家中心城市综合评价与实证研究——以武汉市为例》，《科技进步与对策》2013 年第 6 期。

《推动广州经济迈向高质量发展的思路与建议》，广州市社会科学院立项，2018 年。

《推进广州国际综合交通枢纽建设对策建议》，广州市社会科学院专报件，2017 年。

文魁：《城市群视角：北京城市的新担当》，《城市管理与科技》2017 年第 10 期。

《新常态下广州加大创新驱动经济升级的思路与对策》，中国社会科学报（智库专栏），2015 年。

于宏源:《世界城市综合实力排名的八大指标体系与功能界定》,《上海城市管理》2015 年第 5 期。

张强、刘江华等:《增强城市综合服务功能研究——理论、实证与广州策略》,中国经济出版社 2012 年版。

郑辉、殷媛媛、韦波:《国外城市增强城市综合服务功能的借鉴与启示》,《价值工程》2016 年第 11 期。

周海蓉、张云伟、崔园园:《上海建设全球城市的核心功能与非核心功能研究》,《科学发展》2018 年第 1 期。

周振华:《全球城市演化原理与上海 2050》,格致出版社 2017 年版。

朱媛媛、曾菊新:《中国中部地区六个中心城市功能优化研究》,《地理与地理信息科学》2013 年第 6 期。

《GDP 迈入 2 万亿元的广州未来经济发展趋势演变研究》,广州市社会科学院立项课题(荣获市社科院优秀决策咨询成果优秀奖),2017 年。

Hall, P., *The World Cities*, London: Weidenfeld and Nicolson, 1966.

S. Sassen, *The Global City: NewYork, London, and Tokyo*, Princeton, NJ: Princeton University Press, 2001.

Taylor, P., *World City Network*, London: Routledge, 2004.

后　记

本书是在2019年广州市社会科学院经济研究所完成的"提升广州综合城市功能的战略研究"重大课题成果基础上进一步修改完善而成。为完成课题研究任务，经济研究所动员全所力量，成立课题组开展集中攻关研究，并多次召开专家咨询会，听取专家意见，吸收专家智慧。郭艳华为课题组组长，负责组织调研、统筹协调、框架设计、审核把关、全书统稿。具体章节撰写情况如下：前言，郭艳华；第一章，阮晓波；第二章、第三章、第四章、第五章、第六章，周晓津；第七章，郭艳华；第八章，郭艳华、阮晓波；第九章，郭艳华、阮晓波。

江彩霞、尹绣程、邱志军负责联络专家，调查问卷发放、回收及处理分析。

全书研究立项和写作过程中得到了院领导、院学术委员、院科研处的大力支持，广州市社会科学院党组副书记朱名宏同志在课题调研、内容设置、体例编排上给予指导。在课题研究过程中，参考了大量学界专家学者的研究成果，在此一并致谢。由于研究水平有限，书中难免有失误和错漏之处，恳请各位读者批评指正。